NF文庫
ノンフィクション

不戦海相 米内光政

昭和最高の海軍大将

生出 寿

潮書房光人社

不戦海相 米内光政——目次

不戦海相 米内光政

昭和最高の海軍大将

国を誤る曲解

陸軍の青年将校二十一名が、独断で千四百余人の兵を動かし、重臣、政府要人、陸軍首脳らに凄惨《せいさん》きわまる集団テロを強行した。雪が降る昭和十一年（一九三六年）二月二十六日午前五時すぎである。

歩兵第三連隊第七中隊長の野中四郎大尉が指揮する約四百人は、重機関銃八梃、軽機関銃四梃をかまえ、桜田門の警視庁をいっきょに占拠した。

歩兵第一連隊の丹生《にう》誠忠中尉が指揮する約百七十人は、重機関銃一梃、軽機関銃四梃をかまえ、警視庁北西方の三宅坂にある陸軍大臣官邸をなんなく占拠し、陸相川島義之《かわしまよしゆき》大将を拘束した。

歩兵第一連隊の栗原安秀中尉が指揮する約三百人は、重機関銃七梃、軽機関銃四梃をかまえて永田町の総理大臣官邸に突入し、護衛警官四人と、岡田啓介首相（海軍大将、六十八歳）に似た秘書官の松尾伝蔵予備役陸軍歩兵大佐を射殺した。岡田ははじめ風呂場の浴槽に、ついで女中部屋の押入れにかくれ、紙一重で死をまぬがれた。

歩兵第三連隊の坂井直中尉が指揮する約百八十人は、四谷区仲町の斎藤実《まこと》内大臣（海軍大将、七十七歳）私邸に押し入り、拳銃・軽機関銃で斎藤の老軀《ろうく》に四十七発の銃弾を撃ちこんで惨殺し、かばおうとした春子夫人にも銃創を負わせた。その後、坂井中尉は兵らを路上に並ばせ、血にまみれた右手をかざしてさけんだ。

「これは悪賊斎藤の血だ。よく見ろ」

赤坂区表町の高橋是清《これきよ》大蔵大臣（八十二歳）私邸では、約百二十人の下士官兵を指揮する近衛歩兵第三連隊の中橋基明中尉が、寝ていた高橋に「天誅《てんちゅう》」とさけんで拳銃弾を三発撃ちこみ、中島莞爾《かんじ》少尉が軍刀でその左胸と左腕を突き刺し、ひと言もいわせずに絶命させた。

麴町区三番町の鈴木貫太郎侍従長（海軍大将、六十八歳）官邸では、約百五十人の下士官兵を指揮する歩兵第三連隊第六中隊長安藤輝三《てるぞう》大尉の命をうけた堂込喜市曹長と永田露曹長らが、

「理由を聞かせてもらいたい」

と再三たずねる鈴木に、

「時間がありませんから撃ちます」

と、拳銃の銃口を向けた。

「やむをえません、お撃ちなさい」

従容《しょうよう》と立つ鈴木にたいして、二人はそれぞれ二発ずつ弾丸を撃ちこんだ。心臓ふきんに命

中弾をうけて鈴木は昏倒《こんとう》した。

うしろの大ぜいの中から、声がした。

「とどめ、とどめ」

鈴木の妻たかは、数人の兵に銃剣と拳銃をつきつけられていたが、かまわず瀕死《ひんし》の夫に近より、鈴木の喉《のど》に拳銃をつきつけている永田曹長にいった。

「どうせ助からぬ命です。とどめだけはやめてください」

安藤大尉が部屋に入ってきた。永田がたずねた。

「とどめを刺しましょうか」

「とどめは残酷だからやめておけ」

鈴木の出血がひどく、助かるみこみはないと見たのであった。安藤は、下士官兵らに命令した。

「閣下にたいして敬礼」

安藤の情によって、鈴木は命をとりとめることになった。

岡田と鈴木が奇跡的に生きたことは、悲惨な事件のなかで、日本にとり、なによりの救いとなった。太平洋戦争末期、岡田と鈴木、それに岡田によって海相に復帰する米内光政《よないみつまさ》がいなければ、日本は壊滅したであろうからである。そのことはのちに述べたい。

所沢飛行学校操縦学生の河野寿大尉が指揮する八人は、牧野伸顕《のぶあき》前内大臣（七十三歳）殺害の目的で、午前五時四十分ごろ湯河原伊藤屋別館「光風荘」に押し入り、警官一人を射殺し、使用人二人を負傷させ、建物を焼き討ちした。

牧野は女装して、看護婦の森鈴枝に誘導され、避難する女子供らと裏山に逃れ、地元警防団員に救助された。

斎藤内大臣を惨殺した坂井隊の安田優、高橋太郎両少尉が指揮する約三十人は、午前六時ごろ、杉並区上荻窪の渡辺錠太郎《じょうたろう》教育総監（陸軍大将、六十一歳）私邸に軍用トラックを乗りつけた。軽機関銃を乱射して玄関のドアを破り、突入しようとすると、内側から渡辺が拳銃を撃ってきた。一弾が安田少尉の右大腿部を貫いた。

安田は兵をひきいて裏口から邸内に入り、渡辺の妻すず子に案内をもとめた。すず子は憤激した。

「それが日本の軍隊ですか」

安田は昂然《こうぜん》とこたえた。

「私どもは閣下の軍隊ではなく、陛下の軍隊です」

天皇の意思を無視して、独断で兵を動かし、「陛下の軍隊」のわけはなく、事実はかれらの私兵に堕したものでしかなかった。

すず子を押しのけ、隣室とのフスマをあけ、布団のかげの渡辺にたいして、安田、高橋は拳銃で、兵は軽機関銃で撃ちまくった。渡辺は身に十数弾をうけ、さらに後頭部の三ヵ所に切創をうけ、無残に死んだ。

襲撃を終わった各隊は、陸軍大臣官邸・陸軍省ふきんの三宅坂一帯に集結した。

「二・二六事件」における主な集団テロの概況は、以上のようなものである。

念のため、重臣、内大臣、侍従長、教育総監の説明をつけ加える。

重臣は法制的なものではなく、首相経験者と枢密院議長が重臣になる。重臣会議は新首相候補の推薦について内大臣をたすけ、国家の大事を協議する。ただし権限はない。

枢密院は、重要国務と皇室の大事について天皇の諮詢《しじゅん》にこたえる合議機関である。

内大臣は天皇の側近に仕え、皇室と国家の事務について輔弼《ほひつ》し、詔書、勅書そのほか内廷の文書、請願に関する事務をつかさどる。

侍従長は天皇に近侍する職員たちの長である。

教育総監は、陸軍大臣、参謀総長（陸軍の国防・用兵に関する天皇の幕僚長。海軍でこれに相当するのは軍令部総長）とともに陸軍三長官の一つで、陸軍各部の教育訓練を指導監督する。

この朝午前五時三十分ごろ、第一師団歩兵第一旅団副官の香田清貞大尉は、集団テロの首謀者である磯部浅一《あさいち》元一等主計、村中孝次《こうじ》元大尉とともに、陸相官邸大広間で、秘書官小松光彦少佐を伴う川島陸相に対面し、「蹶起《けっき》趣意書」を朗々と読みあげた。

「謹《つつし》んで惟《おもんみ》るに我が神洲《しんしゅう》たる所以《ゆえん》は、万世一神たる天皇陛下御統帥の下に挙国一体生成化育を遂げ、終《つい》に八紘一宇《はっこういちう》（世界を一つの家にする）を完《まっと》うするの国体に存す。……しかるに頃来《けいらい》（ちかごろ）ついに不逞兇悪《ふていきょうあく》の徒簇出《そうしゅつ》して私心我慾《がよく》をほしいままにし、至尊絶対の尊厳を藐視《びょうし》（軽視）し、僭上《せんじょう》（長上を侵犯する）之れ働き、万民の生成化育を阻碍《そがい》して塗炭《とたん》の病苦に呻吟《しんぎん》せしめ、従って外侮外患日を逐《お》うて激化す。いわゆる元老（憲法に規定されていないが、首相候補者の推薦その他について天皇を輔佐する国政の最高機関的存在の政治家。この当時は元首相の西園寺公望ひとり）、重臣、軍閥（軍隊上層部の高官を領袖《りょうしゅう》とする政治勢力）、官僚、政党等は、この国体破壊の元兇なり。

倫敦《ロンドン》海軍条約並《ならび》に教育総監更迭における統帥権干犯《かんぱん》（後述）、至尊兵馬大権の僭窃《せんせつ》（不正な手段で盗む）を図りたる三月事件（後述）、或いは学匪《がくひ》（後述）、共匪（共産主義者）、大逆教団（宗教団体）等、利害相結んで陰謀至らざるなき等は最も著しき事例にして、その滔天《とうてん》（天に満ち広がる）の罪悪は流血憤怒真に譬《たと》え難き所なり。

中岡（大正十年十一月四日、原敬首相を刺殺した中岡艮一《こんいち》）、佐郷屋（昭和五年十一月十四日、浜口雄幸首相を狙撃し、のちに死に至らしめた佐《さ》郷屋《ごうや》留雄《とめお》）、血盟団（一人一殺主義の『国家革新』運動家井上日召を首領とするテロ集団。その団員小沼正が昭和七年二月九日、井上準之助元蔵相を射殺し、おなじく菱沼五郎が三月五日、三井合名理事長団琢磨《だんたくま》男爵を射殺した）の先駆捨身、五・一五事件（昭和七年五月十五日、血盟団に同調する海軍の三上卓中尉、黒岩勇少尉、山岸宏中尉らが犬養毅《いぬかいつよし》首相を射殺した）の噴騰、相沢中佐（昭和十年八月十二日、陸軍省軍務局長の永田鉄山《てつざん》少将を刺殺した相沢三郎中佐）の閃発《せんぱつ》となる、まことに故なきに非ず。

しかも幾度か頸血《けいけつ》（首から流れる血）を濺《そそ》ぎ来って今なおいささかも懺悔《ざんげ》反省なく、しかも依然として私権自欲に居《お》って苟且偸安《こうしょとうあん》（一時の安楽を求める）を事とせり。露支英米との間一触即発にして、祖宗遺垂のこの神洲を一擲《いってき》破滅に堕《おちい》らしむるは火を見るよりも明かなり。

内外真に重大危急、今にして国体破壊の不義不臣を誅戮《ちゅうりく》（罪に処して殺す）して御稜威《みいつ》（天皇の威光）を遮り御維新（すべてが改まって新しくなる）を阻止し来れる奸賊《かんぞく》を芟除《せんじょ》（刈り除く）するに非ずんば、皇謨《こうぼ》（天皇の国家統治のはかりごと）を一空せん。

君側の奸臣軍賊を斬除《ざんじょ》して、彼の中枢を粉砕するは我等の任として能《よ》く為すべし。……

昭和十一年二月二十六日

陸軍歩兵大尉　野中四郎

外同志一同」

という要旨のものである。

だがこれには、重大な誤解ないし曲解がいくつかある。それをあらかじめ指摘しておきたい。

火種の軍縮条約

野党政友会の幹事鳩山一郎《いちろう》が、昭和五年四月二十五日、衆議院本会議で、

「国防計画を立てるということは、海軍軍令部長（昭和八年十月一日から軍令部総長と改称）または参謀総長という直接の輔弼（天皇の輔佐）の機関があるのである。その統帥権（軍隊の最高指揮権）の作用について、直接の機関がここにあるにかかわらず、その意見を蹂躙《じゅうりん》して、輔弼の責任のない、輔弼の機関でもないもの（浜口内閣）がとび出してきて、これを変更したいということは、まったく乱暴といわなくてはならぬ」

と、浜口雄幸《おさち》内閣を攻撃した。

海軍軍令部長の加藤寛治《ひろはる》大将は、一月二十日からひらかれているロンドン海軍軍縮会議にたいして、

「補助艦（巡洋艦、駆逐艦、潜水艦）保有量の比率は、米国にたいして少なくとも七割とする。

八インチ（二十センチ）砲搭載の大型巡洋艦においては、とくに対米七割とする。

潜水艦は昭和六年度末のわが現有量を保持する」

と強硬に主張し、この「三大原則」が認められないなら、会議が決裂したほうがよいと公言していた。昭和六年度末の潜水艦現有量は七十一隻、七万八千五百トンである。

ところが、ロンドン滞在中の若槻礼次郎《れいじろう》元首相、財部彪《たからべたけし》海相（大将）ら全権団から、三月十五日、「米国にこれ以上の譲歩をさせることは困難と認める」というまえがきで、

「補助艦全体の日本の対米比率をそれぞれ六割九分七厘とする。

大型巡洋艦は六割二分。ただし米国は一九三五年（昭和十年）までは建艦を加減して、日本の対米比率を七割とする。

潜水艦保有量は、日米とも五万二千トンとする」

という案にたいする請訓電が外務省にとどいた。

国際協調主義の幣原喜重郎《しではらきじゅうろう》外相は、この日米妥協案を受諾したほうがいいと主張し、首相の浜口も、世界的大不況にあたり、緊縮財政と協調外交を公約しているので、それに同意した。

浜口、幣原は、日本財政を救うために、ロンドン海軍軍縮会議を、少しでも軍縮量を増加させて妥結させたいと考え、また米英と戦争をする理由も国力もなく、決裂して孤立すれば日本の生存が危くなると判断したのである。

西園寺公望元老、牧野伸顕内大臣、鈴木貫太郎侍従長（大正十三年一月連合艦隊司令長官、

大正十四年四月海軍軍令部長、昭和四年一月予備役、侍従長）も、浜口、幣原の意見に賛成した。

　前海相で現軍事参議官（無任所の元帥、現役大将など）の岡田啓介大将（大正十三年十二月連合艦隊司令長官、昭和二年四月から四年七月まで海相）は、内大臣の牧野から、

「日本のために会議が決裂しては困る」

といわれ、天皇の意思と思い、また財部海相が海軍兵学校の同期生（第十五期）で親しい間柄でもあり、軍縮条約のまとめ役になる肚《はら》を固めた。

　三月二十四日、霞ヶ関の海軍省に隣接する海相官邸で、海軍長老の軍事参議官会合がひらかれた。

　軍事参議官の東郷平八郎元帥（兵学校期前）、伏見宮《ふしみのみや》博恭《ひろやす》王大将（兵学校第二十期相当）、岡田啓介大将と、加藤軍令部長（兵学校第十八期）、軍令部次長末次《すえつぐ》信正《のぶまさ》中将（同第二十七期）、海軍次官山梨《やまなし》勝之《かつの》進《しん》中将（同第二十五期）、海軍省軍務局長堀《ほり》悌吉《ていきち》少将（同第三十二期）が出席した。

　そこで一同は、山梨、堀起案の、

「大巡七割、潜水艦七万八千トンを、なお一押しも二押しもして、日本の主張を貫徹するようつよく要望する」

という回訓案に賛成した。

　山梨は翌日、海軍大臣事務管理（海相代行）である浜口首相に、

「海軍は日米妥協案をそのまま受諾することはできない」

と伝えた。しかし浜口は、

「政府としては会議の成功を切に望んでいる。会議の決裂を賭《と》すようなことはできない」

と、海軍の再考を求めた。

海軍側は翌三月二十六日、省部（海軍省と軍令部）最高幹部会をひらき、五項目の「海軍今後の方針」を決定した。従来の主張に加え、第五項が、

「海軍の方針が政府の容《い》れるところとならない場合でも、海軍諸機関が政務および軍務の外に出るものではないことはもちろん、政府方針の範囲内で最善を尽くすべきは当然のことである」

という主旨のもので、日米妥協案に強硬に反対していた加藤軍令部長、末次軍令部次長もこれを承認した。

山梨は、三月三十日、加藤、末次が承認した「補充覚書」（日米妥協案をのんだばあいに生ずる兵力量不足にたいして、政府に航空隊増強などの補充策を講じさせせようとするもの）を、浜口首相、幣原外相に提示し、同意を得た。

四月一日、午前八時半から、首相官邸で、浜口、加藤、岡田、山梨が会談した。浜口は、

「国家の大局から見て協定を成立させることが国家の利益であると判断し、だいたい全権の請訓案を骨子として、海軍の専門的意見はできるだけとりいれた。これを諒《りよう》とせられたい」

と話し、回訓案を三人に示した。

岡田は協調的にいった。

「この回訓案を閣議に上程されるのはやむをえない。ただし海軍は三大原則を捨てません。海軍の事情は閣議の席上、山梨次官に十分述べさせていただきたい。閣議決定のうえは、これに善処するように努力しましょう」

加藤は不満を述べた。

「請訓案には、用兵作戦上からは同意することはできません。用兵作戦上からは」

浜口は、加藤の意見は、岡田がいった「ただし海軍は三大原則を捨てません」を強調するものだろうと解した。

会談後、海相官邸に、艦政本部長小林躋造《せいぞう》中将、軍令部出仕（無任所）海軍省出仕野村吉三郎中将、横須賀鎮守府司令長官大角岑生《おおすみみねお》中将、末次軍令部次長、堀軍務局長、そして加藤、山梨、岡田が集まり、浜口首相からわたされた回訓案を検討し、三ヵ所を修正した。小さな修正であった。

山梨の報告をうけた浜口、幣原は、それらの修正に同意した。

閣議も、修正された回訓案と「補充覚書」を、全員一致で可決した。

浜口はこの四月一日、午後三時四十五分に参内し、天皇にこれまでの経過と回訓内容を報告して、允裁《いんさい》を得た。

こうして、ロンドンの全権に訓電が打たれた。

加藤軍令部長は、翌四月二日、天皇に、

「……今回の米国提案（実際は日米妥協案）はもちろん、その他日本の主張する兵力量および比率を実質上低下させるような協定の成立は、大正十二年（一九二三年）にご裁定あらせられた国防方針にもとづく作戦計画に重大な変更をきたすから、慎重審議を要するものと信じます」

という要旨の進言をした。「回訓案には同意できません」とはいわなかったため、天皇は加藤の意見をうけいれた。

天皇は二十八歳、加藤は五十九歳であった。

四月二十五日、衆議院本会議で、政友会総裁の犬養毅と、鳩山一郎に攻撃をうけた浜口首相は、兵力量の不足については補充策を研究していると説明し、

「条約締結にさいして政府のとった措置にはなんら憲法に違反した点はありません。条約の締結は純然たる国務であります（憲法第十三条は『天皇ハ戦ヲ宣シ和ヲ講シ及諸般ノ条約ヲ締結ス』となっていて、条約締結については主として外務大臣が天皇を輔弼する。これが『外交大権』）。

今回の問題は、海軍の兵額（兵力量）決定に関する条約であります。回訓案は、たとえ決定当時軍令部に多少の異論があっても、最後の決定権は政府に属するもので、この点においてなんら統帥権を侵犯したものでないことは明確であります」

とこたえた。

兵額は統帥権に責任を持つ軍令部が決定案をつくるものではなく、編制権に責任を持つ海軍省が立案し、それから内閣が決定案をつくるものだというのである。

大日本帝国憲法では二つの軍事大権が定められている。

「第十一条　天皇ハ陸海軍ヲ統帥ス」

「第十二条　天皇ハ陸海軍ノ編制及常備兵額ヲ定ム」

第十一条が「統帥大権」または「統帥権」、第十二条が「編制大権」または「編制権」、あるいは「軍政大権」といわれる。

昭和七年十一月から八年九月まで海軍省軍務局第一課長であった井上成美《しげよし》大佐は、この間に「統帥権」と「編制権」を詳細に研究したが、昭和十年十二月六日、戦艦「比叡」艦長のとき、海軍大学校教官の高木惣吉中佐に、要旨つぎのように語った。

「ストリクト（厳格）に解釈すれば、統帥権の範囲は、いわゆる戦闘機関の進退活動というものである（用兵作戦上の軍隊の指揮統率が主）。これにたいしては、内閣、議会その他からの干渉をいっさい排除できるし、また排除すべきである。

これが統帥権の不羈《ふき》独立というものであると考える。

これにたいしては国務大臣たる海軍大臣も、法律的には責を負わず、というのをほんとうとする。

それ以外の海軍部各種の活動（兵力量の海軍案決定もふくむ）、これは不羈独立を許されない範囲のものと見るべきと思う。

事実上においては、一言でいえば、海軍省は兵力を準備する。軍令部は準備された兵力量を活用するのだといえる。

この兵力の準備の方面は、経費と密接な関係があり、大臣の手を離れさせるわけにはいかない。法律的に考えても、兵力の準備、すなわち武備、軍備の方面については、国務大臣たる海軍大臣の責任範囲である」

元海軍大尉、元防衛大学校教授の野村実は、著書『歴史のなかの日本海軍』のなかで、陸海軍の統帥権、編制権にたいする取り扱いの伝統を、つぎのように述べている。

「陸軍は伝統的に、統帥権についてはもっぱら参謀総長のみが責任を負い、編制権については陸軍大臣のみでなく参謀総長も責任を負う、と解していた。

海軍は、統帥権については海軍軍令部長だけでなく海軍大臣も責任を負い、編制権については海軍大臣だけが責任を負う、と解する伝統があった」

陸軍では参謀総長が統帥権にも編制権にも責任を持つが、海軍では軍令部長は統帥権にだけ責任を持ち、編制権には責任を持たないというのである。

陸軍は軍事を政治より優先させ、海軍は政治を軍事より優先させる体質であったといえる。

かくして、テロ部隊の「蹶起趣意書」では、「倫敦《ロンドン》海軍条約において統帥権干犯（干犯はロンドン条約審議当時できた新語で、干渉し侵犯するという意味）があった」と述べているが、それは誤解か曲解というほかないのである。

ただ、かれらが誤解か曲解するようになったのには、それなりのワケがあった。

加藤軍令部長は、犬養、鳩山らが政府を「統帥権侵犯」といって攻撃した二日後の四月二十七日、元検事総長・大審院長・司法相・現枢密院副議長で、国家主義団体「国本社」総裁の平沼騏一郎《きいちろう》男爵を訪れ、ロンドン条約問題にたいする今後の方策について、相談した。

平沼は、政友会幹部や、加藤、末次らに反浜口内閣運動をやらせ、対米英協調の浜口内閣を倒して、自分が中心の国家主義内閣を成立させようと図っていた。

ロンドン条約が正式に成立するには、なお三つの関門をパスする必要がある。最初に議会の承認を得る、つぎに天皇が軍事参議官会議に諮問する、最後に枢密院の審査にパスする、の三つである。

この過程の間に、加藤は条約を無効にさせるか、望む条件をつけさせ、さらには今後兵力量にたいする軍令部の主張が通る政府・軍令部の関係を確立させようと望んでいた。

平沼は加藤に、「統帥権」「編制権」「統帥権侵犯」に関する奇策をあたえ、枢密院では加藤にとってよい決定が出るように尽力するから大いにやれ、と激励した。

軍令部にもどった加藤は、末次らと協議して、軍令部の公式見解を作成した。

「一、憲法第十一条は純然たる帷幄《いあく》（作戦計画をめぐらすところ）の大権にして、専ら海軍軍令部長及参謀総長の輔翼により行われ、国務大臣輔弼の範囲外に在り
二、憲法第十二条は純然たる軍政事項にはあらずして、統帥事項をも包含するものと認む
……

三、憲法第十二条は責任大臣の輔翼に依ると共に、海軍軍令部長（参謀総長）の輔翼の範囲に属する事項を包含し、其の作用を受くるものなり……

四、憲法第十二条の大権は、国防用兵上の見地より処理する間は主として軍令部長（参謀総長）輔翼の範囲に属し、予算との折衝に入るに及んで主として責任大臣輔翼の範囲に入るべきものなり」

という要旨のもので、これは政治優先の海軍の伝統をくつがえし、軍事優先の陸軍式に変えようというものであった。

加藤、末次は、平沼や政友会幹部の入知恵によって、海軍の伝統を無視する、

「政府が軍令部と交渉せずに兵力量の変更をおこない、それを専断上奏したことは統帥権干犯である」

という見解を公言していたが、それを公式に正当化しようとしたのであった。

「参謀本部は従来からこのような解釈で統帥権、編制権を取り扱っている。

枢密院副議長の平沼や、政友会の犬養、鳩山らが軍令部を後援している（真相は浜口内閣倒閣のために加藤、末次らを踊らせていた）。

海軍部内で絶対的権威を持つ東郷元帥と伏見宮大将は、財部海相を嫌い、加藤、末次を支持している。若手の将校らも、財部ら対米英協調派を嫌い、加藤、末次ら対米英強硬派を支持し、盛り立てている（実際には加藤・末次の煽動《せんどう》に踊らされている将校らが多かった）」

というようなことが、二人を強気にさせていたようである。

加藤は前年の昭和四年十一月十八日、浜口首相に会い、東郷が日米関係をつぎのように語った、と浜口に伝えた。

「将来の支那《シナ》（中国）は東洋の禍根である。日本の武力で畏敬《いけい》せらるべきものでなくなったら東洋の平和はたちまち乱れるであろう。

英米が口に不戦条約をとなえ国際連盟を高唱するならば、ハワイやシンガポールの防備や兵力器材の集結はなぜかと問え。

支那の現状を見よ。至るところに国際問題をひきおこすべき不安がある。しかも支那自身の力では、けっして処理はしえず、かならず日英米の厄介にならざれば済むまい。

この危険が伏在する以上、口舌の折衝のみで無事に解決する望みはほとんどない。

米国が少将を派遣しながら、これを任地かぎり大将としての権限をあたえ、つねに支那問題において牛耳を取らんとする下ごころは厳に注意せねばならん」

日本の国益のためには軍事力によって中国を制圧し、米英がそれを妨害しようとするなら、軍事力で排除すべきだということで、加藤も同意見であった。

末次は三年後の昭和八年十一月に連合艦隊司令長官となり、九年三月一日にそのまま大将に昇進したが、同年六月八日の軍事参議官会議で、要旨つぎのように語った。

「……思うに、満州を今日のようにした（関東軍が謀略によって昭和六年九月に満州事変を起こし、軍事力で満州〈現中国東北地区〉を制圧し、清国の廃帝溥儀《ふぎ》を傀儡《かいらい》の皇帝にして満州国を建国させた。それは現実には日本の植民地であった）のは、主として陸軍の功績努力によるものだが、国際連盟の抗議に屈せず、米国の恫喝《どうかつ》をしりぞけ、陸軍に後顧の憂いをなからしめたのは、西太平洋の制海権をにぎるわが海軍の厳然たる実力があったからである。

世上、海軍兵力の現状維持こそが平和維持の唯一の手段であると信ずる者がいる。しかし、現状維持というのは、現に有利な位置を占めている英米のような既成大国の常套語《じょうとう》であって、新進気鋭の日本が鵜《う》のみにし、かれらの拡声器のようになるのは、事態を理解しないのもはなはだしいというべきである。

万一つぎの軍縮会議で、退嬰的《たいえい》となり、ロンドン会議の失態をくり返すならば、日本の威信は地に落ち、単に支那やソ連に軽侮されるばかりか、満州の支持さえ困難となるにちがいない」

満州を日本の植民地として確保しておくためには、陸軍が対中国対ソ連に必要な兵力を満州に配備しなければならないのと同様に、海軍は対米に必要な兵力を西太平洋に配備しなければならないということで、これにも加藤は同意していた。

ただ、加藤、末次とも、軍縮条約をうち切り、軍事力によって中国支配をすすめていったばあいどうなるか、米英と軍拡競争をしたばあいどうなるか、さらに米英中を相手に戦ったばあいどうなるか、などについての見とおしは曖昧《あいまい》であった。

しかし、異常に強気の武力主義にとりつかれていたために、参謀本部とおなじく、軍令部が海軍を牛耳る体制にしようと画策したのである。

犬養、鳩山らの政友会や、加藤、末次らのロンドン条約反対の運動にたいして、昭和五年

五月二十五日の東京朝日新聞は、「統帥権よりも国民負担の軽減」と題して、

「……ロンドン条約に関して軍令部が不同意のために条約が成立しなかったならば、それは明らかに軍令部に条約締結の運命が左右されることである。

国民にたいして憲法上なんら責任を負うことができない海軍軍令部長が、国防の責任を負えないからといって、軍縮会議の結果を左右し、条約締結の大権を輔弼する国務大臣の決定をうごかすことができるならば、海軍軍令部長は、国防用兵の事以外に、軍事に関するかぎり条約の批准権も輔翼せんことを要望するものであり、国防を理由として、外は条約締結に、内に予算編成に関する拒否の最高権を要求するものに外ならぬのである。

それ故に問題は責任内閣が統帥権を干犯したのではなくて、かえって軍令部が条約大権を干犯し、予算編成の政府権能と、予算協議の議会の権限を干犯せんとするものである」

という論説をかかげた。これが正論で、政友会や軍令部の主張は道理にかなうものではなかった。

だが、加藤、末次は、陰に陽に、政府、元老、重臣、天皇側近、財部、岡田らを非難攻撃しつづけ、海軍将校、陸軍将校、あるいは民間人を、二人に同調させるように策動した。

佐郷屋留雄が浜口首相を狙撃し、血盟団員らが井上元蔵相や団三井合名理事長を、海軍の過激な青年将校らが犬養首相を暗殺したのにも、加藤、末次の言動がつよく影響していた。

二・二六事件の青年将校らは、加藤、末次のほかに、かれらの領袖ともいうべき皇道派の指導者で、元参謀次長・教育総監の真崎甚三郎《まさきじんざぶろう》大将と、元陸相の荒木貞夫《あらきさだお》大将の影響を濃厚

にうけていた。

皇道派は、天皇を神とし軸とする一君万民の国体を至上とし、政党政治を排して、軍人による専制政治をおこなおうという、陸軍内の一派閥である。

真崎と荒木は、昭和九年七月ごろから、加藤と同志的つながりを持つようになっていた。

坂井景南著の『英傑加藤寛治』にはこう書かれている。

「……昭和九年七月ごろの斎藤（実）内閣末期には、陸軍の林（銑十郎《せんじゅうろう》）、荒木、真崎の三大将がともに加藤寛治内閣の実現にうごき、樺山資英、杉山茂丸その他の使者を加藤邸に差し向けている。このことは『原田日記』（『西園寺公と政局』第三巻）にも記述されている。また『加藤日記』（昭和九年六月三十日……）にも記述されている」

加藤は国家主義者の政治家平沼騏一郎と、皇道派の真崎、荒木と結び、陸海軍を利用し、国家主義・軍国主義によって日本を統制し、対ソ支英米強硬策をすすめようとしたのである。

国家主義は、『広辞苑』には、

「国家を第一義的に考え、その権威と意思とに絶対の優位を認める立場。全体主義的な傾向を持ち、偏狭な民族主義・国粋主義と結びやすい」

と書かれている。

さらに、「皇道」を説く真崎と荒木は、内に背筋が凍るような恐るべき思想を持っていたようである。

満州事変発生三ヵ月後の昭和六年十二月、政友会の犬養毅内閣が成立したが、陸相に荒木貞夫中将が任命された。満州事変拡大に積極的な上原勇作元帥と、平沼枢密院副議長が推薦し、内閣書記官長になった森恪《つとむ》政友会幹事長がそれに同意した結果である。

荒木は、満州事変拡大に消極的な陸軍首脳らを一掃し、参謀総長に閑院宮載仁《かんいんのみやことひと》親王元帥、参謀次長に盟友の真崎甚三郎中将を就任させた。

六十六歳の閑院宮を参謀総長に据えたのは、上原と荒木が、西園寺、重臣、天皇側近者などを威圧し、三十歳の天皇を陸軍側にとりこみ、思うように事をはこぼうと意図したからであった。

昭和七年七月、実力者の真崎次長が中心となった参謀本部は、部外極秘の『統帥参考』を作成した。編者は陸軍大学校幹事今井清少将とされている。そこに、

「われわれ（参謀本部の将校ら）の職務だけが憲法外におかれている」

という意味のことが書かれている。憲法に拘束されない職務だというのである。

冒頭の「統帥権」の章には、

「……之ヲ以テ統帥権本質ハ力ニシテ其作用ハ超法規的ナリ」

とあり、

「従テ統帥権ノ行使及其結果ニ関シテハ議会ニ於テ責任ヲ負ハス　議会ハ軍ノ統帥指揮並ニ之カ結果ニ関シ質問ヲ提起シ弁明ヲ求メ又ハ之ヲ批評シ論難スルノ権利ヲ有セス」

が、これにつづく。

昭和三年六月の関東軍による張作霖爆殺や、昭和六年九月の同軍の陰謀による満州事変も、

議会は批判、論難してはならないことになる。

天皇と参謀本部、海軍軍令部の関係についてはこう述べる。

「…参謀総長、海軍軍令部長等ハ幕僚（天皇の）ニシテ憲法上ノ責任ヲ有スルモノニアラサルカ故ニ……」

自分らは超憲法の存在である天皇の幕僚だから、憲法にとらわれずに行動できるというわけである。

国民にたいしては、

「……兵権ヲ行使スル機関ハ軍事上必要ナル限度ニ於テ直接ニ国民ヲ統治スルコトヲ得」

という。憲法では、

「第一条　大日本帝国ハ万世一系ノ天皇之ヲ統治ス」

明治天皇の「軍人勅諭」では、

「世論《せいろん》に惑わず政治に拘《かかわ》らず」

とあるが、参謀本部は「必要ナル限度」とはいえ、天皇にかわり国民を統治できるというのである。

鎌倉幕府や徳川幕府は公認されたものであったが、参謀本部は闇の幕府になろうとしていたことになる。

この『統帥参考』は、真崎の思想を表現したものであろう。

二・二六事件の皇道派青年将校らは、「皇道」と、「統帥権本質ハ力ニシテ其作用ハ超法規的ナリ」と説く真崎や荒木らの思想に染まっていたのである。

念のためつけ加えると、ロンドン条約は、加藤、末次、平沼、政友会などの強引な反対運動があったが、天皇の意思と世論によって、昭和五年十月二日に批准された。

だが、東郷元帥、伏見宮大将の支持をうけた加藤以下の対米英強硬派（艦隊派とよばれる）は、やがて伏見宮を軍令部長にまつり上げ、軍令部の権限強化をすすめ、海軍を陸軍化してゆく。

領袖の陰謀

海軍将校らが犬養首相を暗殺した昭和七年の五・一五事件に、陸軍士官学校の十一人の士官候補生が加わっていた。

それを荒木陸相は、事件直後、

「本件に参加したものは、少年期からようやく青年期に入ったものばかりである。その心情については涙なきをえない。名誉とか私欲とか、また売名的な行為ではない。皇国のためになると信じてやったことである。だから、これを処理するには、小乗的観念で事務的に片づけてはならない」

と、称賛すべき英雄のように語り、全員に一律に禁錮《きんこ》四年という軽い刑を課しただけで、済ませてしまった。

皇道派の青年将校らは、元老、重臣、天皇側近者、政府要人、反皇道派の陸海軍将官などを殺害しても、死刑にならないかもしれないし、愛国の英雄といわれるようになるかもしれないと考えた。

昭和九年一月二十三日、荒木は病気のため陸相を辞任し、軍事参議官となり、教育総監の林銑十郎大将が新陸相に就任した。

新教育総監には、軍事参議官の真崎甚三郎大将（昭和八年六月に昇進し、参謀次長から転じた）が任命された。

荒木は後任陸相に真崎を推したのだが、陰謀家のような真崎を陸相にすれば、大禍が起こる恐れがあると考えた閑院宮参謀総長が、それを制止したのであった。

昭和九年四月ごろから、林陸相は、林の失脚を期待して皇道派の勢力を拡大しようとしている真崎、荒木と、対立を深めた。

林は昭和十年七月、陸軍次官橋本虎之助《とらのすけ》中将、軍務局長永田鉄山少将、陸軍士官学校同期（第八期）で軍事参議官の渡辺錠太郎大将らとはかり、八月の定期人事異動時に、林の統制に従わない皇道派将校を要職から一掃しようと決意した。

相談相手の永田軍務局長は、皇道派と対抗的な統制派の領袖であった。

統制派は、派閥対立を解消し、軍中央部（陸軍省、参謀本部）の統制の下に、憲法に抵触せずに国家革新を実現しようという考えの一派閥であった。しかし陸軍が政治を牛耳ろうという点では、皇道派と変わらない。永田のほか、東条英機《ひでき》、武藤章、富永恭次《とみながきょうじ》、下山琢磨《たくま》、影佐《かげさ》禎昭《さだあき》、池田純久《すみひさ》などが主要メンバーであった。

林の皇道派一掃案は、真崎を教育総監から軍事参議官に、真崎直系の第二師団（仙台）長秦真次《はたしんじ》中将を待命（一定の職に就かず、命を待つ）に、おなじく第一師団（東京）長柳川平助《やながわへいすけ》中将を予備役に、軍事調査部長山下奉文《ともゆき》少将を朝鮮軍の旅団長に、それぞれ追放というようなもので、現実的には皇道派壊滅案であった。

七月十日に林は真崎を官邸によび、真崎に要求した。

「陸軍の統制のために教育総監の勇退を望む」

真崎は陸軍士官学校で林の一期後輩だが、憤然と反駁《はんばく》した。

「三長官の一人の進退を、陸軍大臣一人の意見で決定することは統帥権干犯である。秦の待命、柳川の予備役編入は不当である」

会談は物別れに終わった。

七月十二日、ついで十五日、閑院宮参謀総長、林陸相、真崎教育総監の三長官会議が二回にわたっておこなわれた。真崎は終始、林の異動案に強硬に反対し、待命にすべきは、「三月事件」（後述）に関与した宇垣一成《かずしげ》系の小《こ》磯国昭《いそくにあき》（中将、航空本部長に就任予定）、建川美次《たてかわよしつぐ》（中将、参謀次長に就任予定）、永田鉄山（現軍務局長）であると主張した。

ついに、統帥権に責任を持つ閑院宮が、満面に朱を注ぎ、真崎を叱責した。

「教育総監は陸軍大臣の事務の進行を妨害するのか」

真崎はなお承服しなかった。

「……もしこれを強行せらるるときは軍は思想的に混乱し（軍の統制を破り、政変を起こそうとした『三月事件』の関与者らを放任し、皇道派のみを処分するならば)、これが統一は困難になりましょう。ただいまここに即決せられずとも、二、三日たがいに研究する余裕をあたえていただきたい」

閑院宮はそれを抑え、

「このままでいけば(この案どおりの異動をやれば)、何事か起こるかもしれないが、そのときにはそれに対応する処置が大臣にあろう。このままでいこう」

といい切った。会議は終わり、真崎は敗北した。

真崎に一理があっても、人事権に責任を持つ陸相と、統帥権に責任を持つ参謀総長の同意による結論であった。ここに統帥権の干犯はなく、「教育総監更迭において統帥権干犯があった」というのは、やはり誤解か曲解というほかない。

真崎の敗北は、真崎にたいする閑院宮の深い不信によるものであった。

真崎の後任の教育総監には、皇道派の一掃に協力した渡辺錠太郎が任命され、真崎は軍事参議官に退かされた。

「三月事件」は、あらましつぎのようなものであった。

昭和六年三月二十日の労働法案上程日に、右翼思想家大川周明《しゅうめい》の指導による一万人が、八方から議会にデモをかけ、政友会、民政党の両本部と首相官邸を爆破する。軍隊は議会を保護する名目でこれを包囲し、各大臣を脅迫して辞表を出させ、宇垣一成陸相(大将)に組閣の大命が下るようにしくむ。

宇垣陸相、陸軍次官杉山元《はじめ》中将、軍務局長小磯国昭少将、参謀次長二宮治重《にのみやはるしげ》中将、参謀本部第二部長建川美次少将、参謀本部ロシア班長橋本欣五郎《きんごろう》中佐らは、同年一月に、このクーデター計画を謀議していた。

ところが決行三日まえになり、宇垣が変心し、小磯に中止を命じた。事件は未発に終わり、宇垣以下の関与者は、内乱未遂、あるいは軍紀違反の罪に問われることもなかった。

真崎は、昭和十年七月十八日の軍事参議官会議で、「三月事件」のころ陸軍省軍事課長であった永田が起案したクーデター計画書を提示し、荒木とともに、同席していた永田を詰問した。

永田は事実を認めた。しかし書いた理由には口を閉ざしたため、責任の程度が不明に終わり、林に擁護された永田は、軍務局長を従来どおりつづけることになった。

数日後の七月下旬、「十一月事件」で停職処分（六ヵ月は復職できず、一年以内に復職しないときは予備役となる）中の皇道派中堅将校村中孝次大尉と磯部浅一一等主計が、ショッキングな『粛軍ニ関スル意見書』という印刷物を、全軍に配布した。

「十一月事件」「三月事件」「十月事件」を洗いざらいバクロし、永田軍務局長を「陸軍の破壊者」と非難罵倒するものであった。

「十一月事件」は、村中、磯部らが、昭和九年十一月、岡田啓介首相、斎藤実前首相、牧野伸顕内大臣などを殺害し、荒木貞夫、真崎甚三郎、林銑十郎を主体とする軍政府の樹立をはかったという容疑で、東京憲兵隊に逮捕された事件である。村中、磯部らは証拠不十分で不起訴になったが、具体的行動予定はなくても、その構想を口にしたカドで、停職処分とされたのであった。

真相は、陸軍士官学校生徒隊中隊長で、東条英機少将に近い辻政信《つじまさのぶ》大尉が、教え子の士官候補生をスパイにつかい、村中らに架空のクーデター計画を話させ、それを理由に皇道派を崩壊させようとしたものであった。

「十月事件」は、参謀本部ロシア班長橋本欣五郎中佐と、北京駐在武官補佐官長勇《ちょういさむ》少佐らが、昭和六年十月にすすめたクーデター未遂事件で、つぎのようなものである。

将校約百二十人、歩兵十中隊、機関銃一中隊、爆撃機十三機によって、首相官邸、警視庁、陸軍省、参謀本部を襲撃、占領する。若槻首相以下の閣僚を殺害し、財界巨頭、君側の奸臣《かんしん》、特権階級を逮捕、監禁する。

東郷平八郎元帥と閑院宮載仁《ことひと》親王元帥に参内《さんだい》してもらい、つぎの新内閣を申請してもらう。首相兼陸相荒木貞夫中将、内相橋本欣五郎中佐、外相建川美次少将、蔵相大川周明、警視総監長勇少佐、海相小林省三郎《せいざぶろう》少将（霞ヶ浦海軍航空隊司令、国粋主義者）。

ところが決行前の昭和六年十月十七日早朝、首謀者らは東京憲兵隊に連行され、同隊官舎に収容され、事件は不発に終わった。

前夜、事を知った教育総監部本部長の荒木貞夫中将が、首謀者らが本拠にしている築地の料亭金竜亭に乗りこみ、長少佐と酒を酌みかわして談合し、荒木が穏便の処置を請け負った結果である。

「三月事件」にしても「十月事件」にしても、軍人にあるまじき野心による政治的陰謀であったことは、真崎が指摘するとおりであった。

教育総監を罷免された真崎は、八月に予定されている皇道派一掃の人事異動を阻止し、あわせて宇垣派、統制派、反皇道派の将官らに痛撃を加えようと、新たな行動にかかった。

手はじめに、七月十八日の軍事参議官会議で、永田軍務局長を糾弾し、林、永田らの皇道派にたいする攻撃を鈍らせようとしたのであった。

村中、磯部が執筆した『粛軍ニ関スル意見書』にも、真崎や荒木の意思が働いていたはずである。

同時期にばらまかれた西田税《みつぎ》編『軍閥重臣閥の大逆不逞』と、村中孝次執筆『教育総監更迭事情要点』も同様である。西田は、『日本改造法案大綱』を書いた国家社会主義者北一輝と行動を共にする過激な革新思想家である。

永田軍務局長は、「陸軍の統制と団結」のため、「非合法的革新思想の駆除」「横断的結成行為の禁止」「宣伝怪文書の取締まり」「部外者（とくに政党、政治浪人など）との連絡禁止」を断行しようとしていた。そこで、まず『粛軍ニ関スル意見書』などの責任者を、厳重処分することを決意した。

八月一日、停職中の村中と磯部は、怪文書作成、頒布《はんぷ》の罪で、免官とされた。

ところが、それが皇道派将校らの憎悪を募らせ、かれらを非合法行動に駆りたてることになったのである。

昭和十年八月の定期人事異動では皇道派の有力将校が一掃されるはずであったが、一日に発令された人事では、皇道派がとくに不利ということはなかった。

問題の秦真次第二師団長は待命とされたが、皇道派ではない菱刈隆《ひしかりたかし》、松井石根《いわね》の両大将と、第七師団（旭川）長杉原美代太郎中将も待命とされた。

柳川平助第一師団長の予備役編入と山下奉文軍事調査部長の転出は見送りとなり、宇垣系の建川美次中将の参謀次長、おなじく小磯国昭中将の航空本部長への転任も延期となった。

新教育総監の渡辺と、軍務局長の永田が、「人事の公正」を期すべきであると勧告し、陸相の林がそれを認めたようである。

だが、村中、磯部の免官と、もう一つの何の問題もないような人事が、永田と陸軍全体に大禍をもたらした。

皇道派の中堅将校で、広島県福山歩兵第四十一連隊付の相沢三郎中佐は、七月下旬、親しくしていた西田税の『軍閥重臣閥の大逆不逞』と、村中孝次の『教育総監更迭事情要点』を読み、永田軍務局長排撃の必要を痛感した。

八月一日、相沢にたいして台湾の歩兵第一連隊付へ転出の辞令が発表され、八月二日、村中孝次、磯部浅一免官の知らせと、『粛軍ニ関スル意見書』が、相沢の許《もと》にとどいた。

相沢は、革新運動を妨害する永田を誅殺する決意を固めた。

八月十二日午前九時四十五分ごろ、陸軍省軍務局長室に侵入した相沢は、東京憲兵隊長新見英夫大佐、兵務課長山田長三郎大佐と対談中の永田を、軍刀で刺殺した。

東京憲兵隊司令部に連行されたとき、

「自分の行動は明治大帝の御遺訓に添い奉り、皇軍軍紀の振粛にある。正義にもとづく行動は法律を超越するのだ」

と語り、犯罪意識は少しもない様子であった。

だが、およそ一年後の昭和十一年七月三日、相沢は代々木練兵場に隣接する刑場で銃殺刑に処せられたが、その直前の一夜、

「真崎閣下は俺を助けてやるといった。なぜ殺すのだ」

とさけんであばれ、刑務所側は制止することができなかったという。

処刑前日の七月二日の午前には、軍法会議検察官の匂坂《さきさか》春平陸軍法務官と話をするうち、とつぜん床に手をつき、

「相沢はたいへんな心得ちがいをしていました。永田閣下を殺したのはまちがいでした」

と泣いて告白し、公判廷では語らなかったが、真崎からそそのかされた、ともはじめて語ったという（澤地久枝著『雪はよごれていた』）。

相沢が永田軍務局長を刺殺したことは、皇道派の青年将校らに衝撃的な感動をあたえた。

歩兵第一連隊の栗原安秀中尉は、磯部元一等主計に語った。

「こんどの相沢さんのことだって、青年将校がやるべきです。それなのに何ですか、青年将校たちは……。私はいままでは他を責めていましたが、もう何もいいません。ただ、自分が

よく考えてやります。自分の力でかならずやります」

磯部はこたえた。

「……磯部は弱い男ですが、君がやるときには、何人が反対しても、僕だけは君とともにやる」

二・二六事件の青年将校らの「蹶起趣意書」にある「相沢中佐の閃発《せんばつ》」というのはこういうものだが、かれらが「閃発」といっても、かれらが非難する「三月事件」「十月事件」「十一月事件」とおなじく、背後に政治的陰謀があったようである。

「蹶起趣意書」の中の「学匪」は、「天皇機関説」を唱えた元東京帝国大学教授で、昭和十年一月ごろは貴族院議員であった美濃部達吉博士のことである。

同年一月二十八日、貴族院本会議で、予備役陸軍中将の菊池武夫男爵が、美濃部の「天皇機関説」を攻撃した。

「統治の主体が天皇にあらずして国家にありとか民にありとか（中略）議会は天皇の命に何も服するものじゃない、こういうような意味に書いてある……

私は名づけて学匪と申す（中略）このような学者、著者というものがいったい司法上から許さるべきものでございましょうか。これは緩慢なる謀反になり、明らかなる反逆でございます」

美濃部は憲法学の最高権威で、『憲法撮要』『憲法精義』などの著書があり、「天皇機関説」は三十年来の天下公知の学説で、しかも勅選議員である。いまさら「学匪」「謀反」「反逆」もないのだが、真崎教育総監ら皇道派などの「天皇は超憲法の神」という主張に同調したのであった。

美濃部は二月二十五日、貴族院本会議で、一身上の弁明をした。わかりやすく解説する。

「天皇主権説を取れば、統治権は天皇個人の利益のためにある力となる。

日本の歴史では天皇は、仁徳天皇の詔勅に『君ハ百姓ヲ以テ本トス』と明言されているように、国家国民を私有したことがない。これが日本の国体の精華でもある。

統治権を天皇の私権とするならば、租税は国税ではなく天皇の収入となり、国際条約は天皇個人の契約にすぎなくなる。

菊池男爵は天皇の大権を『万能無制限の権力』であるかのようにいうが、憲法第四条には、『天皇ハ国ノ元首ニシテ統治権ヲ総攬《そうらん》シ此ノ憲法ノ条規ニ依リ之ヲ行フ』と明記されている。美濃部の著書も、憲法の条規に従わないで天皇が議会に命令することはないと述べているだけである。

天皇機関説こそが日本の国体に適合した所論で、きわめて平凡な真理である」

論旨が明快で、議場は静聴し、議員の多くも閣僚も、これで「天皇機関説」論議は終わったと考えた。

ところが、問題は衆議院に飛び火し、さらに軍部、右翼団体、一般市民の間でも、「現人神《あらひとがみ》の天皇を機関とは不敬である」

という非難が高まった。

林陸相は、はじめ、

「天皇機関説は法理の問題で、軍の関与すべきことではない。この学説は軍に悪影響をおよぼしたことはない」

といっていたが、形勢が不穏になってくるのを見て、三月十六日、衆議院本会議でこう言明した。

「私としては、かかる学説のため国民思想に動揺をきたすことは面白からぬと考え、かかる説は消滅するよう努力したい」

その結果、三月二十三日、衆議院は、

「国体の本義を明徴にし、人心の帰趨《きすう》を明らかにするは、刻下最大の要務なり。政府は崇高無比なわが国体と相容れざる言説に対し、直ちに断乎《だんこ》たる措置を取るべし」

という「国体明徴決議」を可決した。

提案理由を説明した政友会総裁の鈴木喜三郎は、

「天皇ありて国家があるのであり、国家ありて天皇があるのではない」

とさけび、美濃部とその学説、著書に制裁を加えるべきだと主張した。政党人でありながら、議会と政党を基盤とする立憲主義議会体制を破壊しようというのであった。

教育総監の真崎は、昭和十年四月の軍司令官・師団長会議で、こう訓示をした。

「天皇機関説は、わが国体観念上、ぜったいに相容れざる言説なるがゆえに、軍人たる者は、かかる言説に惑わされることなく、軍務にますます精励して、崇高無比なわが国体の明徴を期すべし」

岡田啓介内閣も次第に圧迫され、八月三日には、

「大日本帝国統治の大権が、厳として天皇に存することは明らかなり。もしそれ統治権が存せずして、天皇はこれを行使するための機関なりとなすがごときは、これまったく万邦無比なるわが国体の本義を誤るものなり。……」

という声明を発表した。

この間、天皇は侍従武官長の本庄繁《ほんじようしげる》陸軍大将に、つぎのような意見を洩《も》らしていた。

「機関説を排撃せんがために自分（天皇）をして動きのとれないものとする（現人神とする）ことは、精神的にも肉体的にも迷惑の次第なり」

「憲法第四条天皇ハ国家ノ元首云々《うんぬん》は即ち機関説なり。之が改正をも要求するとせば、憲法を改正せざるべからざることになるべし」

「軍部が一方で『機関説』を排撃しつつ、しかも朕の意に反する『主権説』をいうは、朕を『機関』扱いにするものにして、矛盾ならずや」

『統帥参考』にうかがわれるように、陸軍は、意のままに事をおこなうためには、天皇を超憲法的存在にしておく必要があった。真崎らは天皇の意思に従うためではなく、天皇の名によって自分らの超法規的目的を達成したいために、「天皇主権説」を唱えたのである。

「天皇機関説」騒動、相沢中佐の永田軍務局長刺殺などのため、陸軍の統制がとれなくなった林陸相は、九月三日、岡田啓介首相に、

「もうとても自分はつづかない。このままでいると何が起こるかわからない。現にもう若い将校が千人ぐらい団結して、何かやろうとしているらしい。自分の尽くす手は、自分が辞めて新手にやらせ、それを自分が軍事参議官として援助することだ」

といい、後任に川島義之大将を推薦した。

天皇は岡田から、川島大将は「無私無難」の定評があり、軍紀粛正に適していると聞き、川島の陸相就任を裁可した。

九月十八日、貴族院議員の辞表を提出した美濃部博士は、記者会見で語った。

「……くれぐれも申しますが、それは私の学説をひるがえすとか、自分の著書のまちがっていることを認めるとかいう問題ではなく、ただ貴族院の今日の空気において、私が議員としての職分を尽くすことが、はなはだ困難となったことを深く感じたがためにほかなりません……」

渡辺新教育総監は、十月三日、名古屋の偕行社（陸軍士官集会所）で、第三師団の各部隊長にたいして、

「機関説が不都合であるというのは、いまや天下の世論であって、万人が無条件にうけいれている。

しかし、機関説は遠く明治四十年ごろからの問題で、当時山県有朋《やまがたありとも》元帥の副官であったわ

たしは、その事情を詳知している一人である。山県元帥は、上杉慎吉博士の進言によって、当時の憲法学者をあつめ、研究を重ねた結果、これにたいしてきわめて慎重な態度をとられ、ついに今日におよんだのである。

機関という言葉が悪いという世論であるが、わたしはこれを悪いと断定する必要はないと思う。御勅諭のなかに『朕を頭首と仰ぎ』と仰せられている。頭首とは有機体たる一機関である。天皇を機関と仰ぎ奉ると思えば、何の不都合もないではないか。天皇機関説排撃、国体明徴と騒ぎまわることはよくない……」

という要旨の訓示をした。

だが、真崎前教育総監と反対のこの訓示は、はなはだ評判が悪かった。

このために渡辺が、皇道派の青年将校らに命を狙われるようになったともいえる。

しかし、日本が立憲君主制である以上、美濃部や渡辺の説が正解で、真崎その他の説は曲解というほかない。

皇道派青年将校らの「蹶起趣意書」のなかにある、重大な誤解か曲解というのは、以上の、

「倫敦《ロンドン》海軍条約並に教育総監更迭における統帥権干犯」

「中岡、佐郷屋、血盟団の先駆捨身」

「五・一五事件の噴騰」

「相沢中佐の閃発」

「学匪」などの見解である。

これらはほとんど、領袖の真崎が、かねがねかれらに語っていたことであった。

陸海軍首脳の邪念

香田清貞大尉が「蹶起趣意書」を読み終わると、かわって村中孝次元大尉が川島陸相に「要望事項」を述べたてた。要旨つぎのようなものであった。

「一、蹶起の趣旨を陸軍大臣を通し天聴に達せしむること。

一、警備司令官香椎浩平《かしいこうへい》中将、近衛師団長橋本虎之助中将、第一師団長堀丈夫《たけお》中将、憲兵司令官岩佐禄郎中将を招致して、皇軍相撃つことなからしむること。

一、兵馬の大権を干犯したる宇垣一成大将、小磯国昭中将、建川美次中将を即時罷免すること。

一、軍閥的行動をなしきたりたる中心人物根本博大佐（十月事件参加）、武藤章中佐、片倉衷《ただし》少佐（共に統制派、十一月事件に関与）を即時罷免すること。

一、林銑十郎大将、橋本虎之助中将（近衛師団長）を即時罷免すること。

一、ソ連威圧のため荒木貞夫大将を関東軍司令官に任命すること。

一、真崎甚三郎大将、陸軍次官古荘幹郎《ふるしょうもとお》中将、軍事調査部長山下奉文少将、軍事課長村上啓作大佐、内閣書記官鈴木貞一大佐、陸軍大学校教官満井《みつい》佐吉中佐など皇道派系上級将校を即時招致すること」

ここにも、矛盾としかいえない主張が四つある。それもあらかじめ指摘しておきたい。

「皇軍相撃つことなからしむること」というかれらは、天皇の命なく私的に兵をうごかし、しかも天皇任命の政府要人、陸軍首脳、天皇側近者らを私意で襲撃し、殺傷している。それが「皇軍」（天皇の軍隊）であるわけがない。

「兵馬の大権を干犯したる宇垣……」というが、かれらは未遂の「三月事件」よりはるかに兵馬の大権を干犯している。

「軍閥的行動をなしきたりたる……」というのも、「宇垣派」「統制派」だけでなく、「皇道派」も同様であろう。

上級将校の進退、招致を強要するのは、皇軍否定である。

武装して血気にはやる青年将校らに囲まれた川島は、曖昧なうけこたえしかできなかった。

香田が大声をあげた。

「そんなナマクラをいってはだめです。一大勇断をしてください」

あとからきた歩兵第一連隊第七中隊長の山口一太郎大尉は叱咤《しった》した。

「蹶起部隊を賊軍か義軍か、まずそれを決めるべきです」

川島は弱り、考えさせてくれと、大臣室に退いた。

午前七時すぎ、山下少将、ついで真崎大将が陸相官邸に到着した（真崎の護衛憲兵金子桂伍長の報告書では、真崎の到着は午前七時十五分）。

官邸に入った真崎は、生気をなくした川島に、声を励ましていった。

「東京に戒厳令（事変にさいして、行政権、司法権の全部または一部を軍の機関にゆだねる）を布《し》いて収拾策を講じなければなるまい」

午前八時十分すぎ、真崎は陸相官邸を出て、車で二、三分の紀尾井町の伏見宮博恭王邸に着いた。この当時の伏見宮は海軍元帥で軍令部総長である。真崎と同志的な交りをしていて、伏見宮の軍師的立場にある前軍事参議官の加藤寛治後備役海軍大将はすでにきていた。

真崎は伏見宮に、陸相官邸で見聞した情況を報告し、

「事態かくのごとくなりましては、もはや臣下にては収拾ができません。強力なる内閣をつくって、大詔渙発《たいしようかんぱつ》（勅命を発する）により事態を収拾するようにしていただきたい。一刻猶予すればそれだけ危険です」

と進言した（東京憲兵隊にたいする加藤の「供述要旨」）。「強力内閣」とは軍部内閣か、軍部と一体の維新内閣というもので、「大詔渙発」は、テロをおこなった将校らは法によって断罪するが、大権の発動によってその罪を許すことにする、というものという（真崎調書）。

真崎のこの進言は、私的に兵をうごかし、私意によって集団テロを強行した将校らの主張を肯定するものといえる。

前日の二月二十五日におこなわれた相沢三郎中佐の裁判で、特別弁護人の満井佐吉中佐（皇道派）は、要旨こう述べた。

「……今日、わが国の農村は厖大な負債に四苦八苦しておりますが、それにもかかわらず、都市住民の三倍の公課を負担させられつつあります。加えて農産物は、生産費に関係なく、金融資本家側の建値によって売却するほか道がないために、経済的均衡が保たれず、農村は日に日に破壊され、いまや疲労困憊して、ほとんど立てなくなっております。

ところが都市の資本家財閥は、これら農村の三十倍からの富を蓄積しているのであります。このような現状から、農村出身の兵の不平不満はいちじるしく、軍の士気はとみに低下しております。国防の充実は農村窮乏の打開なくしてなし得ません」

これは、「蹶起趣意書」のなかの、

「……不逞兇悪の徒簇出《そうしゅつ》して私心我慾をほしいままにし……万民の生成化育を阻碍して塗炭の病苦に呻吟せしめ、従って外侮外患日を逐うて激化す。

……内外真に重大危急、今にして国体破壊の不義不臣を誅戮して御稜威《みいつ》を遮り御維新を阻止し来れる奸賊を芟除《せんじょ》するに非ずんば、皇謨《こうぼ》を一空せん」

というものと同様の主張であろう。

真崎はこの点でも同意見のはずである。

しかし、かれらが無残に殺傷した政府要人、陸軍首脳、天皇側近者たちは、果たして殺すべき奸賊であったか。

かれらが考える「強力内閣」（真崎首班を最も望んだ）は、日本経済を改革して、農民を救済できるか。

かれらは、軍縮、対英米協調外交、議会政治、自由主義、民主主義、労働運動などを排撃する。かわりに軍部が天皇の名を利用して専制政治をおこない、軍事力によって満州を支配し、経済力、国防力を充実するという。

これでは日本経済が改革され、農民が救済されることはほとんど期待できないであろうし、軍人がますます羽振りをきかし、戦争の危険が増加するのが落ちではないか。

川島陸相は午前九時半に参内し、天皇に事件の経過を報告したのち、テロ部隊の「蹶起趣意書」を読みあげた。

「なにゆえにそのようなものを読み聞かせるのか」

三十四歳の天皇は、鋭く詰問した。

「蹶起部隊の行為は統帥の本義にもとり、大官殺害も不祥事でありますが、陛下ならびに国家に尽くす至情にもとづいております。かれらのその心情をご理解していただきたいのでございます。

なお、かような大事件が起こりましたのも、現内閣の施政が民意に沿わないものが多いからと存じます。国体を明徴にし（それによって政治、経済倫理を正し）、国民生活を安定させ、国防の充実をはかる施策をつよく実施する強力内閣をすみやかにつくらねばならぬと存じます」

と説明する川島に、天皇は、

「今回のことは精神の如何《いかん》を問わずはなはだ不本意なり。国体の精華を傷つくるものと認む。朕が股肱《ここう》の老臣を殺戮す。かくのごとき兇暴の将校等、その精神においても何の赦すべきものありや。

陸軍大臣は内閣をつくることまでいわなくてよかろう。それよりすみやかに事件を鎮定せよ」

恐懼《きょうく》して深々と頭を下げる川島に、

「すみやかに暴徒を鎮圧せよ」

天皇はかさねて厳命した。

集団テロの青年将校らは、自分らの部隊を「尊皇討奸」の「義軍」と称していたが、かれらが絶対服従しなければならない天皇は、かれらを「暴徒」と宣告したのである。

伏見宮が自分の車で、真崎と加藤が金子憲兵伍長の運転する車で、伏見宮邸を出て宮城に向かったのは、午前九時十分であった。

途中のことを、加藤はのちに、東京憲兵隊にこう供述している。

「一刻も早く強力内閣をつくり、事態を収拾することが必要だ。そのためには平沼騏一郎のような立派な人物の内閣を立てる必要がある、云々、という意見をかわし……」

だが金子憲兵伍長は、約二ヵ月後の四月十六日、渋谷憲兵分隊長徳田豊少佐に、

「……加藤寛治大将ト同車セルモ乗車中特殊ノ談話ナシ」

と報告している。伏見宮邸で話し合ったといえば、伏見宮に累がおよぶ恐れがあると考えた加藤か、東京憲兵隊が、真崎と加藤だけの車中のことにして、ごまかしたのであろう。

伏見宮と真崎、加藤の車は、午前九時二十五分、宮城の侍従武官府に到着した（以上金子憲兵伍長の報告書）。

伏見宮が天皇に拝謁したのは、川島陸相が退出したあとであった。そこで何が話し合われたか、くわしくはわからない。

この当時、暗殺された斎藤実内大臣の秘書官長であった木戸幸一は、日記につぎのように書いている。

「朝、軍令部総長の宮（伏見宮）御参内になり、速かに内閣を組織せしめらること、戒厳令は御発令にならざる様にせられたきこと等の御意見の上申あり、且つ右に対する陛下の御意見を伺はる。

陛下は自分の意見は宮内大臣（湯浅倉平）に話し置けりとの御言葉あり。

殿下（伏見宮）より重ねて宮内大臣に尋ねて宜《よろ》しきやの御詞ありしに、それは保留するとの御言葉なりし由。右は武官府（侍従武官府）の手違にて、単に情況を御報告なさるとの意味にて拝謁を許されたるなり」

天皇が伏見宮に自分の考えを話さず、宮内大臣から聞くことも許さなかったのは、このよ

うな政治問題は軍令部総長が干渉するものではなく、その意見もはなはだ不当と考えたからであろう。

天皇は六十歳の伏見宮に命じた。

「まず事件をすみやかに鎮定せしめよ」

のちの三月四日、天皇は本庄侍従武官長をよび、この事件について、

「最も信頼する股肱の重臣および大将を殺害し、自分（天皇）を真綿で首を締めるがごとく苦悩せしむるもので、はなはだ遺憾に堪えない。

その行為は、憲法に違《たが》い（統帥権を蹂躙した）、明治天皇のお勅諭にも悖《もと》り（「世論に惑わず政治に拘らず」という）、国体を汚し、その明徴を傷つけるもので、深く憂慮する。このさい十分に粛軍の実を挙げ、ふたたびかかる失態なきように、しなくてはならない」

と厳戒している。

真崎の進言に発した伏見宮、加藤、真崎の天皇にたいする政治工作は、天皇に峻拒《しゅんきょ》されて崩壊した。

伏見宮は、加藤と真崎に告げた。

「事件をすみやかに鎮定せよということであった」

加藤と真崎は、日本を牛耳ろうとした野心を打ち砕かれたことを知った。

テロ部隊にたいする陸軍首脳部の態度は、なおはなはだ不明確であった。

梨本宮守正王《なしもとのみやもりまさ》大将以下、荒木貞夫、真崎甚三郎、林銑十郎大将ら十名の軍事参議官の意見を聞いた川島陸相は、武力による鎮定のまえに「説得工作」をおこなう方針を定め、そのための「大臣告示」を作成した。

「一、蹶起ノ趣旨ニ就テハ天聴ニ達セラレアリ。

二、諸子ノ真意ハ国体顕現ノ至情ニ基クモノト認ム。

三、国体ノ真姿顕現ノ現況（弊風ヲモ含ム）ニ就テハ恐懼ニ堪ヘス。

四、各軍事参議官モ一致シテ右ノ趣旨ニヨリ邁進スルコトヲ申合セタリ。

五、之以外ハ一ツニ大御心ニ俟《ま》ツ。」

というもので、テロ部隊を賛美しているかのようであった。

陸相官邸に到着した山下奉文少将が、香田、野中、村中、磯部らを集めて、それを朗読すると、

「軍当局は自分らの行動を承認してくださったのですね」

「われわれの行動は義軍の義挙と認められたのですね」

という声が相ついだ。だが山下は朗読をくり返すだけで、肯定はしなかった。

香椎浩平警備司令官が二月二十六日午後三時に下した警備命令にもとづく第一師団命令は、

「歩兵第三連隊長ハ本朝来行動シアル部隊ヲ併セ指揮シ担任警備地区ヲ警備シ治安維持ニ任ズベシ」

であった。テロ部隊が「本朝来行動シアル部隊」と称され、歩兵第三連隊長の指揮下に入

る正規部隊扱いにされたのである。

さらに同警備司令官が出した「軍隊ニ対スル告示」は、「本朝来出動シアル諸隊ハ戦時警備部隊ノ一部トシテ新ニ出動スル部隊ト共ニ師管内ノ警備ニ任ゼシメラルルモノニシテ軍隊相互間ニ於《おい》テ絶対ニ相撃チヲナスベカラズ」と、完全に正規部隊と規定していた。

陸軍首脳らは、天皇がテロ部隊を「暴徒」と宣告し、その鎮圧を命じても、青年将校らをかばい、天皇の命令に従おうとはしなかったのである。

かれらが唱える「尊皇」は、かれらや青年将校らの意思どおりになる天皇を尊ぶというものので、その実体は「尊陸軍」であったわけである。

かつて陸相の荒木は、五・一五事件の直後、事件に加わった士官候補生十一人を称賛し、厳正な処分をおこなわなかった。

参謀次長であった真崎は、参謀本部の参謀らに超法規的活動をすすめる『統帥参考』を作成させた。

陸軍首脳部の大半は、この両人と同様の思想を持っていた。

そこから青年将校らの集団テロが発生したし、天皇に従うより、テロ部隊をかばう奇怪な措置がとられたのである。

海軍首脳のテロ事件にたいする態度も、加藤寛治大将や伏見宮軍令部総長に見られるように、はじめははなはだいかがわしいものであった。しかし、天皇に事件鎮定を命ぜられた伏見宮は、その後ただちに、海軍部隊を東京、大阪の警護に配備させるよう、嶋田《しまだ》繁太郎《しげたろう》軍令部次長（中将）に命じた。

二月二十六日正午、土佐沖で訓練中の連合艦隊司令長官高橋三吉《さんきち》中将は、戦艦部隊主力の第一艦隊を東京湾へ、重巡洋艦部隊主力の第二艦隊を大阪湾へ回航するようにと、軍令部からの電報を受領した。

海軍省の大角岑生《おおすみみねお》海相（大将）は、それでもまだ逃げ腰であった。

午前十一時ごろ、岡田啓介首相の女婿で内閣書記官長の迫水久常《さこみずひさつね》が、宮中の閣議室で大角に会い、

「海軍の先輩である総理の遺体を、叛乱軍が占領中の首相官邸からひきとりたいので、海軍陸戦隊の援助をお願いしたい」

と要請したが、大角は首を横に振り、

「とんでもないよ、君、そんなことをして陸海軍の戦争になったらどうする」

迫水は情なく思い、

「それでは、これから申し上げることを承知できないときは、聞かなかったことにしてください。じつは、総理は生存して官邸内に潜伏しています。救出のために陸戦隊を出してほしいのです」

大角は息をのみ、困惑して考え、やがていった。

「君、ぼくはこの話は聞かなかったことにするよ」

昭和八年七月から、五・一五事件の海軍将校らにたいする公判が、横須賀の海軍軍事法廷でひらかれた。その公判の最中、海軍軍令部長（同年十月から軍令部総長と改称）の伏見宮博恭王元帥は、海相の大角岑生大将に告げた。

「事件の士官の志は十分理解できる。かれらの意図を国民に徹底させ、何分の援助をしてやるべきだ」

この考えは軍事参議官の加藤寛治大将もおなじで、大角はこの二人の実力者の意に副うように行動した。

伏見宮、加藤、大角らの圧力も影響して、同年十一月の判決は、中村義雄、山岸宏両中尉、村山格之少尉が無期禁錮、古賀清志、三上卓両中尉が禁錮十五年、あとはそれ以下というものので、死刑も懲役もなく、陸軍同様に、いかにも軽い刑となった。

伏見宮、加藤、大角らのこのころの言動と判決も、二・二六事件の陸軍将校らに大きな期待を抱かせていたのである。

司令長官の明断

「新聞記者からの情報ですが、陸軍が今暁たいへんなことをやりました。一部は総理官邸を襲い……」

参謀長にさきほど報告しましたところ、すぐ鎮守府にゆくということでした」

「わかった。参謀長とうち合わせたら、また知らせてくれ」

後任副官阿金《あがね》一夫大尉からの電話を、横須賀市公郷《くごう》の官舎で聞いた横須賀鎮守府司令長官米内光政中将（兵学校第二十九期）は、そうこたえた。昭和十一年二月二十六日、雪が降る午前六時ごろである。

すこしまえ、稲岡町の横須賀鎮守府うらにある官舎で、阿金から電話をうけた参謀長井上成美少将（兵学校第三十七期）は、降りつもった雪の中を、鎮守府に駆けつけた。

鎮守府は艦船・航空機の管理、将兵の人事・教育、兵器・燃料・衣糧の貯蔵と補給、艦船・航空機の修理、軍港および担当海軍区の警備、医務、法務などを任務とする地方機関で、このころは横須賀、呉、佐世保の三鎮守府があった。

横須賀鎮守府が格上で、ここの司令長官から、連合艦隊司令長官か海軍大臣になる例が多かった。

鎮守府に着いた井上は、つぎのような措置を、幕僚らをうごかして、迅速に実施させた。

「砲術参謀を東京の実情視察に急派。

掌砲兵二十名を海軍省へ急派。

緊急呼集。

特別陸戦隊用意。

軽巡『木曾』出港準備。

麾下《きか》各部自衛警戒」

井上は五・一五事件と相沢三郎中佐の永田軍務局長刺殺事件から、テロ事件発生を予測してこれらの策を立て、米内と先任参謀山口次平中佐の同意を得ていたのである。

午前九時ちかく、長官官舎の米内から、鎮守府の井上に電話がかかった。

「おれも出ていったほうがいいか」

大提督のような話しぶりに、井上は感心しながらこたえた。

「さし当たっての打つ手はみな打ってありますが、国の大事ですから、やはり鎮守府にきておられたほうがいいでしょう」

井上は、やや細長い顔も、中肉中背の体も、服装、姿勢、動作も、すべて端正で、斬《き》れ味のいい日本刀のようである。

米内は身長が一メートル八十センチちかくあるが、色白で、顔も体もふっくらして、七福神の大黒天を思わせる。

三十四年後の昭和四十五年四月、「海軍の思い出」を語った井上は、そのとき米内をこう評した。

「派手なことはしない。それはよくできた人でした。評判は太っ腹でなんでも部下にまかせるというけれども、さにあらず。あの人はね、なんていっていいのか、中国の大人《たいじん》ということでしょう。大行《たいこう》は細謹《さいきん》を顧みず（大事業を志す者は細かい謹みには頓着《とんちゃく》しない）、というところかな。だけれども、どうしてどうして、なかなか細《こまか》くてね、道理というものをちゃんとわきまえたうえでやっているので、いけないことはいけないという人でした。なんでも判を押す人じゃないんです。……」

鎮守府に出勤した米内は、廊下で井上をつかまえてたずねた。

「陸軍が宮城を占領したらどうしようか」

「もしそうなったら、どんなことがあっても陛下を『比叡《ひえい》』（お召艦の高速戦艦）においで願いましょう。そのあと日本国中に号令をかけなさい。陸軍がどんなことをいっても、海軍兵力で陛下をお守りするのだと。とにかく軍艦に乗っていただければ、もうしめたものです」

「そうか、貴様、そう考えているのか。ようし、俺も肚が決まった」（『歴史読本』昭和四十

五年九月特別号「沈黙の提督真実を語る」——井上成美・新名丈夫対談）

司令長官訓示を起案する役の山口先任参謀は、テロ部隊を何とよんでいいか、幕僚らと相談しても結論が出なかった。陸軍が「蹶起部隊」と称しているという情報が入ったが、井上から、

「とんでもない。海軍はあくまでも逆賊として対処する」

と、はねつけられた。

山口は米内のあとから長官室に入り、米内にたずねた。

「叛乱軍」

と、米内は即座に断定し、

「今回の叛乱軍の行動は、ぜったい許すべからざるものだ。横鎮管下各部隊の所轄長を参集させろ。それまでに、これを印刷に付しておくように」

と、自分が書いた訓示を、かたわらの阿金後任副官にわたした。

九時ちかくになって、米内がようやく井上に電話をかけたのは、井上を信頼していただけでなく、重要な訓示を書くことに心血を注いでいたからであった。

大きな四号活字で印刷された米内の訓示は、参集した所轄長の少将、大佐らに配布され、横須賀の海軍部隊は、テロ部隊を「叛乱軍」とみなす米内の方針で、事件に対処することに統一された。

陸海軍首脳たちとちがい、米内、井上の処置は、初めから的確で、天皇の意思に合致する

ものとなった。

横須賀周辺には、陸軍のテロ部隊に同調しそうな海軍将校らがいた。中心人物は、政治的野心を抱く加藤寛治大将や小林省三郎中将らと気脈を通じる横須賀海軍工廠《こうしょう》総務部長の山下知彦大佐であった。山下の官舎は井上の官舎の正面にあるが、そこには週一、二回、夜、大ぜいの青年将校が集まり、時局を論じ合っていた。そして帰りがけ、井上の官舎の門に立小便をしていた。

井上がしばしば、五・一五事件や永田軍務局長刺殺事件などについて、

「軍人が平素でも刀剣を帯びることを許されているのは、国を守るというきわめて国家的な職分を担っているからである。統帥権の発動もないのに勝手に人を殺せということではない」

などと、ズケズケいっていることに反感を持っていたのであった。かれらのなかには、井上を、

「あんな三角定規みたいなものにいられちゃたまらない、井上を狙撃して殺してしまおう」

という者もいた。

米内、井上の迅速、的確な措置は、不穏な思想を抱くかれらの動きを、先制的に封じるものでもあった。

伏見宮総長、嶋田次長の軍令部は、陸海相撃を避けたいことと、権威主義、形式主義のために、迅速な対応をとらなかった。その手ぬるい指示に妨げられ、陸戦隊を乗せて芝浦へ急

行しようとしていた軽巡「木曾」の出港が、何時間も遅らされた。

「海軍省の守備はもちろん、東京にいち早く海軍の威容をあらわし、海軍の厳然たる態度を東京市民に示して安心させることが、もっともっと早くできたはずの横鎮苦心の成果を、大事なところで出鼻をくじかれ、めちゃめちゃにされた」

井上は地団太を踏まんばかりにくやしがった。

それでも、井上と兵学校同期の佐藤正四郎大佐がひきいる横鎮特別陸戦隊四個大隊二千余人は、二十六日夕刻、霞ヶ関の海軍省に到着し、周辺の警備につき、北側の警視庁、外務省、山王台一帯を占拠する叛乱軍と対峙《たいじ》する態勢をとった。

高橋三吉連合艦隊司令長官がひきいる戦艦「長門」以下四十隻の第一艦隊が東京湾に現われたのは、翌二月二十七日午後四時ごろであった。芝浦沖に集結した艦隊は、その砲門を東京市街に向け、重装備の陸戦隊を上陸させた。

艦隊が陸軍部隊と戦ってこれを破るなどは不可能だが、海軍はテロ部隊を叛乱軍とみなして対処するという姿勢を示したわけで、天皇はじめ、陸軍、政府、国民などへの影響は大であった。


二月二十九日午前八時ごろ、戦闘機が叛乱部隊の上でビラを撒《ま》いた。

「下士官兵ニ告グ
一、今カラデモ遅クナイカラ原隊へ帰レ

二、抵抗スル者ハ全部逆賊デアルカラ射殺スル
三、オ前達ノ父母兄弟ハ国賊トナルノデ皆泣イテオルゾ
　二月二十九日　戒厳司令部」

午前八時五十五分には、「兵に告ぐ」のラジオ放送が開始された。

「勅令が発せられたのである。既に天皇陛下の御命令が発せられたのである……天皇陛下に叛《そむ》き奉り、逆賊としての汚名を永久にうけるような事があってはならない。

今からでも決して遅くはないから、直ちに抵抗をやめて軍旗の下に復帰する様にせよ。そうしたら今までの罪も許されるのである……」

叛乱部隊の青年将校らは事破れたことを覚り、各部隊はつぎつぎに原隊に復帰しはじめた。

午後二時すぎ、杉山元参謀次長と香椎浩平戒厳司令官は参内して、事態が一段落したことを天皇に報告した。

叛乱軍の青年将校のうち、香田清貞、安藤輝三、栗原安秀などの十五名は、五ヵ月後の七月十二日、相沢三郎中佐が処刑された東京衛戍《えいじゅ》刑務所で銃殺刑となった。野中四郎は事件が終わった二月二十九日に西郷隆盛にならって自決し、河野寿も三月五日に自決した。

村中孝次、磯部浅一と、「首魁者《しゅかいしゃ》」にされた（陸軍の人身御供という）思想家の北一輝《きたいっき》、西田税の四人は、一年後の昭和十二年八月十九日に処刑された。

青年将校らを教育指導し、事件後もかれらを援護した真崎、荒木以下の高級将校は、すべ

て無罪となった。

だが、河野寿と湯河原で牧野伸顕を襲撃した陸軍士官学校中退の浪人渋川善助は、七月十二日の処刑寸前、

「国民よ、軍部を信頼するな」

と絶叫していたのである。

謎の海軍大臣就任

二・二六事件で破壊された岡田啓介内閣のあとに、昭和十一年三月九日、広田弘毅《こうき》内閣が成立した。広田は前外相である。

陸相が寺内寿一《ひさいち》大将、海相が永野修身《おさみ》大将（兵学校第二十八期）であった。

ただ、最初の入閣予定者のうち、つぎの四人が、陸軍の横ヤリではずされていた。

牧野伸顕元内大臣の女婿で外相候補の吉田茂、自由主義の言論人下村宏、天皇機関説に反対しなかった小原直《おばらなおし》、政党に金を注ぎこんだ軍需産業の代表という中島知久平《ちくへい》である。

この四人を入閣させるなら、寺内は陸軍大臣を辞退し、陸軍は後任も出すまいといったのであった。

二・二六事件の結果、皇道派系の将校らは、すでに予備役追放、もしくは左遷が実施されたか予定されている。今後は統制派系の天下となるはずである。ところが、統制派も皇道派とおなじく、陸軍が政治を牛耳ろうというものであった。

天皇は三月十日午後一時三十分、本庄侍従武官長侍立のもとに、寺内陸相につぎの勅語をあたえた。

「近来、陸軍ニ於《お》テ、屢々《しばしば》不祥ナル事件ヲ繰リ返シ、遂《つい》ニ今回ノ如《ごと》キ大事ヲ惹《ひ》キ起スニ至リタルハ、実ニ勅諭ニ違背シ、我国ノ歴史ヲ汚スモノニシテ、憂慮ニ堪《た》ヘヌ所デアル。就《つい》テハ、深ク之《これ》ガ原因ヲ探究シ、此際《このさい》部内ノ禍根ヲ一掃シ、将士相一致シテ、各々其《その》本務ニ専心シ、再ビ斯《かか》ル失態ナキヲ期セヨ」

寺内は、天皇の二・二六事件にたいする怒りと、陸軍にたいする不信の激しさに、衝撃をうけて退出した。

天皇はさらに本庄に念を押した。

「彼《か》ノ言葉ヲ大臣ハ如何《いか》ナル手段ニヨリ全軍ニ達スルヤ」

しかし、陸軍首脳、中堅幹部らは、この勅語は陸軍の汚点となり、士気に影響すると申し合わせ、一般将兵にくわしく知らせて厳戒することはとりやめた。

二・二六事件の始末として、陸軍はつぎの重要人事をおこなった。

軍事参議官林銑十郎、真崎甚三郎、阿部信行《のぶゆき》、荒木貞夫、前陸相川島義之、関東軍司令官南次郎、侍従武官長本庄繁の七大将を予備役に編入した。

八月の定期異動時には三千数百人におよぶ大人事異動をおこない、皇道派の柳川平助、小畑敏四郎の両中将と、宇垣系の建川美次中将を予備役に退かせた。

しかし実際には、皇道派を壊滅させ、統制派が権力をにぎるのが目的で、「憲法と軍人勅諭を遵守し、国際条約を尊重せよ」と天皇が強調する方針に服従する考えはなかったようである。

さらにかれらは陸軍の内閣にたいする圧力を強化するために、「軍部大臣現役武官制」を主張しはじめた。従来の制度からすれば、予備、後備役の大将、中将も陸海軍大臣になれるが、それでは、

「二・二六事件の責任によって現役を退いた将官連が政党人となって軍部大臣になり、歪《ゆが》んだ政治活動をする恐れがある」

というのであった。

永野海相も、海軍最高の権力者伏見宮軍令部総長の承認を得て、陸軍に同調した。政府や議会は、陸軍の主張はもっともとして、問題にしなかった。

だが陸軍の意図は、陸相を現役将官に限れば、軍中枢の意思に反する大臣は出ないし、いざとなれば陸相を引くといって内閣を威圧し、陸軍の思うように操ろうというものであった。

のちに米内光政は、この手で苦汁をなめさせられるが、それは後述する。

海軍の伏見宮と永野が、かんたんに陸軍に同調したのは、対米英強硬、軍備拡張路線を進む両首脳の意に反する海軍予備、後備役大将、中将の動きを封じようと考えたからだったようである。

ちなみにこの当時の伏見宮の気に入りは、大角岑生、永野修身、高橋三吉の三大将、及川《おいかわ》古志郎《こしろう》、嶋田繁太郎の両中将、近藤信竹《こんどうのぶたけ》少将らで、いずれも東郷、伏見宮の両元帥、加藤寛

治、末次信正の両大将らを領袖《りようしゆう》とする艦隊派系であった。

「軍部大臣現役武官制」は、五月十五日の閣議で可決され、五月十八日に公布となった。

二・二六事件の苦い経験によって、陸海軍は政治干与を自粛すると思われたが、皇道派が消えただけで、その他はむしろこれを機会に、政治干与を強化しはじめたのである。


横須賀鎮守府に平和がもどると、米内もアダ名のひとつの「昼行灯《ひるあんどん》」のような長官にもどった。夜は横須賀市米ヶ浜にある海軍料亭小松（通称パイン）などで、兵学校の同期生や部下らと、芸者連をよんでよく飲んだ。すでに五十六歳だが、白い肌のふっくらした温顔で、親しみやすく、気前もいいので、男にも女にも好かれた。

ところが公卿《くごう》の長官官舎での米内の家庭生活は、

「これが横鎮長官の……」

と思われるくらい質素であった。そこには二十四歳になる長女のふきと、女中が一人同居していたが、二人とも地味な着物を着て、つつましく暮らしていた。ふきは隣り近所の人たちにも腰が低かった。

このころ、四十数年前、岩手県盛岡尋常中学校（のちに岩手県立盛岡中学校、現岩手県立盛岡第一高等学校）で米内の二年後輩であった言語学者の金田一《きんだいち》京助が、東京杉並に住んでいた。ある日、盛岡での少年のころ、米内のいとこで隣家の娘であった米田冬が、夫の書道のことで教えてほしいと、二十数年ぶりに訪ねてきた。よもやま話をするうちに、金田一がいった。

「米内さんが偉くなられて、ほんとうによかったですね」

しかし冬は、晴れればれとしなかった。

「だめです光っつぁん、やっぱり貧乏で」

金田一はおどろいた。

「どうして、横須賀鎮守府司令長官が貧乏とは」

「だって、亡くなったお父さんの残した借財を長年かかってやっと払い終わったら、こんどは正月なんかのときに、大盤振舞いとかいって、部下の人たちをよんで飲んでしまうんですもの。いつも貧乏ですわ」

「いやあ、そうですか。しかしそれは名将だなあ」

「いいところもあるにはあります。年とったお母さんを東京の家に住まわせて、日曜ごとに横須賀から見舞いにきて、自分で風呂を焚《た》いて、入れてやるんですから」

「あの米内さんが……」

金田一は胸を衝《つ》かれた。

米田冬の祖父は二十万石の南部藩の家老で、米田家の屋敷は広壮であった。京助は小学生のころ、二歳年上の大柄な米内が、米田家の後園《こうえん》の花木のなかに立ち、北方に聳《そび》える岩手山に向かい、山までひびけと、

「前へ――オオイ」

と、声をかぎりにさけぶ姿を見て、固唾《かたず》をのんだことがあった。

中学二年のころは、大きな四年生の米内がチビの京助を相手に、投げたり投げられたり、手取り足取り、懇切に柔道を教えてくれたことが何日もあった。

それらのことが目前に浮かんできた。


昭和十一年七月、ドイツから日本に「日独防共協定」案が提示された。要旨が、

「共産インターナショナルの活動を防ぐための情報を交換し、協力する。

中国にこの協定への参加を勧誘する。

挑発することなくソ連から締約国の一国が攻撃されたばあいは、他の一国はソ連の行動を容易にする措置をとらず、ソ連の行動を抑制する」

というものである。

前年の昭和十年七月から八月にかけ、モスクワで第七回コミンテルン（第三インターナショナル。世界各国の共産党の統一的な国際組織）大会がひらかれ、大会は全世界の共産党に六項目の方針を指令した。そのなかのB項、F項がつぎのようなものであった。

「ドイツ、ポーランド、および日本にたいして力を集中することは、コミンテルンの最も重要な戦術である」

「日本その他の帝国主義者および国民党（蔣介石を主席とする三民主義の政党）にたいする中国共産党は、民族解放戦線を拡大して、全民族をこれに誘い、日本その他の帝国主義者の

侵入を断固として排撃しなければならない」

ドイツの「日独防共協定」案は、コミンテルンの世界共産化活動に対抗するために、駐独日本大使館付陸軍武官大島浩《おおしまひろし》少将と、ナチス党外交部長リッベントロップが協議して、作成したものであった。

日本陸軍は積極的に賛成し、統制派内で最も強硬な陸軍省軍事課首席課員の武藤章中佐や、軍務課課員の佐藤賢了《けんりょう》少佐らが、その成立のために奔走した。

佐藤少佐から陸軍案を提示された海軍省は、陸軍の真の狙《ねら》いが日独軍事同盟で、ソ連を敵にまわす危険が大であるばかりか、英米をも敵にまわす恐れが多分にあると見て、不同意と回答した。海相が永野大将、次官が長谷川清中将、軍務局長が豊田副武《そえむ》中将、軍務局第一課長が保科《ほしな》善四郎大佐であった。

すると陸軍は、総長閑院宮元帥、次長西尾寿造《としぞう》中将の参謀本部を通して、伏見宮総長、次長嶋田繁太郎中将、第一部長近藤信竹少将の軍令部に交渉をはじめた。陸軍との協調を優先する軍令部は、字句の修正をすれば同意するとこたえた。参謀本部は軍令部の修正意見をうけいれた。

海軍省は軍令部の意見に反対であったが、権力者の伏見宮に逆らえず、共産主義の防衛に限定するという条件をつけることで、軍令部に同意した。

外務省も海軍省とおなじく、当初は反対であったが、陸海軍が合意しては反対しきれず、これもやむなく同意した。

「日独防共協定」は、昭和十一年十一月二十五日に締結された。

しかしこれが、海軍省や外務省が懸念したとおり、やがて米英をも敵とする「日独伊三国同盟」に変身し、支那事変（日中戦争）とともに、太平洋戦争の二大原因となるのである。

横鎮長官の米内は、「日独防共協定」に、

「特定の国と結び、特定の国を敵視するのはいけない」

と、反対していた。

だが、井上参謀長や練習艦隊司令官吉田善吾《よしだぜんご》中将らは、こういう意見であった。

「コミンテルンはすでに日本、ドイツを赤化の対象としている。中国における共産主義活動は活発化していて、脅威である。日本が国際的に孤立しないためには、日独防共協定を結んだほうがよい」

のちに井上、吉田も、米内とともに「日独伊三国同盟」締結阻止に命賭《いのちが》けになるが、米内のほうが深く洞察していたのである。

昭和七年二月に伏見宮が海軍軍令部長（昭和八年十月から軍令部総長と改称）になってから、軍令部が権力をにぎった海軍は、ワシントン海軍軍縮条約（主力艦の戦艦、空母の保有量制限）とロンドン海軍軍縮条約（補助艦の巡洋艦、駆逐艦、潜水艦の保有量制限）の廃棄を強調し、それぞれ、昭和九年十二月と十一年一月、政府と天皇に主張を認めさせることに成功し、日本は各条約を、期限満了とともに廃棄することを決定した。

昭和十一年十二月三十一日、ワシントン条約とロンドン条約は期限満了となり、以後ついに、世界は不穏な軍備無制限時代に入った。

海軍の艦隊派、陸軍の強硬派は、鎖をはずされた犬のように歓喜した。

だが日本は、「日独防共協定」締結と、海軍軍縮条約廃棄によって、国際的孤立にはまりこんだのであった。


横鎮参謀長の井上少将は、陸軍と政治を虫ズが走るほど嫌っていた。野心と謀略に、ひどく嫌悪感を覚えるのである。

司令長官の米内中将も、井上のように極端ではないが、陸軍と政治は嫌いであった。

昭和十一年晩秋のある夜、二年まえに伏見宮軍令部総長と大角海相によって予備役に追放され、浦賀ドック社長になっていた寺島健中将が、米内を訪ねてきた。寺島は、井上が大佐の軍務局第一課長として軍令部の権限拡大運動に頑強に抵抗していた昭和八年に、少将の軍務局長であった。

海軍兵学校では米内が第二十九期、寺島が第三十一期、井上が第三十七期である。

寺島は米内に、永野のつぎの海相には米内が予定されていると知らせにきたのであった。情報の出所は、寺島と兵学校同期の長谷川海軍次官のようであった。

翌日、米内はそれを井上に洩《も》らした。井上はいい顔をしなかった。

「あなたはうける気ですか」

「いやだといっておいたよ」

「あなたは今後、連合艦隊司令長官に出なければなりません。議会で議員どもから、くだらない質問でいじめつけられるよりは、連合艦隊司令長官になって、『陸奥』（連合艦隊旗艦の戦艦）の艦橋で三軍を叱咤《しった》しなさい。あとできっと、連合艦隊長官になってよかったとおっしゃるようになりますよ。議会におけるあなたの大臣姿など、見ておれません」

「やらないよ」

それからまもない十二月一日、米内は、兵学校は同期だが、すでに同年四月に大将に進んでいる高橋三吉のあとをうけ、中将のまま連合艦隊司令長官になった。

連合艦隊司令長官は、海軍大臣、軍令部総長とならび、海軍将校最高位のポストで、最も魅力ある職務であった。

米内は海軍兵学校卒業時の成績順位が第二十九期百二十五人中の六十八番で、海軍の常識からすれば、よくて少将の司令官どまりだが、それが連合艦隊司令長官になり、ちかいうちには大将にも進級するまでに至ったのである。

ロンドン条約が成立した二ヵ月後の昭和五年十二月一日、米内は海軍中将に進級し、朝鮮半島南岸にある鎮海要港部の司令官に任命された。閑職ともいえるもので、周囲も当人も、これで現役を退くものと考えた。

ところが、昭和七年十二月、意外にも第三艦隊司令長官に抜擢された。またそれにとどまらず、昭和八年十一月には佐世保鎮守府司令長官、ついで昭和九年十一月には、米内と兵学校同期の高橋三吉中将の後任として、第二艦隊（重巡洋艦部隊）司令長官に任命された。このとき高橋は連合艦隊司令長官兼第一艦隊（戦艦部隊）司令長官となり、米内とコンビを組んだのである。

さらに昭和十年十二月、艦隊派の領袖末次信正大将の後任として、横須賀鎮守府司令長官に任命され、今回ついに連合艦隊司令長官に就任した。

このようになったのは、米内の前後の艦隊派には、末次、永野、高橋ぐらいしか人物がいなかったことと、米内が伏見宮以下の艦隊派幹部らから、害になる男ではないと思われたからであったようである。

くわしい経緯はのちに述べる。

政友会の闘将浜田国松代議士が、昭和十二年一月二十一日、再開された第七十帝国議会で、寺内陸相に鋭い質問を浴びせた。

「日独防共協定は列国の猜疑《さいぎ》を招き、国民思想にも影響するところ大きいのを憂うる。

……軍部は近年みずから誇称して、我国政治の推進力は我等にあり、乃公《だいこう》（わが輩）出でずんば蒼生《そうせい》（人民）を如何せんの概《おもむき》がある。五・一五事件然《しか》り、二・二六事件然り、軍部の一角より時々放送せらるる独裁政治意見然り……。

要するに独裁強化の政治的イデオロギーは、常に滔々《とうとう》として軍の底を流れ、時に文武恪循《かくじゅん》（つつしみ従う）の堤防を破壊せんとする危険のあることは国民の均《ひと》しく顰蹙《ひんしゅく》するところである」

寺内が答弁した。

「先ほどから浜田君が種々お述べになった色々のお言葉を承りますと、中に軍人に対しまして、いささか侮辱されるような感じのいたすところのお言葉を承りますが、これらはかえって、浜田君のおっしゃるところの国民一致のお言葉にそむくのではないかと存じます」

浜田がふたたび立った。

「……国会の代表である私が国家の名誉ある軍隊を侮辱したという喧嘩《けんか》を吹きかけられては後へひけませぬ。私のどの言辞が軍を侮辱したか、事実を挙げなさい」

「侮辱するがごとく聞えるところの言辞は、かえって浜田君のいわれる国民一致の精神を害するから、ご忠告を申したのであります」

「……速記録を調べて、僕が軍隊を侮辱した言辞があったら割腹して君に謝する。なかったら、君割腹せよ」

陸軍はこの「腹切り問答」を無礼と断じ、衆議院を懲罰解散させ、陸軍に従う衆議院をつくろうと策動した。

この当時の海軍次官は、前年の十二月一日に就任した前海軍航空本部長の山本五十六《いそろく》中将であったが、山本は陸軍の狙いを見破り、永野海相を援助して、衆議院解散に強硬に反対した。

一月二十三日、広田内閣は衆議院解散を避けて、総辞職をした。

二・二六事件直後、故斎藤実のあとをついで内大臣に就任した前宮内大臣の湯浅倉平は、後継首相に宇垣一成《うがきかずしげ》予備役陸軍大将を推薦し、宇垣に組閣の大命が下った。しかし陸軍が宇垣の組閣に反対して、陸相を出さないため、宇垣は一月二十九日、大命拝辞を願い出た。

湯浅は、本庄の後任の侍従武官長宇佐美興屋《おきいえ》中将に、苦情を述べた。

「寺内陸相が、陸軍は宇垣大将の組閣に反対しないというので、陛下に申し上げた。ところが組閣の大命が下ると、陸軍に猛然と反対が起こって流産になった。陸軍というところはほんとに妙なところですねえ」

宇佐美は返答に窮して黙した。

宇垣内閣を流産させた陸軍省の主要幹部は、陸軍次官梅津美治郎《よしじろう》中将、軍務局長磯谷廉介《いそがいれんすけ》少将、兵務局長阿南惟幾《あなみこれちか》少将らであった。

参謀本部でも、次長西尾寿造中将、第一部長石原莞爾《かんじ》大佐以下が協議して、陸軍省に同意していた。

陸軍は、陸軍が天皇に服従するものではなく、天皇が陸軍に同意するものと考えていたといえる。

宇垣内閣流産のあと、林銑十郎予備役陸軍大将に大命が下った。陸軍はこれには反対しなかったが、ロボット視して、種々注文をつけた。林は天皇から、

「軍紀風紀ヲ正シ軍人ハ政治ニ干与スベカラズノ趣旨ヲ徹底サセヨ」

と指示されたが、陸軍の注文を入れて組閣するのが精いっぱいであった。

海相には、米内と兵学校同期で、元海軍次官・呉鎮守府司令長官・現軍事参議官の藤田尚《ひさ》

徳《のり》大将と、米内より二期上の末次信正大将が有力視されていた。陸軍は、陸軍に協力的な末次の海相就任を望んだ。しかし末次は、ここ二、三年の目に余る政治策動のために、陸軍に協力的な末伏見宮から忌避され、永野や山本からも嫌われ、海相に推薦されなかった。藤田は温厚な紳士で、行政的手腕もあり、大局を見る目もあった。しかし、陸軍が押し出してくるのを抑制する力はなさそうであった。

山本海軍次官は、

「いまは、なまじの政治的手腕より、正を履《ふ》んで恐れない真の勇気が必要なのだ。米内には海軍省の要職の経験はないが、それがある。米内ならば、陸軍の悪風に汚染されかかっている海軍の空気を一新して、陸軍の暴走を抑えてくれそうだ」

と考えた。

高野（山本の旧姓）五十六大尉は、明治四十四年（一九一一年）十二月、海軍砲術学校教官兼分隊長となった。おなじ教官に、兵学校で三期上の米内光政大尉がいた。一メートル六十センチ余りの小柄で才気煥発《かんぱつ》ですばしこい高野と反対に、米内は大柄で平々凡々で鈍重であった。

高野の兵学校卒業時の成績順位は、第三十二期百九十一名中の十一番で、このクラスには一番の堀悌吉、二番の塩沢幸一、十二番の吉田善吾、二十七番の嶋田繁太郎らがいる。

米内と高野は、たがいに自分にないよさを認め、水と魚のように親しくなった。米内は山本の茶目っ気を愛した。

若い二教官は一つの部屋にベッドを二つ並べ、起居を共にしていたが、やがて高野がたいくつしのぎに手裏剣投げの競争をしようといい出し、米内もそれに乗った。はじめはナイフを室内の標的に投げていたが、そのうちにもっと面白くやろうと、室外のゴミ箱にマトの図を貼《は》りつけ、それに腰の短剣を抜いて投げる競争をはじめた。ところがその物音がひどくデカくて人びとをおどろかせ、またゴミ箱をぶちこわすので、校長副官から文句をつけられ、校長の有馬良橘《りょうきつ》少将に報告された。しかし日露戦争時、旅順港口閉塞《へいそく》隊の指揮官であった勇将有馬は、

「ほう、そうかね」

と、面白いことをやりおるという顔をしただけで、あとは何もいわなかった。

ついでだが、高野が山本になるのは、大正四年（一九一五年）五月、越後長岡藩の家老職であった千三百石の山本帯刀《たてわき》家を相続したからである。

山本にはこういう思い出があって、米内をよく知っているのだが、さいきんでは二・二六事件のとき、米内が敢然ととった措置に敬服していた。

保科善四郎軍務局第一課長（兵学校第四十一期）も、

「この難局での海軍大臣は、まず私心がなく、勇気がある人でなければいけない。なんとか米内さんになってもらいたい」

と考えた。

第三艦隊司令長官米内光政中将は、昭和八年六月十四日、旗艦の砲艦「保津」に乗り、

「二見」を従えて揚子江を遡《さかのぼ》っていたが、「二見」が水路図にのっていない亀《かめ》の子岩という暗礁に乗り上げた。善後処置を講じているうち、六月二十五日、米内は先任参謀の保科善四郎中佐をよび、

「宛大臣
増水期ニ際シ二見ヲモ率イ揚子江ヲ遡江《そこう》セルハ、適当ナラサリシト認ム。二見ノ坐礁ハ本職ノ責任ニ帰ス。謹《つつし》ミテ命ヲ待ツ」

という電文をわたして、発信を命じた。進退伺いであった。

保科は、「二見」の坐礁は舵《かじ》故障か水先案内人のミスで、不可抗力であると判断し、

「この電報の処理は先任参謀に一任させてください」

と述べ、けっきょく握りつぶしてしまった。米内の責任感と無私無欲の人柄に打たれ、こういう人が非常時の重責に当たれる人だ、こういう人を温存することが帝国海軍の義務だ、と考えたのである。

もし保科が米内のいうままに電報を発信し、海相の大角が米内を予備役に退かせたら、その後の海軍も日本も、よほど変わったものになったはずである。

このときの米内といい、二・二六事件のときの鈴木貫太郎、岡田啓介といい、間一髪で救われたが、これらはまことに不思議というほかない。

保科軍務局第一課長は、各課長の意見を聞いてまわり、山本に報告した。

「いま米内さんに政治的な傷をつけてはいかん、連合艦隊長官としてとどまってもらうほう

がいいという意見もありますが、だいたいは米内さんの線でまとまっています」

「賛成だね」

山本より兵学校で一期下の豊田副武軍務局長も賛成であった。

「大臣には君たちのまとまった意見としていえ」

と、山本からせきたてられた保科は、十三期上の永野のところへいって、意見具申をした。

「課長級は、つぎの大臣は米内中将という意見にまとまっております。米内さんを大臣にしてください」

「米内は政治に向かないよ。米内はひきうけまい」

「わたしがお使いにまいります」

「そうか、よろしい、いってこい」

米内の私宅は渋谷区竹下町にあって、原宿駅と東郷神社に近い。連合艦隊司令長官とか、ちかく大将になるという提督の邸とはとても思えない木造二階の平凡な住居で、敷地も広くない。家賃七十五円の借家である。

保科は米内にいった。

「大臣の使いとしてまいりました。次期大臣をぜひともうけてください」

米内はうけるともうけないともいわずに聞いていた。

海軍省に帰った保科は、永野と山本に、

「米内さんは大丈夫と思います」

と報告した。一月末のことであった。

二月一日、呼び出しをうけた米内は、海軍省二階の大臣室で永野と対坐し、一期上の永野からぜひとも海軍大臣をひきうけろと、膝詰談判《ひざづめ》で説得された。しかし米内はいやだと断わりつづけ、しまいには二人とも黙りこくってしまった。

そこへ三階の軍令部から、総長副官が降りてきて、伏見宮総長が待っていると告げた。永野と米内は三階の軍令部総長室へいった。

このときのことが、『博恭王殿下を偲《しの》び奉りて』（御伝記編纂会編、編纂主任有馬寛、昭和二十三年七月十五日印刷、非売品）には、つぎのように書かれている。

「寡黙の人米内大将は当時の模様に就き言葉少なに語る。

自分は海軍在職中直接殿下の下に奉仕したことはなかったが、只《ただ》昭和十二年二月広田内閣に代って林内閣が出来るとき、後任大臣に推薦され、永野海相に伴はれて、総長宮殿下に拝謁した。殿下は、

『御苦労だが海軍大臣になって貰《もら》ひ度《た》い』

と仰せられた。自分は自己の性格や経歴から考へ、不適任と思ったから、固く御辞退申上げた。その内永野大将は席をはずして退出して了《しま》ったので、自分は御机を隔てて殿下と対坐し、尚《なお》も辞意を翻《ひるが》へさなかったが、殿下は、

『実際やってみないで出来ないといふのは理窟《りくつ》に合はないではないかネエ』

と仰せられ、殿下の思召は大変強くあらせられる様に拝察されたので、『尚よく考へさせ

て頂きます』と申上げて、一旦《いったん》御前を退き、熟慮の結果遂に御承《おう》けすることに決心した次第であったが、要するに殿下の御熱意に根負けして了った恰好《かっこう》であった、と」

昭和八年十月に伏見宮が軍令部総長といわれるようになってから、海軍将官の重要人事は、不文律ですべて伏見宮の承認がなければ実施できなくなっていた。しかし、伏見宮がみずから、直接の部下であったこともない者を、このように熱心に口説くというのは前代未聞で、ただごとではない。

信頼していた加藤、末次が、目に余る政治策動をして、海軍の軍紀をひどく乱しているのを知った。二・二六事件のとき、伏見宮は加藤、真崎の意見をいれ、天皇にかれらの意見に副って進言したところ、天皇から峻拒《しゅんきょ》された。さいきん陸軍の横車が放置できないほどになってきた。

こうしたことが、伏見宮をそこまで動かすようにしたのかもしれない。

元海軍大佐で、海軍省人事局員・軍令部員・大本営海軍部参謀であった大井篤《あつし》は、『井上成美のすべて』のなかで、それについて、

「……米内の述懐が『自分は海軍在職中直接殿下の下に奉仕したことはなかったが……』で始まっている点は見逃せない。宮との個人的因縁を全く離れての米内選択だったことを感じさせる。これと宮の意向表示の熱心さ執拗《しつよう》さを合わせ考えると、陰に天皇の意向が働いたとも感じさせる。二・二六事件鎮圧に横須賀鎮守府が海軍中央（海軍省、軍令部）を鞭撻《べんたつ》して多大の功績をあげたこと、海軍部内での米内の声望が抜群であることなどを平田昇（海兵三

十四期）侍従武官が折にふれ天皇に説明していたにちがいないから。ともあれ、『やってみないで出来ないといふのは理窟に合わない……』といって海相をやらせた米内にたいして伏見宮は干渉がましい態度をとれなくなったわけで、その後の経過はそれを示している」

と述べているが、あるいはそのとおりかもしれない。

それにしても、伏見宮、永野から、条約派系とみられる山本次官、陸軍を「けだもの」「馬糞《まぐそ》」と罵倒《ばとう》する豊田軍務局長、それに海軍省課長らまで、こぞって、海のものとも山のものともつかない米内を海軍大臣に望むというのは、いかに政治の大危機とはいえ、海軍の方針の動揺と役者不足を物語るものでもあろう。

伏見宮のところから二階の永野のところにもどった米内は、ふたたび永野と話し合い、ついに大臣をひきうけることを承諾した。

前年の十一月十六日から、軍令部出仕兼海軍省出仕となり、兵科、機関科将校統合問題を研究していた井上成美少将は、このとき、海軍大臣室と次官室の間の狭いところで勤務していた。永野との話を終わった米内は、そこへきて井上に声をかけた。

「永野に三時間口説かれてね、国のためにやってくれといわれたので、とうとうひきうけたよ」

「そうですか、おうけになったらしっかりおやりなさい」

のちに井上は、朝日新聞記者の杉本健に笑っていった。

「宮様まで出られて、国家のためにどうしてもといわれて、とうとうカブトを脱いだそうだ。

伏見宮様の人事にもいろいろあるが、これはいいほうの出色かな」

昭和十二年二月二日、海軍省の勝手を知らない米内は、俎板《まないた》の鯉《こい》になったように、海軍大臣に就任した。

軍事参議官になっていた兵学校同期の高橋三吉は、思想はちがってもウマが合う米内を慰めた。

「貴様はせっかく俺《おれ》のあとに連合艦隊司令長官としてきたのに、大臣なんかになってしまって気の毒だ」

「そういってくれるのは貴様だけだ。世の中の人間は、大臣はたいへん偉いと思って祝電などをくれるが、大臣は俗吏《ぞくり》だよ」

米内はぶちまけるようにいった。

親しい新聞記者には、

「連合艦隊司令長官をやめて一軍属になるのは、まったく有難くない」

と語った。

大臣になった米内は、海軍省副官兼海軍大臣秘書官の吉井道教少佐から、

「夜間、電報をとどけたり、至急の決裁の関係から、官邸に起居願えれば、非常に便利であります」

といわれると、即座にこたえた。

「それではここに起居することにしよう」

海相官邸は海軍省赤煉瓦ビルの隣りにあるが、大正十二年の大震災で相当破損し、使える部屋は二階の二間だけで、それも採光がわるく、陰気くさい。しかし米内は、

「なに、軍艦のケビン（長官室）よりはましだよ」

そういって、それからは週末に渋谷区竹下町の私宅にゆく以外は、官邸で独身生活をつづけた。

米内に海相を譲った永野は、一度やってみたくてたまらなかった連合艦隊司令長官に、お手盛りで就任してしまった。

支那事変拡大の序幕

陸軍に操られる林内閣が、「食い逃げ解散」をした。法律案も昭和十二年度予算案も通過し、問題なく閉会というまぎわの昭和十二年三月三十一日、突如議会解散をやったのである。法律案や予算案が通らないから、民意を問うために解散するというならわかるが、そうではなかった。「反政府の政党議員を排斥する」という勝手な理由で、議員たちを騙《だま》し討ちにしたのであった。しかも抗議をうけた林は、

「総選挙の結果、もしも反政府の政党議員が多数のばあいは、二度でも三度でも解散をおこなう。そうすれば、議員の顔ぶれは新しくなり、政党はおのずから改革される」

とこたえたのである。

あきれた理不尽な「食い逃げ解散」の翌四月一日、米内は大将に昇進した。海相就任以来、よく資料を読み、研究をつづけていたため、失敗はなかった。しかし、無事に過ぎてはいたが、まことに平々凡々で、期待はずれではないかという声も、ぼつぼつ出はじめていた。

四月三十日にあった総選挙の結果は、林内閣が忌避した民政党が百七十九、政友会が百七十五、社会大衆党が三十六で、政府支持派の国民同盟は前回とかわらず十一、昭和会は四人減って十八となった。国民は林内閣を支持せず、軍部独裁政治に反対、というものであった。

笑い者になった林は、早くも辞意を表明したが、周囲から後任候補が決まるまで待てととめられ、五月末まで首相をつづけた。

従来は元老の西園寺が後継首班を推薦していたが、すでに八十八歳で能力が衰えてきたため、四月三十日に、

「内大臣が元老と相談して後継首班の候補者を決め、内大臣が奉答する」

と改められていた。

六月四日、第一次近衛文麿内閣が成立した。主な顔ぶれは外相広田弘毅、蔵相賀屋《かや》興宣《おきのり》、陸相杉山元、海相米内光政である。

米内は西園寺の私設秘書の原田熊雄に、憤慨していった。

「どうも今回の組閣においても、陸軍の中堅どころ（武藤章、佐藤賢了らか）が何か裏で工作して閣僚に注文をつけるのは実に怪《け》しからん」

四十七歳の近衛は藤原鎌足《かまたり》四十六代の当主の公爵で、「貴公子」といわれている。一高、東大、京大を出て、貴族院議員、同議長をつとめ、軍部にも、政党にも、官僚にも好感を持たれている。

政党人や官僚は、近衛なら陸軍をあるていど抑えられるだろうと期待していた。

ところが陸軍は、近衛も天皇と同じように、表面は立てて、裏面では利用して、陸軍の目的を遂げようとしていた。

近衛は首相の座と名誉に色気を持ったため、八方美人に振舞っていたが、陸軍はそこにつけこもうとしたのである。

テロをひどく恐れ、陸軍の気を悪くさせまいと気をつかい、自分で責任をとらずに他人の責任で事をおこなおうとする習性があり、それが致命的な弱点であった。

昭和十二年七月七日、北京西方郊外の永定河にかかる盧溝《ろこう》橋ふきんで日中両軍が衝突し、北支（北中国）事変（のちに支那事変、日支事変、日中戦争と改称）が起こった。

日本の支那駐屯軍が夜間演習をよそおい、中国の第二十九軍が守備する盧溝橋東側の宛平《えんぺい》県《けん》城を攻略しようとして、先に発砲したという日本軍犯行説が、太平洋戦争後もしばらく有力であった。

ところが、盧溝橋事件を審査中の東京裁判法廷が、昭和二十二年四月二十三日、にわかに審査を中止した。直前に、中国共産党の劉少奇副主席が証拠を示し、

「七・七事件の仕掛人は中国共産党で、現地責任者はこの俺だった」

と西側記者団に発表したからである。

中国人民解放軍総政治部発行のポケット版『戦士政治課本』にはこう書かれている。

「七・七事件は劉少奇同志の指揮する抗日救国学生の一隊が決死的行動をもって党中央の指

令を実行したもので、これによってわが党を滅亡させようと第六次反共戦を準備していた蔣介石南京反動政府は、世界有数の精強を誇る日本陸軍と戦わざるを得なくなった。その結果、滅亡したのは中国共産党ではなく、蔣介石南京反動政府と日本帝国主義であった」

中国共産党の抗日救国学生の一隊は、盧溝橋北方の竜王廟《びょう》ふきんから、宛平県城の中国軍と、同城東方の一文字山の日本軍を射撃し、双方を錯覚させ、戦わせるようにしむけたようである。

のちの調査で、宛平県城の弾痕《だんこん》は、北から撃たれたものが大部分で、日本軍のいた一文字山方面から撃たれたものは少ないことが判明した。

しかし、中国共産党がこういう謀略行動を起こすようになったのには、それなりの理由もあった。

昭和三年六月の張作霖爆殺事件は、関東軍高級参謀河本大作《こうもとだいさく》大佐が、満州軍閥頭目の張を殺害して、関東軍が満州全域を制圧しようと図ったものである。

昭和六年九月の満州事変は、関東軍高級参謀板垣征四郎大佐と作戦主任参謀石原莞爾中佐らが、

「満蒙《まんもう》問題の解決策は満蒙を我領土とする以外絶対に道なきことを肝銘するを要す」（石原の『満蒙問題私見』）という考えからひき起こしたデッチ上げ事件であった。

昭和七年一月の第一次上海事変は、上海公使館付武官室の田中隆吉少佐が、関東軍の板垣高級参謀の指示をうけ、一中国人を買収して日本人僧侶《そうりょ》らを死傷させ、日中両軍を戦わせた

ものである。板垣らはそこへ列国の注意をそらし、ドサクサに満州国を独立させようとしたのであった。

昭和十一年十一月の綏遠《すいえん》事件は、関東軍参謀部第二課長武藤章大佐、参謀田中隆吉中佐らが、中国北部の綏遠省東部の地域を奪取したいと望む内蒙古の徳王を援助して、綏遠省の傅《ふ》作義《さくぎ》軍と戦わせたものである。しかしこれは、国民政府主席の蔣介石が派遣した中央軍など二十数万人の応援を得た傅作義軍が徳王軍を大敗させ、中国側は関東軍を破ったように宣伝し、中国国民の抗日気勢をいっせいに盛り上げた。

中国国民が「抗日侮日」感情を燃やすようになったのは、日本がヨーロッパに起きた第一次世界大戦につけこみ、大正四年（一九一五年）五月、武力を背景にして、中国に「対支（華）二十一ヵ条」の要求を調印させたときからであった。

「山東省内の旧ドイツ利権（青島租借など）を日本が継承する。

旅順、大連の租借期限と、満鉄、安奉線（鴨緑江西岸の安東と奉天〈瀋陽〉間）の期限を九十九ヵ年へ延長し、満蒙地域を事実上日本領土化する。

中国政府の政治、財政、軍事に日本人顧問の採用。中国警察の日中合同。中国軍兵器の半数以上を日本が供給するかまたは日中合弁兵器廠の設立。その他港湾鉄道利権の日本への供与」

などが、その主な内容である。

日本が他国から武力によって威嚇《いかく》され、このような条約を強要されれば、日本国民でも憤激するであろう。

満州事変をひき起こした石原莞爾は、満州を、「五族（日本、朝鮮、満州、中国、蒙古）協和」「王道楽土」「東亜連盟」の精神で治めるべきだと主張した。しかし、石原が昭和七年八月に東京へ帰ったのちの『関東軍機密政略日誌』には、要旨つぎのようなことが書かれた。

「満州は外形的には独立国だが、実質的には軍事、外交、経済の上に日本人が満州国の中核分子として干与し、日本の利益と一致するように運営している。

満州国皇帝は日本の天皇の心をもって心とする。天皇の意思以外に皇帝の意思はない。

満州国の国防は日本が担当する。日本軍が満州国軍を指揮する。

経済は日本と一体のものにして計画的に推進する。

関東軍司令官は皇帝の師傅《しふ》（教導役）であり、日系官吏（日本人の満州国政府官吏）は関東軍司令官の分身である。

民族協和の中核は日本人でなければならない」

関東軍は天皇の意思ではない陸軍の意思を天皇の意思といい触らし、満州国皇帝溥儀《ふぎ》を関東軍の傀儡《かいらい》として、満州をかれらの思いどおりに支配しようという幕府になっていたのである。

このようなことでは、中国人が「抗日侮日」感情を滾《たぎ》らすであろう。

こうした情況のなか、昭和十年七、八月のコミンテルン大会で、反ファッショ統一戦線戦術が採用され、中国共産党は蔣介石主席の国民政府軍との内戦を停止して、蔣介石を日本一本に向かわせる方針を決定した。

張作霖の長男で東北軍司令の張学良は、昭和十一年十二月、対中国共産党戦を督励するために西安（黄河上流の渭水のほとり）にきた蔣介石を捕らえて監禁し、全国に「内戦停止」「抗日」をよびかけた。そこへ中国共産党大幹部の周恩来、葉剣英がきて、張に、蔣と和解し、「内戦停止」「抗日」を蔣に実行させるように説得した。

南京に帰ることができた蔣は内戦を停止した。昭和十二年四月、周恩来と会談した蔣介石は、「内戦停止」「抗日」の方針を承認し、それから国共合作による「抗日民族統一戦線」が結成されはじめた。

盧溝橋事件を起こさせた中国共産党の謀略行動に、それなりの理由があったというのは、以上のようなことである。

昭和六十三年四月、国土庁長官の奥野誠亮《せいすけ》は、日中戦争について、

「日本には侵略の意図はなかった。盧溝橋事件は全く偶発的な事情によって始まった」

と公言して内外の大問題となり、五月になり、

「私の発言がまちがっていたから撤回するということは絶対にしない。ただ国会の運営を円滑にするために全面撤回しろというならします」

といって、辞職した。

事件が偶発的な事情によって始まったというのは、奥野が遠慮していったものだろうが、中国共産党の謀略によって始まったといってよいであろう。しかし、「日本には侵略の意図

はなかった」というのは、対支二十一ヵ条、満州国建国、綏遠事件などを考えれば、虫がよすぎよう。

参謀本部第一部長の石原莞爾少将は、

「いまは満州国建設に専念し、対ソ軍備を完成し、これによって国防は安固となる。支那（中国）に手を出して支離滅裂にさせてはならない」

と判断し、作戦部は不拡大方針を決定した。

閑院宮参謀総長は、七月八日午後六時四十二分、支那駐屯軍司令官田代皖一郎《かんいちろう》中将に指示を発した。

「事件ノ拡大ヲ防止スルタメ進ンデ兵力ヲ行使スルコトヲ避クベシ」

だが、関東軍司令官植田謙吉大将は、八日午後八時すぎ、

「暴戻《ぼうれい》なる支那第二十九軍の挑戦に起因して、今や華北に事端を生じた。関東軍は多大の関心と重大なる決意とを保持しつつ、厳に本事件の成りゆきを注視する」

と、戦意満々の声明を発した。参謀長が東条英機中将で、かれらが好戦的であることを示すものであった。

朝鮮軍司令官の小磯国昭中将も、

「この事態を契機として、支那経略（経営統治）の雄図を遂行すべし」

という要旨の、要するに中国侵略の意見を、中央部（陸軍省と参謀本部）へ送った。

参謀本部の首脳部は不拡大の方針だったが、第三（作戦）課長の武藤章大佐は、「北支事変を契機に武力を行使して、北支、内蒙古を日本の勢力範囲に入れ、対ソ、対支作戦の条件を有利にすべし」

と、強硬に主張した。

陸軍省軍事課長の田中新一大佐も、陸軍士官学校同期の武藤と結ぶ武断派の急先鋒であった。

陸相の杉山元大将は、不拡大方針は認めるが、平津（北平〈北京〉、天津）地方の日本居留民を保護するためには、出兵が必要と考えた。

七月九日の閣議で、杉山はそれを説明して出兵を提議した。

海相の米内はつよく反対した。

「事件を拡大せず、すみやかに局地的に解決を図るべきである」

内地から派兵すれば、全面戦争になる危険があるという意見で、広田外相ほか全閣僚も米内に同意し、杉山の提議は見送られることになった。

七月十日、中国駐在武官から、国民政府の中央軍が北上しつつあるという電報が陸軍中央に入り、兵力約五千人の支那駐屯軍では、平津地区の邦人約一万二千人を救えそうもない情勢になった。

石原参謀本部第一部長は、武藤第三課長が主張する朝鮮軍、関東軍の一部と、内地の三個師団の兵力増派を内定することに決心を変更した。

七月十一日の五相（首相、外相、蔵相、陸相、海相）会議で、杉山は新情勢を説明し、改めて出兵を提議した。

「五千五百人の支那駐屯軍と平津地区のわが居留民をみな殺しにするに忍びない」

米内ほかの閣僚も、しぶしぶながら同意した。ただ米内は、

「平和交渉と兵力の行使を同時におこなうごときはこの際とるべき途《みち》ではなく、要は平和交渉を促進することを第一としなければならない。陸軍大臣は出兵の声明のみで、問題は直ちに解決すると考えているようだが、諸般の情勢を観察すると、陸軍の出兵は全面的対支作戦の動機となる恐れがある」

と述べ、くり返し和平解決の促進を強調した。過去の幾多の事件を顧み、安易に軍を進めれば、抜き差しならぬ事態に陥ると判断したのである。

この日の五相会議と閣議は、不拡大方針の維持と、動員後でも派兵の必要がなくなったばあいは派兵をとりやめる条件で、朝鮮軍、関東軍の一部を派兵し、さしあたり内地の三個師団を動員するという陸軍の提案を可決した。

午後十時ごろからの再度の五相会議で、杉山は新事態の報告をおこなった。

「本日午後、北平（北京）において、支那側がわが要求をぜんぶ承認すると回答した。したがって、朝鮮軍と関東軍からは部隊を派遣して、支那側の実行を確認するまで現地にとどまらせるが、内地三個師団の動員は一時見合わせることにしたい」

ところが陸軍内部では、内地三個師団も動員、派兵し、中国軍を撃破して、永定河西方に

駆逐すべしという、武藤作戦課長らの一撃論が勢いを得はじめていた。

　それが高じ、七月十六日、杉山陸相、陸軍次官梅津美治郎中将、軍務局長後宮《うしろく》淳《じゅん》少将らの方針が、中堅幕僚らによって、ついにくつがえされるまでに至った。

　他人にブツブツいったことがない米内が、この日の午後、五相会議から海軍省に帰ってきて、山本次官や先任副官の近藤泰一郎大佐をつかまえ、愚痴をいった。

「五相会議なんかだめだ。五相会議でせっかく決めても、外務省と陸軍省の間にやっと話し合いがついても、あとから電話がかかってきて、

『陸軍省に帰ってみたら、参謀本部の連中がみんな憤慨しており（武藤大佐ら強硬派であろう）、陸軍の方針はすでに決定しているということなので、さきほどの話し合いはぜんぶ水に流していただきたい』

　というんだから、どうにもならない。陸軍はほんとに困ったものだ」

　近藤にはこうもいった。

「君、揚子江の水は、一本の棒ぐいでは食いとめられはせんよ」

　武力で中国にいうことをきかせようとしても、無理だというのであろう。

　米内は『日支事変の序幕』と題した手記に、このことを、要旨こう書いている。

「七月十六日正午、陸軍省軍務局長後宮淳少将は、外務省東亜局において、第二十九軍（中国軍）長宋哲元と支那駐屯軍参謀長橋本群《ぐん》少将の会見のもようにつき、意見を交換せり。その結果、大局上、先方の提案を承認するを可とすと意見一致し、後宮軍務局長は陸軍省に帰

れり。

しかるに暫《しばら》くして、後宮局長から外務省に電話があり、さきほどの話し合いはぜんぶ水に流されたし』

『陸軍においてはすでに方針決定しおりたるをもって、さきほどの話し合いはぜんぶ水に流されたし』

と申しきたれり」

七月十六日、陸軍中央部（陸軍省と参謀本部）が支那駐屯軍司令官香月清司《かつききよし》中将（七月十一日に、病気の田代中将と交代）に発した訓令は、つぎのようなものであった。

「一、七月十九日を期限とし、左の要求を実行せしむ

宋哲元の正式陳謝、責任者の処罰、八宝山の部隊撤退、七月十一日の解決条件に宋哲元の調印

二、期限内にわが要求が実行されないばあいは、わが軍は第二十九軍を膺懲《ようちょう》す。そのため所要の内地部隊を動員し、北支に派追す

三、期限満了後に支那側がわが要求を履行するなど態度を軟化しても、第二十九軍を永定河右岸（西岸）に撤退せしむ

四、帝国はあくまで局面を北支に限定し、現地解決を期す。南京政府（蔣介石政権）にたいしては、中央軍（北進中）を旧態に復し、対日挑戦行為を中止し、現地解決を妨害せざることを要求す」

陸軍は、佐官級の中堅幕僚が跋扈《ばっこ》して、首脳の威令がおこなわれない、無統制の「下剋《げこく》

上《じょう》」の集団のようになっていたのである。

米内はこの七月十六日の夜、招きをうけ、近衛を私邸に訪ねた。近衛がいった。

「今次の問題の解決と同時に、根本的に対支問題を解決するよう、広田外相に直接蔣介石と談判させることはどうでしょう。北支は経済開発の意味において、とくに必要と思います」

「もっともです。まず首相から外相に話してください。私は裏面から外相を説得するのがよいでしょう。

事件は局地解決をいそがなければなりません。そうしないと、事件は拡大する可能性があります。

首相は陸軍のやり方をどう考えていますか。私はすこぶる憂慮に堪えないと思っています。本日の陸軍軍務局長の外務省東亜局における行動などは、その一例です。首相から陸軍大臣に、なんとか注意をしていただけませんか」

「陸軍軍務局長の行動とはどういうことですか」

米内が説明すると、近衛は、

「どうも陸軍のやり方には困ったものですな」

「外相をわずらわすにしても、陸軍の態度をはっきりと一本立てにすることが先決です。さもないと、いくら外相を派遣しても効果は望めませんから」

「………」

近衛は陸軍を説得して一本化させる決意も自信もなく、けっきょく広田外相派遣案は、泡のように消えてしまった。

明くる七月十七日、蔣介石は廬山において、「最後の関頭」と題し、重大声明を発表した。

「盧溝橋事件を日支戦争にまで拡大させるか否かは、まったく日本政府の態度いかんにある。和平の希望が断たれるか否かは、挙げて日本軍隊の態度いかんにある。和平の最後的絶望に陥る一瞬まえにも、弱国外交の最低限度として、われわれの和平解決の条件には、きわめて明瞭《めいりょう》な四項がある。

一、いかなる解決も、中国の領土と主権を侵害することを許さない。

二、冀察《きさつ》(河北省と、その北方の察哈爾《チャハル》省)の行政組織にたいするいかなる非合法的改変も容認できない。

三、冀察政務委員会委員長宋哲元らのような中央政府(南京の国民政府)が派遣した地方官吏を、外部の要求で更迭させることはできない。

四、第二十九軍の現在の駐屯地区にたいするいかなる制限をもうけることはできない。

これを要するに政府は、盧溝橋事件にたいしてすでに終始一貫した方針と条件を確立し、全力を尽くしてこの条件を固守しようとするものである」

これがその要点で、日本側の要求に条件をつけるものであった。しかもこの条件は、不当とはいえないであろう。

北京と天津の中間にある郎坊で、七月二十五日夜、日本軍歩兵一個中隊が中国軍に攻撃され、多数の死傷者が出た。

石原第一部長は、二十六日午前一時、陸軍省の田中軍事課長に電話した。

「もう内地師団を動員するほかない。遷延は一切の破滅だ。至急処置してくれ」

不拡大論者の石原が、一撃論者の武藤、田中らに屈服したのである。

同日夕刻、北平の広安門で、北上した中国軍が日本軍を挟撃する形の行動をとった。

香月中将が指揮する支那駐屯軍は、平津地区の中国軍を一掃する方針を決定した。

七月二十九日、関東軍からの部隊をふくめた支那派遣軍が、北平から永定河左岸（東岸）までの一帯を占領した。

この日、北平北東の通州で、日本機の誤爆に憤激した中国保安隊が、日本の守備隊約百人と居留民約三百八十人を襲い、居留民百二十四人、守備隊員十八人を殺害した。新聞は「第二の尼港《にこう》事件」とセンセーショナルに報道し、日本人の反中国感情を煽《あお》った。

参謀本部は、北平南西の保定《ほてい》と天津南方約二十六キロの独流鎮を結ぶ線までの「対支作戦計画」を立て、一方、察哈爾《チャハル》省の湯恩軍にたいしては、八月九日から攻撃するよう支那駐屯軍に指示した。

この当時の多くの日本人は中国の内情をよく知らず、中国人を軽蔑していた。そのため、現地の日本人が、中国軍によって殺傷、略奪、凌辱《りょうじょく》をうけたというセンセーショナルな報道があると、

「暴戻なる支那、天誅《てんちゅう》を加えよ」

と激昂《げっこう》した。

しかし、現地の日本人のなかには、ナラズ者、悪徳商人もかなりいて、中国人の反感を買うことも少なくなかったのである。

金魚大臣

盧溝橋事件がはじまったころ、米内は海軍省、軍令部の中堅将校らから、「金魚大臣」とアダ名をつけられた。「見かけはいいが使いものにならん」というのである。

陸軍がめちゃくちゃに横車を押しても、止めることができなくて、なんとも頼りなく、もどかしくて、「金魚大臣」といわれるようになったらしい。

明治の海相山本権兵衛《ごんべえ》大将は、凄い気魄《きはく》と、烈《はげ》しく鋭い弁舌で、唯我独尊の陸軍を、胸がすくほどやりこめた。

「山本権兵衛のような海軍大臣がいてくれたら」

と、かれらは思うのである。

日清戦争がさし迫った明治二十七年（一八九四年）七月上旬、伊藤博文《ひろぶみ》内閣の閣議がひらかれた。そこに枢密院議長山県有朋陸軍大将、参謀総長有栖川宮熾仁《ありすがわのみやたるひと》親王大将代理の参謀本部次長川上操六《そうろく》中将と、海軍省主事（大臣官房長）山本権兵衛大佐が出席していた。陸相は大山巌《いわお》大将、海相は西郷隆盛の弟西郷従道《じゅうどう》中将である。

この閣議は、対清国戦の陸海軍作戦方針を、陸軍の川上と海軍の山本から聞こうというものであった。

まず、陸軍きっての作戦家川上が説明をはじめた。堂々として、非の打ちどころがないようである。ただ、海上輸送と敵前上陸については、説明がとぼしかった。

一段落したとき、山本が質問した。

「陸軍には工兵隊がありますか」

川上が、何をトボけたことをいうか、という顔をして、こたえた。

「もちろんあります」

「それなら工兵隊を使い、九州呼子《よぶこ》港（佐賀県北端）から対馬に橋を架け、対馬から朝鮮の釜山にも橋を架け、日本から朝鮮へ歩いていったらどうですか。そうすれば、わが陸軍を大陸に送るのに、苦労はいらんでしょう」

一同はタマゲて、唖然《あぜん》とした。

「海を越えて戦うなら、まず海上権を獲得しなければなりません。だいいち軍艦が陸軍輸送船隊を護衛していても、敵艦が出現すれば、敵艦と戦わなければなりません。

海軍は敵艦隊を制圧し、ばあいによっては陸戦隊を上陸させて敵陸軍と戦い、あるいは敵国と他の外国との海上交通（シーレーン）を妨害し、わが国と外国との海上交通の安全を確保するなど、多種多様の作戦をやる必要があります。

かかる任務を持つ海軍を、単なる陸兵輸送の補助機関としか見ていないというのは、認識不足もはなはだしいものです。

海軍はまず、敵に近い要地を前進根拠地として確保し、諸作戦にそなえます。その後に陸軍が出動すれば、兵站《へいたん》（補給）連絡も万全となりましょう。

しかるに、敵の海軍がまだ健在な方面において、陸軍を敵前上陸させようという計画を聞かされました。意気は壮とすべきです。しかし、これこそ海上権のなんたるか、海軍の任務のいかなるものかを解しない、無謀な企てです。海陸の作戦計画は、一方に偏することなく、協力一致して立てられるべきであります」

海軍は陸兵輸送の補助機関としか考えていなかった川上が、この説明ではじめて、海軍の何たるかを理解した。

西郷海相は山本の気魄に満ち、理路整然たる説明に十分以上に満足し、大山陸相は「海上権」（制海権）の重要性を認めた。

川上は少年時代、四歳下の権兵衛と、薩摩の藩校造士館でいっしょに学び、おたがいに気心を知る仲であったが、人間も大きかった。閣議終了後、権兵衛に近より、

「いい勉強になった。参謀本部にきて、陸軍の連中にも、今日の話をしてくれんかい」

といった。大山、西郷も賛成した。

大山は西郷より一歳年上だが、従兄弟同士の上に、肝胆相照らす仲であった。また二人とも、何歳か年下の川上と権兵衛を、子供のころから知っていて、かれらの人格、才能を高く

買っていたのである。

川上の胆《きも》いりによって、翌日の参謀本部会議に、権兵衛は海軍軍令部第一局長角田秀松大佐とともに出席して、海軍の作戦計画案と海上権の説明をした。

ここには有栖川宮参謀総長、陸軍次官児玉源太郎少将も出席していて、このときから陸軍が海軍にたいする考えを、かなり改めるようになった。

明治三十三年（一九〇〇年）七月、中国南部の福建省内でも義和団《ぎわだん》が蜂起し、排外戦争をはじめていた。厦門《アモイ》には、日本海軍の軍艦「和泉」と「高千穂」が派遣されていて、領事館と在留邦人の保護に当たっていた。

八月二十四日午前零時半ごろ、厦門の東本願寺布教所が何者かに焼き打ちされた。同日、陸相桂太郎大将は台湾総督児玉源太郎中将に、

「和泉艦長ヨリ出兵ノ要求アリ次第、台湾軍ヨリ出兵スベシ」

と電命した。

八月二十七日、台北の児玉に、「高千穂」艦長から、「和泉」「高千穂」の陸戦隊が上陸したが、在留邦人保護のために出兵を請う、という電報がとどいた。

八月二十八日、台湾の基隆《キールン》から歩兵二個大隊が輸送船二隻に乗り、厦門に向かった。

この日、山県有朋首相、桂太郎陸相、山本権兵衛海相、大山巌参謀総長、青木周蔵外相が、外相官邸で会議をひらいた。桂が慶門出兵までの経過を説明した。

ところが山本権兵衛が、強硬に異議を唱えた。

「『和泉』『高千穂』への内訓は、事が起きたばあいの処置を研究させたもので、厦門の砲台を占領する意味ではない。陸軍は直ちに出兵を取り消していただきたい」

桂と大山は、思いもよらない山本の発言におどろき、反論した。

「そう簡単にはいかない。これは允裁《いんさい》（天皇の許可）を経たものですぞ」

山本は屈せず、鷲のような眼で一同を睨み、憤然としてバクダンを投げつけた。

「台湾からの出兵をそのままにしておけば、かならず国際問題をひき起こし、容易ならぬことになる。

もしわが軍艦が、厦門方面の海上で、武装兵を乗せた怪しいフネを発見したばあい、海賊船とみなし、撃沈するかもしれない。国際法では、海軍が海賊船を処分することを正当としておりますぞ」

山県、桂、大山らは、権兵衛のいい分はまちがいではなく、味方のフネは沈めないにしても、海軍が陸軍に非協力となる恐れが多分にあると見て、とりなしにかかった。

だが権兵衛は承服せず、陸軍側はついに、ひとまず出兵を見合わせることに方針を変更した。

英、仏、独などは、すでに「和泉」「高千穂」の陸戦隊を撤収するよう、日本に申し入れていた。

児玉は、「民族、民権、民生」の「三民主義」の中国をつくり、中国の独立と生存を確保しようとしていた広東州の孫文を援助して成功させ、日中同盟を結び、白人国の東洋への圧迫を排除しようと図っていた。

だが、権兵衛の出兵反対と、陸軍首脳部の自重で、その夢は消えた。

児玉は無念やるかたなく、

「廟堂《びょうどう》（大政をつかさどるところ）かくの如くんば、乃公《だいこう》（わが輩）胸中の大策、施すに由なし」

とメモに書き、官を辞し、故郷の徳山に隠棲《いんせい》しようとした。決意はきわめて固かったが、明治天皇が、わざわざ、

「惟《おも》フニ台湾ノ事業多ク卿《けい》ノ経営ニ頼リ、漸次ソノ緒ニツカントス。朕ハ卿ガ任地ニオイテ病ヲ勉メテ事ヲ見ンコトヲ望ム」

という勅語をあたえたため、辞職を思いとどまるほかなくなった。

ここで児玉が辞職していたら、のちの日露戦争は、日本陸軍がロシア陸軍に敗れる可能性が大であった。

厦門出兵に反対した権兵衛の意見はオーソドックスで、安全なものである。児玉の考えは長州の天才高杉晋作的で、奇で、危険で、一歩まちがえば罪悪となるものであった。どちらがよかったかは神のみぞ知るというほかないが、このばあい、日本が無事に済んだことは確かであった。

山本権兵衛は、このように、陸軍にたいして一歩もひかず、海軍の意志を貫いた。

だが、この山本権兵衛が、昭和十二年ごろ海相となり、日本海軍を対米英支（中国）協調

路線の海軍に統一して、陸軍の政治干与、無統制の軍事行動を抑えることが、果たしてできたであろうか。

二・二六事件以後、鳴りをひそめているが、海軍主流は変わりなく伏見宮軍令部総長以下の対米英強硬・対陸軍協調派で、陸軍主流は軍事力によって日本、満州、中国を支配しようという統制派などである。しかも陸軍の下剋上は極に達し、首脳の威令はほとんどおこなわれていない。

権兵衛にいかに勇気と才智《さいち》があろうと、少なくとも伏見宮が西郷従道のように無条件に支持後援をしなければ、目的は達せられない。しかし伏見宮が、自分と考えの異なる者に、それほど肩入れすることもありえない。それをあえて突出すれば、二階に上がり、ハシゴをはずされるようなことにもなりかねない。だいいち、強力な対米英支協調論者であれば、海相になれるどころか、とっくに予備役に追われていたはずである。

昭和十二年ごろは、山本権兵衛のような海相が腕をふるうことができる環境ではなかったのではなかろうか。

軍令部は七月十一日、参謀本部と「北支作戦に関する陸海軍協定」を結んでいたが、要点はこういうものであった。

「　作戦指導方針つとめて

作戦地域を平津地方に限定し、中南支には主義として実力を行使せず。

ただしやむを得ないばあいは、青島《チンタオ》、上海《シャンハイ》ふきんにおいて居留民を保護する。

陸海軍協同作戦とする。

本作戦実行中、第三国と事を構えることは極力避ける。

作戦任務の分担

中南支方面にたいしては海軍が主として警戒に任ずる。

中南支方面の情況が悪化し、居留民の保護を要するばあいは、青島および上海ふきんに限定し、陸海軍の所要兵力が協同してこれに当たる」

七月二十五日からの第七十一回特別議会中の閣議で、大谷尊由《そんゆう》拓務大臣が杉山陸相に、北支の戦線はどこまで拡大するのかと質問した。杉山はこたえず、黙していた。かわりに米内がこたえた。

「永定河と保定の線で止める予定である」

とたんに杉山が顔色を変え、

「こんなところで、そんなことをいっていいのか」

と、米内に嚙《か》みついた。座はシラケ、話はうち切られた。

そのあと米内は、近衛がこの話を持ち出したとき、笑った。

「あのときは杉山にえらく怒られたなあ」

杉山は戦線の概定は統帥上の秘密で、閣議でもいえないと考えたか、あるいは、閣議で話して、それが守られなかったばあいはまずいと思ったらしい。

首相の近衛は、外相が外交を、蔵相が財政を、首相が国務全般を考えるのに必要なことは、統帥事項でも内閣に知らせてくれるべきだと考え、天皇に訴えた。

天皇は杉山のこたえを聞き、近衛につぎのように話した。

「陸軍大臣は政党大臣が同席する閣議で、作戦に関することはいえないというから、今後は自分が統帥に関する必要なことを、総理と外務大臣につたえることにしよう」

だが、陸相や参謀総長が天皇に報告したことでも、陸軍の下部は守るとはかぎらなかったのである。

終戦後の昭和二十二年夏、米内はかつて海軍省副官であった小島秀雄元少将に語った。

「僕はね、クラスの者から、〝グズ政〟といわれていたよ。僕は議論してもうまくいえないし、また議論してもはじまらぬ、と考えていたので、議論しなかった。しかし結果はわかっているので、僕は自分の信ずるところを実行した」

米内は閣議から海軍省に帰ると、次官の山本に、逐一、詳しく伝えた。

「みんなことここだけで、ここのないやつばかりだが、うちの大臣は頭はあまりよくなくても、腹はできとるからな」

山本は頭と口と腹を指さしながら、親しいものにこういった。

米内はよく読書した。漢籍、漢詩、ロシア文学、日本文学から、憲法、社会科学に関するものまで、広範であった。

大正十年（一九二一年）末から十一年末まで、米内大佐はベルリンに駐在し、ソ連、ポーランド、欧州各国の研究をした。そのころの研究と経験で、ドイツと提携することはきわめて危険だと信ずるようになった。のちにヒトラー著の『マイン・カンプ（わが闘争）』をくり返し熟読し、

「強気一点張りで、時と実力を深く顧みず、ヒトラー一代でドイツが欧州の支配者となる『欧州の新秩序』を完成しようとしているが、とんでもない妄想だ」

と、その感を深くした。

ヒトラーが、人種問題ではドイツ民族絶対至上論者で、日本人を想像力のない劣った民族、しかし小器用で自分の手足として使うには便利な国民だといっているのにも、度し難いものを感じたのである。

昭和十一年に起こった「日独防共協定」締結問題にたいして、米内がつよく反対した理由は、そういうものであった。

朝日新聞政治部の杉本健記者は、米内に信用され、米内の私邸にもよく訪ね、何冊か本を貸してもらったが、米内が中国の古書詩文に通じ、老荘の学、とくに老子について造詣《ぞうけい》の深いことに感心した。そして米内の人生観、処世法、さらにはその出所進退に、無為自然で、あきらめの哲学ともいうべき『老子』の思想が、非常につよく影響していると思った。『老子』には、つぎのようなことが書かれている。

「善《よ》く敵に勝つ者は与《あらそ》わず」「無為をなせば治まらざるなし」「大国を治むるは小鮮《しょうせん》を烹《に》るが

ごとし」「軽《かるがる》しく諾するは必ず信寡《すくな》し」「多言なればしばしば窮《きわま》る」「弱は強に勝ち、柔の剛に勝つは天下知らざる者なきも、よく行なうものなし」「善く行くものは轍跡《てっせき》なし（自然な動きは、動きのあとをとどめない）」「功遂げて身退くは天の道なり」

「無心、無欲、自然」がよく説かれているのである。

昭和十二年十月から海軍省副官兼海軍大臣秘書官になった実松譲少佐が、米内の博学におどろいてたずねたとき、米内はいった。

「鎮海要港部に二年、佐世保鎮守府に一年、横須賀に一年というように、官舎でやもめ暮しをしているあいだに、読書のくせがついた。とくに鎮海要港部司令官という閑職時代には、書物を読むのがなにより楽しみであった。いま海軍大臣という大事な仕事をするのに、それが非常に役立っているように思われる。そして、人間はいつ、いかなるばあいでも、自分のめぐりあった境遇を、もっとも意義あらしめることが大切だ」

終戦後のことだが、小泉信三元慶応義塾塾長は、米内の読書について、

「米内さんは、このごろは頭が鈍くなったから本は三度読む。始めは大いそぎで終わりまで読み通し、つぎは少しゆっくり、最後には味わって読む、といっていたことがある」

と述べているが、もともと「熟読玩味《がんみ》」タイプだったようである。

米内は海軍大臣になっても、懐中はさびしかった。あるとき郷土の後輩で衆議院議員（のちに議長）の田子《たご》一民《いちみん》が、何かの寄付をもらうために、米内を私邸に訪ねた。話はかんたんに通じ、米内は奥に入った。まもなく一枚の紙幣をヒラつかせながら出てきて、

「いまおふくろから小づかいをもらってきたから、これで我慢してください」

と、田子にわたした。

大臣だから、相当はずんでくれるだろうと期待していた田子は、唖然としたが、すまなそうな米内を見て、よほど金がないらしいと思った。

一　変

日本海軍の上海特別陸戦隊第一中隊長大山勇中尉と、自動車運転手の斎藤與蔵一等水兵が、昭和十二年八月九日、上海西部の虹橋飛行場南東で、中国軍に殺害された。盧溝橋事件のように中国共産党の謀略によるものではないが、高まっていた抗日感情から意識的におこなわれたものらしい。

伏見宮軍令部総長は、八月十一日、米内に陸軍部隊の派遣を督促した。

「大山中尉射殺事件にたいする支那側の態度は不遜《ふそん》である。いまや陸兵を上海に派遣して、治安維持を図るべきだ。陸兵派遣は外交交渉を促進させるものと認める」

「外交交渉には絶対的信頼はおけません（陸軍がぶちこわす恐れがあるからであろう）。しかしこれを促進させることは大切です。

打つべき手があるのに、ただちに攻撃するのは大義名分が立ちません。いましばらく、もようを見たいと思います。

わが居留民に危害をおよぼすごとき事態に至りましたら、ただちに出兵すべきです」

米内はそうこたえた。

八月十二日午後、第三艦隊司令長官長谷川清中将から、海軍中央（軍令部、海軍省）へ電報があった。中国軍の第八十八師が、上海北停車場ふきんと、呉淞《ウースン》（黄浦江が揚子江に注ぐところ）方面に進出しているので、陸軍の派兵が必要というのである。

近衛内閣の閣議は、八月十三日午前九時四十分ごろ、上海への派兵を決定し、兵力と時機は参謀本部と軍令部に一任された。両統帥部は協議して、第三（名古屋）、第十一師団（善通寺）などの派遣を決めた。

午前十時二十二分ごろ、虹口クリーク、宝山路交差点ふきんに陣地構築中の上海特別陸戦隊と、中国軍の間に小衝突が起こった。ついで午後四時五十分ごろ、八字橋方面で、中国軍の組織的な攻撃があった。

国民政府主席の蔣介石は、八月十三日夜、警備総司令張治中に、日本軍にたいする総攻撃を命じた。

こうして、上海特別陸戦隊約四千人は、兵力十倍以上の中国軍約五万人と、上海周辺で全線にわたり、戦闘状態に入った。

石原参謀本部第一（作戦）部長は、この経過から、

「上海に飛火をする可能性は、海軍が揚子江に艦隊を持っているためである。揚子江沿岸が無事に終わったならば、海軍の面子《メンツ》がないことになる。今次の上海出兵は海軍が陸軍をひき

ずっていったものといってもさしつかえないと思う」と、戦火拡大の責任を海軍に帰する発言をした（『石原莞爾中将回想録』）。非公式には、こういった。

「陸軍が強盗なら海軍は巾着切《きんちゃく》りだ」

陸海軍の功名心が事変を拡大したというのである。

かつて石原は、板垣征四郎と陰謀をめぐらし、満州事変をデッチあげ、花やかな名声と地位を得たが、それはタナに上げているようである。

しかし、海軍が揚子江で、功名心から事件をひき起こした事実はなかった。

揚子江には英、米はじめ各国の艦隊も、自国の居留民や権益を保護する目的で派遣されている。飛火はこれまでの日中関係と、中国人の抗日感情の高まり、蔣介石の戦意と戦略などに根ざすというのが真実であろう。

日本軍との戦いを決意した蔣介石は、北支は補給が困難という理由から、同方面には大軍を派遣せず、中国軍の主力を揚子江流域の諸都市に配備し、揚子江の線が破られたばあいは、重慶など奥地深くに最後の抵抗線を築いて抗戦をつづけるという、遠大な戦略を決定していた。

実に広大地域を利用する深謀遠慮で、短兵急に中国軍を屈服させようとする日本陸海軍は、この大仕掛けにはまり、終わりない泥沼戦争にひきこまれてゆくのである。

八月十四日、中国機が上海特別陸戦隊本部と、呉淞沖にいる第八戦隊（軽巡「鬼怒」「名取」「由良」）、上海係留中の第三艦隊旗艦の旧装甲巡洋艦「出雲」などを爆撃した。

それにたいして、「出雲」と、第一水雷戦隊旗艦の軽巡「川内」の艦載機二機が、中国軍の飛行場と陸上部隊を爆撃し、ついで台北から九六式陸上攻撃機十八機が台風をついて飛び、杭州、広徳飛行場などを爆撃して、航空撃滅戦を開始した。

この情況のなか、強硬な不拡大主義者であった米内が、八月十四日夜の閣議において、態度を一変させ、

「かくなるうえは事変不拡大主義は消滅し、北支事変は日支事変となった。国防方針は当面の敵をすみやかに撃滅することである。日支全面作戦となった上は、南京を撃つのが当然ではないか」

と、敵撃滅を主張するに至った。

明くる八月十五日に近衛内閣が発表した「盧溝橋事件に関する政府声明」の骨子は、

「……支那側が帝国を軽侮し、不法暴虐至らざるなく、全支にわたるわが居留民の生命財産が危殆《きたい》に陥るにおよんでは、帝国としてはもはや隠忍その限度に達し、支那軍の暴戻《ぼうれい》を膺懲《ようちょう》し、南京政府（国民政府）の反省をうながすため、いまや断乎《だんこ》たる措置をとるのやむなきに至れり」

というものである。

この日、米内が時局について天皇に報告すると、天皇は、

「自分は海軍を信頼しているが、なおこのうえ感情に走らず、よく大局に着眼し、誤りのないようにしてもらいたい」

と、切々と希望を伝えた（嶋田軍令部次長の備忘録）。

八月十七日、閣議は不拡大方針を放棄し、戦時態勢に必要な対策を講ずることを決定した。上海方面への出兵を裁可したが、早期の事態収拾を望む天皇は、八月十八日、伏見宮軍令部総長に打診した。

「……なんとか早く目的を達し、事態収拾をする必要がある。北支上海両面でなく、ひとまず一方に主力を注ぎ、打撃をあたえたうえ、平和条件を出すか、先方より出させるようにしてはどうか。作戦上いかにすべきか」

「両統帥部にて協議のうえ、申し上げることにいたします」

参謀本部の意見を聞き、軍令部がまとめた海軍の対支基本構想は、

「航空撃滅戦、要地攻撃、上海の確保、沿岸封鎖などによって、蔣介石政権の戦意を喪失させる」

というものであった。しかし、かならず目的が達成されると断言できるものではなかった。

蔣介石の国民政府は、八月二十一日、ソ連と「不可侵条約」を結び、二十二日には、中国共産党の紅軍四万五千人が一軍三個師団に改編され、国民政府軍の一部に編入されて、第八路軍とよばれるようになった。

中国は抗日挙国体制を確立して、対日戦争に専念し、長期戦に耐えうる態勢をつくったと

いえる。

米内をふくむ日本の陸海軍首脳は、武力を行使すれば中国は戦意を喪失すると判断したのだが、そうはいかない形勢になっていたのである。

不拡大方針を貫くことができずに敗れた石原第一（作戦）部長は、九月二十三日、部長を退き、関東軍参謀副長に転じた。

十月二十日、陸軍と犬猿の仲の軍務局長豊田副武中将が第四艦隊司令長官として転出したあと、元横鎮参謀長の井上成美少将が軍務局長となった。

米内、山本、井上のトリオは、やがて日独伊三国同盟締結を阻止するために陸軍と争い、「海軍左派」とよばれるようになる。ファシズムを拒否して、海軍伝統の合理主義を貫こうとするからであった。

井上は、米内と山本の仲について、太平洋戦争後、つぎのような回想を書き残している。

「ある日井上が、退庁後米内に用事があって隣接する海相官邸にゆくと、日本間に、米内が袴《はかま》をつけてあぐらをかき、そばに山本が手枕《てまくら》をして横になり、二人でいいたいことをいい合っていた。おたがいいかにも気持よさそうで、まことに美しい情景であった」

この十月、艦隊派の領袖で、陸軍や右翼と親しい末次信正大将が、近衛首相の要請をうけ、内閣参議に就任した。内閣参議は大臣格の顧問といったものである。

米内はそれを、事後相談の形で近衛から打ち明けられたが、

「異議はありません。ただし海軍では、大臣以外の現役軍人は、政治にかかわることを認めていません。無任所大臣のような内閣参議に就任するからには、末次大将も予備役に編入されることになります」

とこたえ、近衛をギクリとさせた。

実はそのまえに末次は、海軍省人事局長の清水光美少将を通じて、

「もし自分が軍令部総長になれるようなら、内閣参議は断わる」

と、米内に打診していた。伏見宮軍令部総長のアト釜《がま》になれるかというのである。

米内と山本は、政治策動がはなはだしい末次を軍令部総長にすれば、海軍が陸軍とおなじようなものになると断定し、末次の期待にこたえる気はまったくなかった。

伏見宮も、すでに末次を信頼しなくなっていて、はっきりいった。

「わたしのあとは末次には譲らん」

清水局長を通して、米内に断わられた末次は、海軍にいても面白いことはないと考え、予備役編入を承知で、内閣参議となったのである。

近衛は、テロを辞さない陸軍将校や右翼浪人らを恐れていた。そのため、荻窪の近衛の私邸「荻外荘《てきがい》」に、一人一殺主義の血盟団の首領井上日召を住まわせたり、日召と親しいおとくというすらっとした美人を邸の女中頭にしたりして、身の安全をはかっていた。

陸軍や国家主義者の平沼騏一郎らと気脈を通じる末次を近づけたのも、陸軍や右翼対策に

利用することと、身の安全をはかるためであった。

末次が予備役となって内閣参議に就任するとき、近衛は末次に、重要閣僚のポストをあたえる約束をしたはずである。

約二ヵ月後の昭和十二年十二月十三日、南京陥落の当日、末次は国内の治安を取り締まる重要ポストの内務大臣に就任した。


南京陥落前日の十二月十二日、日本海軍航空隊は、南京近くの揚子江を航行中の米海軍の砲艦パネー号を誤って爆撃し、撃沈してしまった。

ヤーネル米東洋艦隊司令長官の通知によって事態を知った長谷川第三艦隊司令長官は、砲艦「保津」に命じて、パネー号遭難者の救助に当たらせた。

十二月十三日、ワシントンでは斎藤博駐米大使がコーデル・ハル国務長官を、東京では広田弘毅外相がジョセフ・クラーク・グルー駐日米大使を訪問して、ひたすら陳謝した。

米内、山本も、

「海軍はただ頭を下げる」

と詫《わ》びた。

十二月二十三日、日本は、米国から要求された「遺憾の意の表明」「損害賠償二百二十一万四千ドルの支払い」「将来の保証」「関係将校の処罰」を認め、事件は全面的に解決された。

海軍が非を率直に認め、誠意をもって事後処理に当たったため、国民の海軍への信頼もまもなく回復した。

駐中国ドイツ大使のオスカー・トラウトマンは、広田外相の依頼をうけ、十一月五日、南京で蔣介石と会談し、日本側の和平条件を提示したが、蔣介石は、

「戦前の状態に復すること以上の条件には応ずることはできない。いま日本の条件に応じて兵を収めれば、中国は共産党の支配下に入ることになる」

とこたえ、それを拒否した。

ついで十二月二日、トラウトマンはふたたび南京で蔣介石に会った。南京は日本軍の猛攻をうけ、危機に瀕《ひん》していた。その情勢のなかで、蔣介石はトラウトマンに、

「日本側提示の条件を和平会談の基礎とすることに同意する。北支の宗主権、領土保全権、行政権には変更を加えないことなどを提議し、中国は協調的精神をもって日本の要求を討議し、諒解《りようかい》に達する用意がある」

と述べたという（堀場一雄著『支那事変戦争指導史』時事通信社刊）。

ただ、十二月六日には、蔣介石は日記に、

「……倭寇《わこう》（日本）がドイツ大使に調停を提起したのは、われわれが屈服しないため、日本に打つ手がなくなったからであろうか」

と書いているので、トラウトマンに述べたことは外交辞令の範囲のものであるかもしれない（『蔣介石秘録12　日中全面戦争』）。

国民政府の首都南京は、十二月十三日に陥落した。しかし同政府は重慶へ、同政府軍（中国軍）は漢口方面に後退しはじめただけで、屈服する気配はまったくなかった。

明くる十二月十四日の閣議で、広田外相が勝ちに乗じたように強硬な発言をした。

「犠牲を多く出した今日、かくのごとき軽易な条件で和平交渉をなせというのは容認しがたい」

末次内相と杉山陸相もおなじ趣旨のことを強調したが、近衛首相までが、

「外務大臣、陸軍大臣にまったく同意です。だいたい蔣介石は敗者にもかかわらず言辞が無礼です」

と同調し、他の閣僚も全員、和平条約の強化に賛同した。

ところが意外にも、参謀本部が条件強化に反対した。反対意見の中心は、石原莞爾の「五族協和」「東亜連盟」の思想が最も濃厚に残っている第二課（前第三課、作戦課）戦争指導班（前第二課、戦争指導課）であった。

北支、内蒙古を日本の勢力範囲に入れるべしと主張した超武断派の第三課長武藤章大佐は、去る十月末、中支那方面軍参謀副長に転出していた。

武藤に代わる作戦課長は河辺《かわべ》虎四郎《とらしろう》大佐、戦争指導班長は高島辰彦中佐で、ともに戦争不拡大主義者であった。

戦争指導班員の堀場一雄少佐（のちに大佐）は、このときのことを『支那事変戦争指導史』のなかで詳述しているが、要点はつぎのようなものである。

「戦争指導班は、日支両国が過去一切を清算して再出発し、善隣友好、共同防衛、経済提携の原則下に日満支を結合することを戦争目的とし、十月六日、これを内容とする解決方針を起案し、推進してきた。

……十二月十四日の閣議決定はぜったいに取り消すべしと決議した。

支那側に念を押した上での本措置は、国家の信義を破るとともに、日本は結局口実をもうけて戦争を継続し侵略すると解釈するのほかはない。これは道義に反する。

できれば、支那側の今回の（十二月二日の蔣介石の）申し出を取り上げ、交渉に入るべきである。交渉に入れば、折衝妥結の道が開かれるはずである。

群衆はつねに強硬だが、解決条件は寛大にする必要がある。まして日支大転換を図るならばなおさらである。無礼よばわりして、具体的な応酬がない閣議決定は戦勝に驕《おご》るもはなはだしいというものである。何をもって日支兄弟のよしみを結ぶことができようか。

戦争指導班は、この意見を参謀次長と、陸軍次官梅津美治郎中将に熱誠披瀝《ひれき》した。梅津次官はこたえた。

『このような経過はいまはじめて聞いた。私の部下にはこのような意見を上申する者はいない。趣旨は諒承する。さっそく杉山陸軍大臣に意見を述べ、閣議決定を取り消してもらおう』」

しかし杉山はこれをしりぞけ、十二月二十一日の閣議は、十一月五日に蔣介石に提示した和平条件をいちじるしく厳しく変更し、蔣介石に伝達することを決定した。新和平案は、

「一、満州国の承認
二、反日政策を放棄する
三、北支、内蒙古に非武装地帯を設定する
四、北支には中国主権の下に日満支三国の共存共栄を実現する機関を設定する
五、内蒙古に防共自治政府を樹立する
六、防共政策を確立し、日満両国に協力する
七、中支占領地域に非武装地帯を設定、上海については両国が治安の維持および経済発展に協力する
八、日満支三国は資源の開発、関税、交易、交通、通信、航空などに所要の協定を締結する
九、賠償を支払う」

というもので、日本はふたたびトラウトマン駐中国ドイツ大使を通じ、十二月二十六日、これを蒋介石に伝えた。

堀場はのちに、中国側がこの条件のうち、四、七、八、九項を侵略条項とみなしたのは当然と語っている。

元国土庁長官の奥野誠亮は、日中戦争について、「日本には侵略の意図はなかった」と主張しているが、これでは侵略の意図がなかったとはいえないであろう。

「支那事変処理根本方針」が、昭和十三年一月十一日、御前会議で決定された。前記の和平条件に、

「中央政府（国民政府）が和を求めてこない場合には、これを相手とする事変解決には期待をかけず、新興支那政権の成立を助長し、これと国交の調整を協定する。この場合、現中央政府は潰滅を図り、あるいは新興中央政権の下に収容する」

ということが加わったものである。

蔣介石は、前月の十二月十七日、南京脱出のとき、部下らにこう語っていた。

「勝利を決する中心は、広大な郷村と強固な民心にある。敵は深入りすればするほど、ますます受身の立場となり、敵の武力は底をつく」

そしてこの御前会議の日には、重慶で、

「日本は、ようやく中国との戦争には長期化が避けられないことを知ったのだろうか。われわれがあくまで抗戦すれば、国際情勢はかならず変化し、倭寇（日本）はかならず失敗する」

と語った。

前月末にトラウトマンから蔣介石に伝えられた日本側の和平交渉の申し入れにたいし、中国側から、一月十三日に回答があった。

「あまり抽象的でわからない。もう少し具体的にいってもらいたい」

居丈高な日本側にたいして、肩すかしを食わせるような返事であった。

一月十五日、首相官邸で大本営・政府連絡会議がひらかれた。大本営は参謀本部と軍令部が中核となり、天皇を輔翼《ほよく》して陸海軍共同作戦を指導する機関で、前年十一月二十日に、宮城（皇居）内に設置されたものである。この大本営・政府連絡会議には、政府側からは近衛首相、広田外相、杉山陸相、米内海相、末次内相、大本営側からは閑院宮総長代理の参謀次長多田駿《はやお》中将、伏見宮総長代理の軍令部次長古賀峯一《こがみねいち》中将が出席した。

広田外相が、

「むこうがトボケて『あれじゃわからない』といっているようでは、とても望みがない。御前会議で決まったように、第二段の策に出るよりしかたがない。すなわち、長期抗戦にうつして、どこまでも支那に対抗してゆくという決心を固めなければならない」

と発言すると、ほとんど全員が賛成した。

多田参謀次長ひとりだけが反対した。

「この時機を失したら、いよいよ長期戦に陥ります。多少の不満は忍んでも、和平成立にみちびくべきです」

広田が心外という顔で、

「私は永い間の外交官生活から見て、中国側の態度は和平解決の誠意のないことが明らかと信じます。参謀次長は外務大臣を信用できませんか」

と反駁《はんばく》すると、杉山陸相も、

「和平の意志は認められない。蔣介石を相手にせず、屈伏するまで戦うべきである」

さらに米内海相が、クギを刺すようにいった。

「参謀本部が支那側に誠意なしと断定しないのは外務大臣の判断と異なるもので、これは政府と反対の意見となる。すなわち参謀本部は、政府不信任ということになる。そうすると、統帥部と政府との意見がちがうということで、戦争指導を統帥部と手を取ってやっていけない。したがって政府は辞職しなければならない」

多田は涙を浮かべていい返した。

「明治天皇は朕に辞職なしと仰せになったと聞いています。この重大時期に政府の辞職辞職とあなたがたがお考えになる気持がわからない」

しかし、杉山、米内をふくめ、政府側の広田案支持は動かなかった。

けっきょく、「参謀本部が諒承しなければ、内閣は総辞職となる。内外におよぼす影響は重大であり、その責任は参謀本部にかかる」と陸軍省から圧力をかけられた参謀本部は、

「本案件に関する処理を政府に一任する」

と、屈服した。

近衛内閣は、翌一月十六日、

「帝国政府は爾後《じご》国民政府を相手とせず、帝国と真に提携するに足る新興支那政権の成立発展を期待し、これと両国国交を調整して更生新支那の建設に協力せんとす」

という、中国の主権を無視するおそろしく独善的な声明を発表した。

日本陸海軍は、これで中国軍を追い、果てしない泥沼戦争に踏みこみ、やがて、蔣介石政

権を支援する英、米と戦うことになるのである。

参謀本部第二課戦争指導班長の高島辰彦中佐は、一月十六日の日記に、

「昨日の連絡会議の情況及び上奏後の御下問等を拝聴。陛下の御熱心なる和平への御念願も空しく、ここに至りたるを知り悲憤慷慨《ひふんこうがい》す」

と書き、一月十七日の日記には、

「午前九時、第二部（情報）長室に至れば、果して中国側の追加情報到着しあり、和平の名を中国側にとられ、日本は好戦のために持久戦となれり、千秋の恨事なり。……」

と、無念そうに書いている。

「上奏後の御下問等を……」というのは、一月十五日の夜、閑院宮参謀総長が参謀本部の意見を天皇に具申したことにたいして、天皇から質問があったことである。ただ閑院宮より一足早く、近衛首相が参謀本部からは「政府一任」の言を得ているとつけ加え、政府・統帥部の決議を報告したため、天皇は政府案に裁可をあたえていたのである。

近衛は、この間の経緯について、のちにこう述べている。

「……ここまで事を起こしてしまってから、……まるで敗戦国のような態度で、こっちからわざわざ『これで媾和《こうわ》したらどうか』というようなことは、連戦連勝の国の側から示すべき態度ではない。そんなことをすれば、『日本はよほど弱っている。すでに危いんじゃないか』というようなことで、対外的には日本の為替の暴落とか、公債の下落とかいうようなことで、商売もなんにもできなくなり、パニックでも起こったらどうするのか。やはり事をし

まうにしても筋の立ったまとめ方でいかなければならない」（原田熊雄著『西園寺公と政局』）

とはいえ、政府決議の和平条件は、和平を望むものとはいえないものであった。

近衛にたいして、参謀本部第二課（作戦）長の河辺虎四郎大佐は、興味深いことを述懐している。

「日本の政治家はむやみに右翼系の鉄砲の弾丸をこわがっていた。だから口で強そうにいっていれば大丈夫だと考えるように思いました。よく考えてみれば軍人が長期持久戦を心配する以上に、文官がこれに関して深思熟考すべきではないか。戦期の長びくことも戦面の拡張をも考えず、ただ相手をたたけということはまちがいだと思う」（『河辺虎四郎少将回想録』）

近衛にしても広田にしても、右翼系のテロを恐れるあまり、陸軍省や末次内相などの強硬論に同調して、わが身の安全をはかったといっているようである。

一月十五日の大本営・政府連絡会議での米内の発言は、軍部は政府に従うべきだということでは、まちがいではなかった。だが、それによって米内も、戦争終結の道をふさいだひとりになった。

このころの米内は、戦闘が予想外に進捗《しんちょく》し、中国側の戦意を奪う希望が生じ、いまひと押しの気持があったのかもしれない。

「国民政府を相手にせず」の日本政府声明にたいして、蔣介石は中国国民によびかけた。

「大量の陸海空軍によって中国領土を攻撃し、中国人民を殺戮《さつりく》したのは日本である。中国がやむをえず立ち上がり、侵略と暴力に抵抗したが、数ヵ月来、中国はいまだ一兵も日本の領土に侵入させていない。

中国の和平への願望は、終始一貫して変わりはない。中国政府はどのような状況のもとにおいても、全力をもって領土、主権、行政の完整に努力している。

この原則を基礎にしたものでないかぎり、中国はいかなる和平回復も絶対にうけいれない。同時に日本軍占領地域内において、かりに政権を僭称《せんしょう》する非合法組織があろうとも、対内外を問わず、すべて絶対無効である」

近衛首相のテロ恐怖

昭和十三年三月二十日、巡洋艦で来日したイタリア親善使節団と同艦の士官らを、米内が海相官邸に招待したときである。

軍務局長の井上成美少将が、軍令部次長の古賀峯一中将に耳打ちした。

「見ていなさい。テーブルの葉巻をポケットに入れて持って帰りますから」

かれらが帰ったあと、葉巻は一本も残っていなかった。古賀は、こんな士官たちの国と仲間になった日本も、ロクな国ではなくなったと思った。

ムッソリーニ首相が独裁するイタリアは、前年十一月六日に日独防共協定に参加したため、日本海軍も親善に協力したのである。

井上は昭和三年はじめから二年ちかく、中佐で駐伊日本大使館付海軍武官をつとめていたころ、イタリアの政治、軍事、経済、文化、国民性などを研究した。その結果、ムッソリーニ政権下のイタリアは、みせかけはいいがゴマカシが多く、信頼できないと考えるようになった。

昭和十三年五、六月ごろ、ドイツ、イタリアと日本の強硬派のあいだに、日独伊防共協定を強化し、ソ連ばかりか、英米をも対象とする日独伊三国軍事同盟に改めよう、という野心的な動きが強まってきた。

この時期、駐伊日本大使館付海軍武官の平出《ひらいで》英夫中佐から、イタリアの軍備の優秀性を賞揚し、日独伊三国同盟締結をうながす報告書が海軍省に送られてきた。

井上は一読し、それに、

「かかる節穴のような観察眼の武官は即刻交替を要する。井上」

という痛烈なコメントを書いた付箋《ふせん》を貼《は》りつけ、海軍省と軍令部の関係者に回した。

日本軍は済南と南京の中間にある要衝徐州を、昭和十三年五月二十日に占領したが、中国軍のほとんどは無事に撤退し、戦果は少なく、作戦は失敗に終わった。

支那事変のこれ以上の拡大を防止する目的で、首相の近衛は内閣改造にかかった。

最大の難関は強硬派の杉山陸相更迭であったが、天皇の内意をうけた閑院宮参謀総長が再三にわたって杉山を説得したため、杉山もついに陸相を辞任した。

代わって、近衛が望んだとおり、石原莞爾と親しく、「五族協和」「東亜連盟」に理解を持つ第五師団長の板垣征四郎中将が、六月三日付で、新陸相に就任した。

ところが、この陸相更迭には、狡猾《こうかつ》なウラ取引があった。

杉山は、陸軍次官の梅津美治郎中将を通して、関東軍参謀長の東条英機中将の陸軍次官就任を認めるならば、陸相を辞任してもよい、と近衛に申し入れさせ、近衛はそれを呑《の》んだのである（近衛文麿著『失はれし政治』）。

杉山と東条は武力、権力、謀略を駆使して、「日本が東亜の盟主になること」を目的としている権益主義者であった。

東条は板垣の陸相任命にさきだち、五月三十日、陸軍次官に任命され、板垣の着任まえ、杉山、梅津らと、今後の陸軍の運営についての協議を終わっていた。

このお膳《ぜん》立《だ》てのため、板垣は人形大臣、東条は人形遣《つか》い次官となり、陸軍は杉山陸相時代にひきつづき、対中国強硬路線を進むことになった。

杉山は閑院宮と近衛に花を持たせ、自分らは実を取ったのである。

梅津陸相、板垣次官、石原軍務局長ならば、閑院宮参謀総長、多田参謀次長、海軍の米内海相、山本次官、井上軍務局長らと提携して、支那事変の早期終結を実現したかもしれないが、これでは事変は、逆に拡大する恐れがあった。

一月に対中国強硬外交を積極的に主張した広田外相は、局面打開にゆきづまり、五月二十六日、宇垣一成陸軍大将と交代した。宇垣は就任にさきだち、近衛に、「陸軍の干渉をしりぞける。蔣政権を相手とする方針をとる。対英関係を調整する」の条件を承認させた。

このころ広田は、宇垣とおなじような見解に変わっていて、五月三十一日、西園寺元老の秘書原田熊雄に語った。

「新大臣としては、対支問題についても何につけても、やはり英米の信用を得ておくことが第一で、どんなことでもいいから、ひとつそうしてもらいたいものだ。支那とのことも、これらの諸国といっしょになってやるよりしかたあるまい」

しかし、悟るのがおそかった。

宇垣外相と同時に、池田成彬《しげあき》が蔵相兼商工相に、文相兼厚相の木戸幸一が厚相専任に、荒木貞夫陸軍大将が文相に就任した。

二・二六事件の青年将校らの指導者であった荒木の登用は、末次とおなじく、近衛流人事によるものであった。

五目めしのような新内閣をつくった当の近衛は、蔣政権との和平をすすめるのか、どうするのか、意志を明らかにしなかった。

山本五十六海軍次官は、五月二十四日、海軍省で、原田熊雄に苦情を述べていた。

「総理大臣は、いままで、自分から自主的にこうしたらどうだとか、ああしたらどうだとか、少しもいわない。いつも受身の態度でいて、少し面倒くさくなると、寝こんでしまう。

私らの統制にたいする労苦を明察することもなければ、ただ一部の者の示唆によって人を代えたりなんかしようとする。はなはだけしからん話だ」

近衛が和平の意思を明らかにしなかったのは、身が危険になるからであった。

六月八日、天皇は湯浅倉平内大臣に、疑問をうち明けた。

「先日近衛がきて、いっていた。

『なるべくすみやかに戦争を終結にみちびきたい、なんとかしたい』

今日は参謀総長（閑院宮）がきて、

『漢口（中国、揚子江岸の要地）はどこまでもこれを攻撃する』

といっている。二人のあいだに、何の連絡もないのは非常に遺憾だ」

湯浅が近衛に伝えると、近衛は、

「五相会議をひらいて、なんとかだんだん事柄をかたづけてゆきたい」

と、曖昧《あいまい》にしかこたえなかった。

内大臣秘書官長の松平康昌からそれを聞いた原田熊雄は、翌六月九日、最も頼りになりそうな米内を訪ねた。ところが米内は、

「作戦部としては、事変にたいしてそれでいっていいんだと思う。総理としては、外交においてなんらかの転換を企図して、事を収めれば、いわゆる戦争はなくなるのだから、それでいいんだ。

だからこれは矛盾した話ではなくて、ゆき方のちがいなのだ。

陸海軍がどこまでも今日の態度を堅持してゆき、他方外交において、なんとか固めるということなら、ちっとも矛盾していないと思う」

と、風に吹かれる柳のように、あまり頼りにならないこたえをした。

盧溝橋事件が起こったとき、米内は強硬に戦争不拡大、出兵反対を主張した。それが、上海で日中両軍が衝突し、日本居留民に危険が迫ると、敵撃滅主義に一変した。さらに、昭和十三年一月十五日の大本営・政府連絡会議では、近衛、広田の対蔣介石強硬外交を全面的に支持した。

しかし、蔣介石が降伏し、日本が中国を支配するようになるまで戦争を継続しろ、というのでもなかった。居留民の生命・財産の安全と日中友好が、米内の念願であった。

近衛がいう五相会議は、近衛、宇垣外相、板垣陸相、米内海相、池田蔵相によるもので、六月十日に発足した。しかし、近衛の意思が明確でないため、これという結論は出なかった。

それにムチ打つように、六月十六日の五相会議では、板垣陸相が「支那事変指導」に関して、陸軍のきわめて強硬な意見を提示した。

「一、一月決定の支那事変処理根本方針を再確認する

二、日本が東亜の盟主となる

三、（省略）

四、積極作戦をもって支那抗日勢力の自壊作用と継戦意思の放棄にみちびく

五、右目的達成のために謀略を強化する

六、蔣政権が和を求めるなら一地方政権とし、新中央政権（親日政権）の傘下に統合させる

七、本事変をもって事実上、在支欧米勢力打倒の端緒とする

八、（省略）
九、（省略）
十、ソ英に対抗して防共協定の強化と対米善処を策する
十一、外交は米英との協調よりは、むしろ日独伊の防共枢軸の強化に重点をおく」
というようなもので、ひと言でいえば、武力、謀略によって、日本が中国を独占的に支配すべしというものであった。


七月四日、天皇は板垣陸相と閑院宮参謀総長をよんで質問した。

「この戦争は一時も早くやめなくてはならんと思うがどうか」

両人は口を合わせたようにこたえた。

「蔣介石が倒れるまではやります」

実は両人とも、この戦争には成算が立たないため、内心では、恰好《かっこう》がつけば早くやめたかった。それをいえないのは、東条を中心とする陸軍の大勢が、

「蔣政権の壊滅、防共枢軸の強化、在中国英米仏ソの駆逐」

という説であり、外務省の強硬派、民間の右翼、多くのマスコミが、この説をつよく主張していたからであった。


昭和十三年七月三十一日、国境線が明確でない張鼓峰をめぐり日ソ両軍が衝突した。張鼓峰は満州南東端にちかい標高百四十九メートルの山で、すぐ西に豆満江が北から南に流れ、

日本海に注いでいる。

この事件は、参謀本部作戦課長稲田正純大佐が、平たくいえば、

「ソ連は内外の情勢上、ぜったいに本格的対日戦に出ることはないと思うが、その確証を得るために、一撃を加えてみる」

ということから始められたもので、いわば欲に釣られての火遊びであった。

日本軍の小手調べ的攻撃にたいして、圧倒的に強力な砲兵、飛行機、戦車をくり出してのソ連軍の猛反撃は凄《すさ》まじく、日本軍は甚大な死傷者を出し、敗色濃厚となった。

八月二日の閣議では、

「日ソ開戦を避けるため、事件は不拡大方針をとる。

外交交渉に移し、その進行次第では、張鼓峰より撤退してもよい」

ことが決定された。

翌三日、近衛から事件処理の方法について尋ねられた米内は、こう進言した。

「……交戦状態を継続するばあいは、日ソ双方とも事件の拡大を望まなくても、勢いのおもむくところ将来のことは計り知ることができない。現在わが国は中国問題に没頭しているのに、さらにソ連と事をかまえるようなことは、とうてい忍びがたい。このさい国境問題についての論議は後日にゆずり、さしあたり双方がまず停戦して両軍をひき離すこととし、外交交渉をすすめることが得策と思う」

近衛は即座に賛成したが、米内に板垣の説得を頼んだ。板垣は岩手県盛岡尋常中学校（現

岩手県立盛岡第一高等学校）で、米内が五年生のときの一年生であった。しかし、要するに近衛は、自分が責任を取りたくなかったのである。

首相官邸にきた板垣に、米内は近衛の前でよく話し、善処を求めた。一時間余ののち、板垣はようやく頭を縦に振った。

陸軍省にもどった板垣は、関係職員をあつめて討議し、およそ二時間後、米内に電話をかけた。

「海軍大臣の意見どおり、この問題は外交交渉にうつすことに決定しましたよ」

陸軍省から連絡をうけた宇垣外相は、その夜九時ごろ、重光葵《まもる》駐ソ大使にたいして、訓電を発した。

甚大な損害を出しつづけた日本軍は、八月九日ごろには、全滅か総撤退かの瀬戸ぎわに立っていた。

折よく、翌八月十日、モスクワで停戦協定が成立した。

「日本軍は八月十日夜十時（沿海州時間）、現在の線から一キロ後退する」という条件で、十一日正午に、日ソ両軍が停戦することになったのである。

ソ連軍と戦い苦杯を喫した第十九師団長尾高亀蔵《すえたか》中将は、宇垣外相にたいして、

「お蔭《かげ》さまをもって兵団は壊滅をまぬがれた」

と、満腔《まんこう》の謝意を表した。

「禁じられた遊びをやってはならない。

精神主義・白兵主義では、優秀な装備と豊富な兵器・弾薬を持つ敵には勝てない」

これが、張鼓峰事件の教訓である。


先任副官の近藤泰一郎大佐は、ある夜、築地の料亭で、宴会終了後、米内の相手になって飲んでいると、

「おい、君は芸者にもてるコツを知っているか」

と聞かれ、返事に困った。

「それはね、こういうことだよ。彼女らは貧しい家庭に育ち、暗い過去を背負っているから、それに触れないようにしてやることだよ。同情をもって、おもちゃ扱いしないで、人格を認めれば、もてるんだよ」

米内がよくいった木挽《こびき》町（新橋演舞場ちかく）の料亭山口の女将くには、昭和四十一年、米内の秘書官であった実松譲に、米内の遊び方について、こんな話をした。

「あれだけよく飲んで、うちの玄関に上がったときとおなじような足どりで帰るのは、米内さんだけでしたね。

米内さんはうちにみえると、床を背負って、どさんと坐《すわ》りなさる。いかにも霞ヶ関（海軍省）のあるじです。でも、お金はありませんでしたよ。

むっつりだまりこんで、いつも聞き役にまわっておられる。どこかとっつきにくい感じなんです。それでいて、なんとなく温か味を感じさせる。嚙《か》めば嚙むほど味の出てくる人、そ

ういう方でした。

山本（五十六）さんは腕を振って、大股《おおまた》で、どたどた歩いてくる。帰るときもまた、どたどた歩いてゆく。

米内さんは車ですうっときて、また車ですうっとお帰りになる。

芸者衆との関係も、山本さんはあんなに騒がれましたが、米内さんのお世話をしていたのは、わたしの知っているかぎりでは、金花さん一人でした。その金花さんにしたって、米内さんから特別に何かしてもらったというんではなく、おそらく金花さんのほうで、米内さんのお世話をしていたのかもしれません。

海軍さんは、みなさん貧乏でしたから」

山口の女将が「あれだけよく飲んで」というように、米内は底なしにすいすいと酒を飲み、それで乱れることがほとんどなかった。身体が大きいのと、体質が酒に合っていたのであろう。

昭和十年秋、オホーツク海で連合艦隊の大演習があった帰り、第二艦隊司令長官の米内中将は、故郷盛岡の高与旅館の一室にくつろいだ。そこへ、昔ガキ大将であった米内の遊び仲間が何人か、「おらが光っつぁん」を訪ねてきた。

無礼講で盃をかわし合い、一同がいい気分になったころ、米内がたずねた。

「みんな、酒はどのくらいいけるかね」

それぞれ、「二合」「三合」「五合」などというと、米内はとつとつと語った。

「おれはともすると、二升、三升、あるいはそれ以上飲むことがある。しかし、家に帰っておふくろの蒲団《ふとん》を敷くまでは、乱れないでいる。ところがね、敷き終わって、自分の部屋に入ったら最後、酔っぱらって前後不覚になってしまうんだ。それまではいくら飲んでも、気持はシャンとしているんだがね」

一同は、ケタはずれの酒量とおふくろ孝行に、まさか冗談だろうと米内の顔を見直した。しかし冗談ではないようであった。

海軍大臣には、年末に海軍からはボーナスが、内閣からは手当が支給される。ところが米内は、

「国家から二重に手当をうける理由はない。海軍の分は頂戴《ちょうだい》しておくが、内閣の分は適当に処分してくれ」

といって、秘書官にわたした。

宮内省から「お歳暮」に鴨《かも》がとどくと、秘書官らに分けあたえた。

司令長官とか大臣といっても、こんなふうで、貧乏ということはないが、金はなかったのである（以上、阿川弘之著『米内光政』、実松譲著『新版米内光政』、『米内光政追想録』）。

張鼓峰事件が解決してまもない昭和十三年八月二十六日の五相会議は、八月五日に笠原幸雄陸軍少将がベルリンから持ち帰った日独伊防共協定強化に関するドイツ案にたいして、条件つきで同意することを決定した。

ドイツ案のうち、とくに第三条の、

「締約国の一国が、締約国以外の第三国より攻撃をうけた場合は、他の締約国はこれにたいし武力援助をおこなう義務あるものとす」

にたいして、ドイツを信用しない米内、山本、井上ら海軍首脳がつよく反対し、

「締約国の一国が、締約国以外の第三国より挑発によらざる攻撃をうけた場合は、他の締約国はこれにたいし武力援助につきただちに協議に入る義務あるものとす」

と、修正させたのである。

しかしドイツと日本陸軍は、これで断念せず、ソ連ばかりか、英仏をも対象とする日独伊三国軍事同盟の締結を、執拗《しつよう》に画策しつづけてゆく。

「八月二十一日、陸軍大臣の希望により、星ヶ岡茶寮に会合、日独伊防共協定の強化問題につき意見を交換する。同日午後六時より十一時半まで会談をつづけたが、ついに意見が一致しなかった」

という米内の手記がある。星ヶ岡茶寮は現在赤坂の某ホテルになっているが、この当時は料理研究家の北大路《きたおおじ》魯《ろ》山人《さんじん》が経営する高級料理店であった。

「八月二十一日」は、米内の手記には「昭和十四年」と明記されている。しかし、昭和十三年十月から昭和十四年八月まで外相であった有田八郎は、あれは米内さんが年次を思いちがいしたのだ、内容から見て、昭和十三年のことだ、といっている。

どちらが正しいか確証はないが、昭和十三年八月のほうが前後の出来事にしっくり合うよ

うなので、ここで取りあげたい。

日独伊防共協定強化にたいする米内つまり海軍と、板垣つまり陸軍の考えが、この会談で明らかになっている。

要点を平易に書く。

米内の質問に、板垣はこたえた。

「ソ連にたいしてはドイツ、英国にたいしてはイタリア、だいたい右のような希望をもって協定を強化したい。今日、中国問題について期待している目的が達成できないのは、北にソ連、南に英国の策動があるためである。すなわち、英国とソ連を目的とする」

「陸軍は日独伊防共協定を攻守同盟にまで進展させようと企図しているようだが、果たしてそうか」

「だいたいそうした希望を持っている」

「ソ連と英国をいっしょにし、これを相手とする日独伊の攻守同盟のようなものは絶対に不可である。英国は現在、日本と衝突するようなことはない。日本が中国にたいして望むのは〝和平〟で、排他独善の意思は持っていない。英国がわが真意を諒解《りょうかい》すれば、両国の関係は徐々に好転するであろう。

中国に権益を持っていない他国と結び、最大の権益を持っている英国を中国から駆逐しようとするようなことは、ひとつの観念論にほかならない。また日本の現状からみても、できることでもなければ、なすべきことでもない。独伊と結んだからといって、中国問題の解決になんの貢献することがあろうか。よろしく英国を利用して、中国問題の解決をはかるべきである。

米国が、現在のところ中国問題に介入しない態度をとっているのは、中国における列国の機会均等・門戸開放を前提としてのことである。もし某々国がこの原則を破るようなことを敢《あ》えてしたならば、米国は黙視しないであろう。このばあい米国は、英国と結ぶ公算が大きい。

中国問題について、英米を束にして向うにまわすことになり（日独伊の攻守同盟を結んだばあい）、なんら成功の算を見出しえないだけでなく、この上もなく危険である。かりに英米は武力をもってわれに臨まないとしても、その経済圧迫を考えるとき、まことに憂慮に堪えない。

……つぎに独伊はどうした理由によって、日本に好意を寄せようとしているのか。好意というよりは、むしろ日本を乗じやすい国として自分の味方にひき入れようとするのか、もっと冷静に考察しなければならない。

ドイツはハンガリー、チェコを合併して大戦（第一次世界大戦）前における独墺（オーストリア）合併の大国になろうとし、あわよくばポーランドをも併合し、さらに進んでウクライナをその植民地とし、こうして、いわゆる欧州における新秩序を建設する（ドイツが欧州大半の支配者となる）ための前提となし、また、中国においては相当な割前を得ようとするだろう。

イタリアは将来スペインに幅をきかし、これを本国と連結させるため（リビアのことも考えられ、またマルタ島の攻略も夢見るであろう）地中海において優位を獲得し、中国においては、これまた相当の割前を得ようとするだろう。

わが国としては、すでに事実上満州を領有した。満州の基礎を強化して、その発展を達成させることは、日本としてさしあたりの急務であり、そのために必要とする経費は日中貿易に求めるべきである。日本の対中国政策は、このアイデアを基礎として考えるべきであり、ただ隴《ろう》を得て蜀《しょく》を望む（貪《むさぼ》って満足することを知らない）ような野心を捨てるならば、対中国政策は平和裡《り》にすすめられるだろう。このためには、列国との協調こそが必要で、このさい特殊国と特殊の協約を締結する必要があろうか。

日独伊の協定を強化し、これと攻守同盟を締結しようとするようなことは、それぞれの国がその野心をたくましくしようとする（他国を侵略する）ことにほかならない。独伊と結んで、どれほどの利益があろうか。結んだばあいの利害を比較すれば、馬鹿をみるのは日本ばかりという結果になるだろう。

自分は、現在以上に協定を強化することには不賛成だが、陸軍が播《ま》いた種をなんとかして処理しなければならないという経緯があるなら、これまでどおり、ソ連を相手にすることにとどめるべきである。もし英国までも相手にする考えであるならば、自分は職を賭《と》してもこれを阻止するであろう。

陸軍大臣は、独伊について、どのような特殊性を認め、これをどのようにわが国に利用しようというのか。それをうかがいたい」

　板垣は、中国問題について期待している目的が達成できないのは、ソ連と英国が策動しているからで、日独伊の攻守同盟が締結されれば、ソ連、英国とも策動ができなくなり、目的が達成されるようになる、とくり返した。陸軍の目的は、六月十六日の五相会議において板垣が説明したとおり、

「日本が東亜の盟主になる。

　蔣政権が和を求めるなら一地方政権とし、新中央政権（親日政権）の傘下に統合させる。

　本事変をもって事実上、在支欧米勢力打倒の端緒とする」

ということで、目的というより、米内がいう「隴を得て蜀を望む」ものであった。それはまた、ドイツ、イタリアの侵略主義に同調しようとするものでもあった。

　けっきょく、五時間余にわたる会談も、根本的な食いちがいから、押問答に終わった。

　八月二十六日の五相会議の決定は、この会談を参考にして、焦点をぼかしてまとめられたと見ると、つじつまが合うようである。

　九月二十八日、宇垣一成外相が近衛首相に辞表を提出した。蔣政権との和平工作をすすめたところ、近衛は知らぬ顔をして協力せず、孤立してゆきづまったのである。

　右翼の一部がその工作に反対し、それを取り締まるべき内務大臣の末次信正が、

「国策に反する和平工作などをおこなう者は、閣僚といえどもその生命の保証をすることは

できない」

と脅かしたため、近衛が責任を回避したのであった。

宇垣が辞めたあと、外相を兼任した近衛は、まもなく東郷茂徳駐独大使を駐ソ大使に転勤させることにして、駐独陸軍武官大島浩《おおしまひろし》中将を、十月八日、駐独大使に任命した。陸軍が大島の大使就任を強要したのに、近衛が屈したのである。陸軍はここから日独伊三国同盟締結に拍車をかけることになった。

日本陸軍部隊は、十月二十一日、中国南部の要衝広東《カントン》を攻略し、五日後の二十六日には、中国中部の要衝漢口《ハンカオ》も攻略した。

ところが、重慶の蔣介石は、なお戦意を失わず、十月二十五日、ラジオを通じて中国民衆によびかけた。

「敵は武漢（武昌、漢口地域）でわが主力を撃滅して短期決戦に勝つ、という重要目的に失敗した（中国軍は損害軽少で後退した）。

今後われわれは全面的抵抗を展開するであろう。わが軍の移動は、退却であろうと、前進であろうと、制限されない自由なものとなるであろう。主導権はわれわれとともにあるだろう。

これに反し、敵は何一つ得るところがない。敵は泥沼深く沈んで、ますます増大する困難に遭遇し、ついには破滅するであろう」

漢口、広東を占領すれば、蔣介石も音をあげるだろうという日本陸海軍の期待ははずれ、武力による戦争終結のみこみも薄くなった。

日独伊三国同盟問題で陸軍を抑えられずに気を腐らせていた上に、支那事変解決に自信を失った近衛は、昭和十四年一月四日、内閣総辞職をした。

「敵は海軍なり」

近衛の後任の首相には、枢密院議長で国家主義者の平沼騏一郎が指名された。この当時平沼は、反元老・重臣の立場から、元老・重臣と軍部の間を調整する立場に変わっていた。

近衛は平沼に代わって枢密院議長となり、無任所大臣を兼務した。

有田八郎は、平沼に、

「英仏を相手にしてまで日独伊防共協定を強化することには反対する。万一そういうことを陸軍に強いられたら、いっしょに辞める……」

と確約させてから、外相に就任した。

陸相には板垣征四郎中将、海相には米内光政大将が留任し、末次のあとの内相には木戸幸一、蔵相には石渡荘太郎が就任した。

ひきつづき山本五十六中将が海軍次官、井上成美少将が軍務局長である。

平沼内閣が発足した翌日の昭和十四年一月六日、ドイツが日伊に、日独伊三国同盟条約案

を正式に提示してきた。英仏ソを対象として、

「三国同盟という武器を持てば、戦争をせずに、何でも欲しいものを手に入れることができるであろう」

という欲望に満ちたものであった。

陸軍は、支那事変完遂と対ソ国防の充実がそれによって達成されるとして、全面的に賛成した。独伊が英仏ソに勝つと予想したのである。

米内と有田と石渡は、ドイツ案の日独伊三国同盟を締結すれば、対英米戦になる恐れがある、と絶対反対を表明した。

一月十九日の五相会議で、つぎのような妥協案が決定された。

「日独伊三国協定方針

一、ソ連を主の対象にするが、状況により、英仏を対象にすることもある。

二、武力援助は、ソ連を対象にするばあいはもちろんおこなう。英仏を対象とするばあいには、これをおこなうか否か、またそのていどは、一にそのときの状況による。

三、外部にたいしては、防共協定の延長なりと説明する。

（ただし二、三は秘密諒解事項）」

日本陸海軍は、昭和十四年二月十日から十四日にかけて、南シナ海の海南島に上陸し、これを占領した。この占領は、海軍の軍令部が陸軍を誘い、主導したものである。

軍令部首脳は総長が伏見宮元帥、次長が古賀峯一中将、第一部長が宇垣纒《まとめ》少将だが、軍令部第一（作戦）課長の草鹿龍之介大佐が、

「海南島は、将来日本が南方に伸びる足元として、飛行場獲得の上からも、広東攻略にひきつづき、返す刀で一気にこれを攻略すべきだ」

という判断から、中心になってすすめたのである（『元海軍中将草鹿龍之介談話収録　其ノ二』）。

草鹿は前年十月ごろ、当時の軍令部第一部長近藤信竹中将に進言したが、

「広東作戦直後に疾風迅雷的にやるのもよいが、ひと息入れてからのほうがよくないか」

といわれ、それに従った。

陸軍省にもちかけて反対されたため、参謀本部作戦課にもちこみ、ついに同意させた。これで陸軍省も、つぎの条件をつけることで同意した。

「海南島は当面する作戦にたいし、海軍航空部隊がこれに協力するための航空基地をつくる。攻略後同島にたいする政治経済的工作は一切おこなわない」

米内、山本らは、海南島攻略作戦をやれば、英米仏蘭（オランダ）などから、日本は仏印（仏領インドシナ、現ベトナム）、蘭印（蘭領東インド、現インドネシア）、マレー、シンガポールなどへの野心を持つと見られ、対英米仏蘭戦につながる恐れがあると、つよく反対した。しかし、伏見宮が賛成したため、制止しきれなかった。

昭和十四年一月十三日朝、草鹿は軍令部の参謀一人を東京駅に派遣し、プラットホームで、

伊勢神宮参拝から帰った平沼首相に、海南島攻略作戦計画を伝えさせた。平沼は何もいわずに承諾した。

この日午後一時から、宮中で、海南島攻略作戦の御前会議がひらかれた。出席者は、海軍側が伏見宮総長、古賀次長、宇垣第一部長（前年十二月から）、陸軍側が閑院宮総長、次長中島鉄蔵中将（前年十二月から）、第一部長橋本群少将（前年一月から）で、オブザーバーが米内海相、板垣陸相であった。政治家は首相も列席を許されていなかった。

会議は問題なく終わり、作戦は予定どおりすすめられることになった。

海南島を攻略したのち、海軍航空部隊は、北岸の海口を基地として、援蔣物資の搬入ルートである雲南鉄道を爆撃しはじめた。

しかし、軍令部の真の目的は、草鹿が、

「海南島は、将来日本が南方に伸びる足元で、そのために海軍は同島南岸の三亜に、一大根拠地をつくりたい」

というとおりのものであった。

昭和十五年九月に強行される陸軍の北部仏印進駐、ついで昭和十六年七月におこなわれる陸海軍協同の南部仏印進駐、さらに昭和十六年十二月の陸海軍協同マレー、タイ上陸作戦は、この海南島を発進基地とすることになるのである。

米国のハル国務長官は、手記で、

「日本軍は一九三九年二月十日に海南島を占領した。米英仏は釈明を求める通牒《つうちょう》を東京に送った。有田外相は、日本は同島を併合する意図を持つものではなく、対中国封鎖を強化するためにこれを使用したいのだと言明した。われわれは強い懐疑をもってこれをうけとった」

と述べている。

英、仏、米などの抗議にたいする日本外務省の声明は、

「海南島の占領は、南支封鎖を厳重ならしめ、蔣政権の壊滅をすみやかならしめんとする軍事上の目的に出たもので、性質においても期間においても、軍事的必要以上に出るものではなく、また領土的目的はない」

というものであった。

「日独伊三国協定方針案」の訓令をうけた大島浩駐独大使と白鳥敏夫駐伊大使は、二、三項の秘密諒解事項は独伊が受諾しないと判断し、政府に再考をうながす電報を打ち返した。両人は、日本陸軍がドイツ案を受諾したがっていることを知っていて、政府にゆさぶりをかけたのである。

三月十三日朝の五相会議で、有田外相は、訓令は改変の余地がなく、独伊にたいして、両大使にそのままを回答させることを提議した。しかし、だれも黙っていた。

その夜の五相会議になって、米内がつよい口調で発言した。

「政府が大所高所から最後の決定をおこない、特使まで派遣して説明したのに、両大使が自己の意見を固執して交渉に入らないのは不都合で、軍隊ではとうてい許されないことである。

……政府の命に従わぬ大使は辞めさすのが至当だが、しかしそれはきわめて機微な問題である。代わりの大使が、ふたたび外相案に反対してくれれば、それで交渉はおしまいとなる」

他の者はやはり黙っていた。

けっきょく平沼は、米内の意見を採り、外務、陸軍、海軍の三省がそれぞれ第二次の妥協案を持ち寄り、さらに協議しようといい、会議を打ち切った。

三月二十二日、五相会議で、秘密諒解事項についての妥協案をまとめ、一月十九日の政府案にそれを加え、大島、白鳥に独伊と交渉させることを、全員一致で決議した。

この日平沼が、その経緯を天皇に報告すると、天皇は反問した。

「大島、白鳥両大使が政府の訓令に従わないときはどうするか」

「訓令に従わないばあいは、両大使を召還して、代わりの者を交渉に当たらせることにいたします」

「これ以上、協定の内容を変えないか」

「わが方針を改めないかぎり独伊側との妥結のみこみがないばあいには、交渉を打ち切ります」

天皇はさらに、それを文書にして提出するように命じた。

平沼は答申を文書にして、有田、板垣、米内、石渡にも署名させ、三月二十八日、天皇に提出した。天皇が関係大臣の署名した念書を求めることはほとんど前例がなく、それだけ憂慮が深いことを示していた。

ところが、大島・白鳥は五相会議が決定した秘密諒解事項の妥協案もにぎりつぶし、条約本文案だけを独伊に提示した。

白鳥は四月二日、チアノ外相に、

「独伊が英仏と戦争するばあい、日本はこの条約にもとづき、独伊側に立って戦争に参加することはもちろんである」

と言明した。

大島は翌四月三日、リッベントロップ外相に、こう言明した。

「兵力援助の範囲方法は、ばあいにより異なるも、参戦の義務に関しては、貴見のとおり（原則的に参戦の義務を負う）である」

四月四日、独伊は、両日本大使の回答を喜び、日本の条約本文案に賛成した。

報告をうけた五相会議の各閣僚は、あまりの下剋上に唖然とし、憤激したが、シリ拭《ぬぐ》いはしなければならなかった。

再度の政府訓令にたいして、大島から四月十二日、

「三月二十二日の五相会議決定の妥協案はドイツが承諾せず、協定の成立を断念するか、留保条件（英仏を対象とするばあいには、武力援助をおこなうか否か、またそのていどは一にそのときの状況によるという）を撤回するか、裁断されたい」

と報告があり、翌四月十三日、白鳥からも同様の報告があった。

有田は四月十四日の五相会議で、独伊が日本案に応じないばあいは、この交渉は打ち切る

のもやむをえないと提言した。しかし板垣が反対し、なんらかの妥協案を得るべきだと、強硬に主張した。

四月十九日、数日まえから有田外相、近衛無任所相、板垣陸相らと意見を交換していた木戸内相は、平沼首相に会い、

「三国協定が不成立となったばあい、国内情勢は危険に陥り（テロやクーデターの恐れが大となる）、支那事変処理に決定的な不利を招くので、さらに一段の努力を望みたい」

と力説し、平沼はそれに同意した。

木戸は日記（『木戸幸一日記』）で、つぎのように述べている。

「万一本件の処置を誤らんか（三国協定が不成立になると）、……往年のロンドン条約以上の禍根を残し、……重臣層は徹底的に排除せらるるの余儀なきに至るべく（浜口雄幸暗殺、五・一五事件、二・二六事件のようなことが起こり）、もしかくのごとき事情となりたるばあい、陛下の側近は如何なるべきか、想像するだに恐懼《きょうく》に堪えず。……」

テロやクーデターが脅威だから、三国協定を成立させるべきだというのである。協定を成立させて対米英戦になったばあい、日本がどうなるかについては何も考えていないようであった。

近衛、木戸、平沼は、この点がきわめてよく似ている。

以前駐米大使であった斎藤博の遺骨が、四月十七日、米重巡洋艦アストリアによって日本

にとどけられ、四月十八日、築地の本願寺で葬儀がおこなわれた。

四月十九日、米内海相はアストリアの乗員らと、ジョセフ・C・グルー大使以下の駐日米大使館職員らを、芝の水交社（海軍士官集会所）に招待して、晩餐会《ばんさん》をひらいた。

米内のとなりに座ったグルー大使が、やわらかく尋ねた。

「日本海軍はアメリカと戦争するつもりですか」

「私たちはアメリカと戦《いくさ》をすることなど考えておりません」

「アイ・アム・ハッピー」

グルーはのちに『滞日十年』という本を出すが、そこでこのことを、要旨、つぎのように述べている。

「米内海相は通訳を介して、グルーに語った。

『日本の政策は決定された。日本国内のファシズムを望み、独伊と結ぼうとする分子は抑えられた。これ以上心配する必要はない。日本は民主主義国家とも全体主義国家とも協力しなくてはならないが、日本自体のイデオロギーはその両方ともちがっているので、どちらからも離れていなくてはならない』

そして海軍軍備制限について、再三にわたり、

『軍備制限が現在実行不可能になっているのは遺憾だが、海軍は〝危険な玩具〟で、海軍軍備の累進的な拡大は、国家の破産か一般の破裂を惹起《じやつき》するばかりだから、いつか軍備の協定ができなければならない。軍縮がなくてはならない』

と強調した」

五月五日と七日の五相会議は、

「締約国の一が、本条約に参加していない一国あるいは数国により、挑発されない攻撃の対象となったばあいには、他の締約国は援助および助力を与えることを約す」

というドイツ側の「ガウス案」を討議し、板垣は承認すべきだと述べ、有田と米内は反対して、結論は出なかった。

有田は、平沼内閣の外相に就任するまえ、平沼から、

「英仏を相手にしてまで日独伊防共協定を強化することには反対する。……」

と確約を得ていたが、平沼の態度がそれに反するようになったため、五月七日、辞意を表明した。

ところが二日後の五月九日、閑院宮参謀総長が参内して、日独伊三国協定においての自動参戦も承認すべきであると天皇に進言したところ、言下に峻拒《しゅんきょ》されるという事態が起こった。知らされた平沼は、ここで有田を辞めさせれば、天皇の自分にたいする信任が失われると考え、有田を慰留することにした。

五月十六日、米内は平沼に会い、ガウス案の修正と、大島、白鳥両大使の召還をつよく要求した。木戸からテロやクーデターの恐れがあると聞かされていた平沼は、米内の要求を二つともしりぞけた。

米内は最後に迫った。

「総理は陸海一致一致といわれるが、根本精神は一致しており、五相会議の最終案もあり、これさえも不一致とはいえますまい。

いったい総理は、一致ということをどう考えておられるのか。陸軍のいうことを聞けということなのか、陸軍は海軍のいうことを聞けということなのか、それとも何か中間のものがあると思われるのか」

「もういちど考えてみましょう」

平沼はそういって逃げた。

西園寺元老秘書の原田熊雄が、五月二十三日、米内に電話すると、

「参戦とか交戦状態に入る、といったことすらはなはだけしからんし、陛下はたびたび参謀本部にも陸軍大臣にも総理にも、参戦ということについては『許さん』といっておられるにかかわらず、それと反対の行動をとる大使たちや、陸軍を擁護する総理の態度は実に怪《け》しからん」

と、米内は忿懣《ふんまん》やるかたない様子であった。

張鼓峰事件とおなじように、国境線の不明確な満州北西部のノモンハンふきんで、日本・満州軍がソ連・外蒙古《がいもうこ》軍と戦うようになったノモンハン事件が、昭和十四年五月十三日に起こった。

国境線が不明確ならば、まず外交交渉をおこなうべきだろうが、関東軍は武力によって目的を達成しようと攻撃を開始した。

陸軍省軍事課長の岩畔豪雄《いわくろひでお》大佐らは、

「事態が拡大したさい、収拾の確固たる成算も実力もないのに、たいして意味のない紛争（外蒙古のほうに理があるようだし、遊牧ぐらいしかできない草原と砂漠では、取ってもそれほど価値はない）に大兵力を投じ、貴重な犠牲を生ぜしめるような用兵には賛成しがたい」

と反対したが、関東軍作戦参謀辻政信少佐を急先鋒とする関東軍が、張鼓峰で負けたソ連軍に勝ち、ソ連軍より強い日本軍という実績を示そうと、武力行使におよんだようである。

戦闘は次第に拡大し、しかも日満軍は戦うたびに敗北し、四ヵ月後の九月十五日、ようやく日ソ間に停戦協定が成立した。

しかし、日満側の戦死傷病者数が、日本軍発表で一万九千七百六十八人（うち戦死七千七百二十人）、ソ連の『大祖国戦史』によると五万二千人ないし五万五千人（うち戦死二万五千人）という惨憺《さんたん》たる結果になった。

ソ蒙軍の兵力は日満軍の三倍以上あった。砲火器、戦車、弾薬も質量ともに格段上まわり、さらに縦深陣地、総合戦術もすぐれていた。ところが日満軍はそれを見ぬけず、精神主義、白兵主義で戦い、完膚なきまでに惨敗したのである。

「兵は国の大事なり。死生の地、存亡の道、察せざるべからず」

というが、関東軍作戦班長の服部卓四郎中佐や辻政信少佐にとっての「兵」は、かれらの功名心による賭《かけ》勝負だったようである。

中、少佐参謀にひきまわされた関東軍、参謀本部、陸軍省の首脳部は、不明の誹《そし》りをまぬがれない。

「一個師団ぐらい、そういちいちやかましくいわないで、現地にまかせたらいいではないか」

と、板垣陸相は関東軍の武力行使を承認したが、この結果では、大器とはいえないであろう。

日本の態度がいつまでも曖昧ということから、ドイツは五月二十二日、イタリアと二国軍事同盟を結び、ひそかに独ソ不可侵条約の締結の工作をすすめた。近隣諸国を征服し、英仏との戦いに勝ちたいためである。

日本陸軍は三国同盟締結にあせり、右翼関係は外務省と海軍省への示威運動をいよいよ激しくくり返した。

山本五十六海軍次官は恐れを知らない男といわれていたが、このころ暗殺を覚悟して、「述志」と題する、悲壮感に満ちた遺書を書いた。

「一死君恩に報ずるは素《もと》より武人の本懐のみ、豈《あに》戦場と銃後とを問はむや。

勇戦奮闘戦場の華と散らんは易《やす》し、誰か至誠一貫、俗論を排して斃《たお》れて已《や》むの難きを知らむ。

（中略）

此《この》身滅すべし、此志奪ふべからず。

昭和十四年五月三十一日

於海軍次官舎

山本五十六」

「金魚大臣」「ヨーナイグズマサ」「昼行灯《ひるあんどん》」などといわれている米内のほうは、それほど感じないのか、遺書を書くようなこともなく、だれもいないところで口笛を吹いて歩いたりしていた。

六月三日の五相会議と五日の閣議で、大島、白鳥両大使あての訓令について、ようやくつぎのようなことが決定された。

「一、ソ連またはソ連をふくむ第三国と独伊との戦争のばあい、日本は独伊側に立ち、かつ武力援助をする。

二、ソ連をふくまない第三国のばあい

イ、意思において独伊側にくみし、英仏側に加わらず。

ロ、その意思表示も、一般情勢上、日本が無言のうちにソ連を牽制《けんせい》することが有利なら、意思表示もおこなわないことにする。これは独伊側と協議して決定する。

ハ、行為としては、日本は現在および近い将来、有効な武力援助はできない。しかし、武力以外の援助はあたえる」

しかし、六月十六日、大島大使から、

「ドイツは六月五日に決定された日本案を承諾せず、ドイツ側の『ガウス案』を全面的にいれるか、交渉を打ち切るか、いずれのほかない」

という報告がとどいた。

白鳥大使からの報告は、

「イタリアは、ソ、米が中立のばあい、日本が自動的に戦争に参加する義務を負うことを欲しない意味と解釈し、了承する。留保問題については、リッベントロップ独外相に一任するといっている」

というものであった。

米内は交渉を打ち切りにしたい気持を抑え、板垣を説得するために、つぎのような覚書をつくり、板垣と懇談した。

「無条件で交戦関係に入ることを義務づけられないという既定方針は、変更しない。

細目協定の基礎とすべき事項は、陸海軍間で一致した六月五日の外務訓電（閣議決定した）の方針によって、ドイツ側に納得させる。

外交交渉の技術は外務大臣に一任する」

だが、無条件でも三国協定を締結したい陸軍の大勢に縛られている板垣は、態度を明確にしなかった。

米内は、三国協定を成立させる最後の望みをこの案にかけ、外務省側の交渉とは別に、海

軍省から駐独海軍武官に、

「もしこの案さえも不成立に終われば、交渉は打ち切るほかないであろう」

と、まえがきをつけた訓電を送り、大島に協力させた。それでも、リッペントロップを承服させることはできなかった。

米内、山本を一人一殺主義で暗殺するという風説が流れ、海軍省軍務局第一課長の岡敬純大佐は、七月四日、警戒を強化するよう、省内に指示した。

七月六日、木戸内相の内務省は、各新聞社の担当者をあつめ、反英記事を掲げるように要求した（『岡敬純中将覚』）。

天津英租界の蔣介石政権援助を阻止するために、日本軍が英租界を封鎖したのは、六月十四日であった。そこから日本での反英運動が高まったが、七月十五日にはじまる日英東京会談に圧力をかけるために、陸軍の要求をうけいれた内務省が、各新聞社に働きかけたのである。

七月十四日、東京で反英市民大会がひらかれ、六万五千人のデモ行進がおこなわれた。講師らは、

「日本の敵は支那にあらず英国である。老獪《ろうかい》大英国に乗ぜられぬよう、われわれは当局を激励するとともに、日英会談を見守らねばならぬ」

などと講演し、煽動《せんどう》した。

各新聞もセンセーショナルに反英市民大会の情況を報じた。

明くる七月十五日、要人暗殺計画が発覚し、本間憲一郎らが逮捕された。かれらが狙《ねら》ったのは、山本五十六海軍次官のほか、親英派と見られた湯浅倉平内大臣、松平恒雄宮内大臣、結城豊太郎元蔵相、池田成彬前蔵相らであった。

山本は七月十七日、海軍省の上層部にたいして、

「反英世論は陸軍と内務省が合議のうえ、指揮命令系統によって指導されていることは確実だ」

と語った（『岡敬純中将覚』）。

このころ、米内や山本に、面会あるいは辞職を強要するために、海軍省に押しかけてくる者が多くなったが、いうことは、

「神眼を開いて悟り霊耳をそばだてて聴け。昭々耿々《しょうしょうこうこう》天に声あり『英国討たざるべからず』」

など、神がかりなことがほとんどであった。

「聖戦貫徹同盟」という団体は、「天に代って、奸賊《かんぞく》山本を誅《ちゅう》す」と題する辞職強要の斬奸《ざんかん》状を実松譲副官らに突きつけ、

「弱虫、海軍の腰抜け、税金泥棒、お前は日本精神知っとるか。貴様の日本精神はどこにあるのか」

と、罵倒《ばとう》のかぎりを尽くした。

米内は七月二十二日の閣議で、

「さいきん世間では……海軍が弱いとか、けしからんというようなことをいい、私と次官に辞職を強要する書類まで突きつける者がいる。これは蔭でこうしたことをさせている者があるので、その事実を自分らは知っている。どうかここに列席される各位においても、充分ご反省を願いたい」

と、ある者にクギを刺すようにいった。

日英東京会談の結果、七月二十四日、英国政府は、中国における日本軍を害し、またその敵を利する一切の行為と原因を排除する必要があることを認めると、声明した。英国が日本に屈したわけだが、欧州で独伊の侵略がいよいよ迫ってきたため、中国での争いを避けたのであった。

ところが米国は、日本の強硬政策に制裁を加えるように、七月二十六日、「日米通商航海条約」の破棄を通告してきた。国務省の国際経済顧問のハーバート・ファイスは、著書『真珠湾への道』でつぎのように述べている。

「米国の対日貿易は日本の計画に適合するように完全に統制されつつあり、また米国の在中国事業は、日本軍の到達したところではどこでも追いたてられつつあった。日本はすでに、日米通商条約その他の条約の定める経済上の保護規定にたいする合法的ならびに公正な権利を喪失していたのである」

ハル国務長官はこう手記した。

「この条約破棄通告はたちまち日本の実業家を心配させるできごとであった。日本の外務省は条約の期限が切れたとき（六ヵ月後の昭和十五年一月二十六日）、米国がどうするつもりかを知るためにやっきの努力をした。余はそれを明らかにしないように注意した。われわれの最善策は、中国におけるわが権益にたいするかれらの目にあまる無視が、かれらの立場にどうひびくか気づくよう、あまりはっきりしたことを知らせないでおこうと思っていたのである。

……米国の権益は、主要な、永久的な、第一の問題であった」

石渡蔵相は八月五日に参内し、天皇につぎのような報告をした。

「全面禁輸となったばあい、とくに鉄屑、石油の輸入に大打撃をうけ、六ヵ月以内に買い入れるとしても、その後はただちに困難に遭遇し、陸海軍の兵力を三分の一ぐらいに減じなければ、立ちゆかなくなります」

井上成美軍務局長は、陸軍が日独伊三国同盟を結び、中国を独占的に支配しようとしていることに、

「日本経済はそのほとんどすべてを米英圏に依存して成り立っている。とくに海軍にとって最も重要な鉄と油はアメリカから購入している。ドイツと手を結ぶことは、イギリスを敵に回すことになり、ひいては同根の国アメリカも敵側にしてしまう。これは鉄と石油を断たれることを意味する。とすれば、戦《いくさ》などできるわけがない。では、ドイツ、イタリアが米英圏にかわって日本経済を支えることができるかといえば、これはまったく期待できない。

軍事的にみても、極東の日本が、地理的に遠く離れたヨーロッパの独伊と組んで、おたが

いどれほど助け合えるだろうか。ドイツ海軍には、太平洋に割《さ》き得る余力はほとんどなく、わずかな隻数のUボートぐらいのものであろう。貧弱なイタリア海軍に至っては論外である。劣弱な独伊の海軍は、英海軍にとうてい勝てず、英国を屈服させられるわけがなく、日本の役に立つはずがない。

支那事変は日英支間の平和的交渉によらなければ解決できるものではない」

と、強硬に反対していた。

次官待遇で、国際法の権威である海軍書記官の榎本重治は、三国同盟について、米内から、こう聞かされていた。

「井上がいちばんなんだよ。どんなことがあっても井上は承知しないよ」

山本五十六も、

「三国同盟反対の急先鋒はおれということになっているが、ほんとうは井上だよ」

といっていた。

日米通商航海条約の破棄を通告された日本は、英米と協調して中国問題の解決をはかるか、陸軍の主張どおり独伊と結び、武力によって中国を独占的に支配する道をすすむか、いずれかをえらばなければならなくなった。

ところが、原田熊雄は、八月四日、木戸内相からつぎのようなことを聞かされた。

「……先日、実は内務省警保局の連中と陸軍省軍事課長の岩畔豪雄大佐らが集まって、いろいろ話し合ったとき、岩畔が、

『反英運動はあのとおり非常に成功して、日英会議もうまくいきそうになった。そこでこんどは、日独伊軍事同盟に向かって邁進《まいしん》する。そのときはデモをやるつもりだから、ぜひひとつ警保局は取り締まらないでくれ。つごうよくできるようかばってくれ』

といった。警保局の橋本保安課長は非常に怒り、

『いやしくも自分は政府の役人である。国策として、もう日独伊軍事同盟はやらないことに決まった以上、それに反抗してやろうという示威運動のごときは、敢然として取り締まらなければならない責任を自分らは持っている。そういうことをひきうけるわけにはいかない』

と反論した。すると陸軍の連中は、

『おまえは海軍の犬か』

と罵《ののし》った。

自分（木戸）は橋本からそう聞いた」（『西園寺公と政局』）

このころ海軍省の実松副官らも、

「敵は海軍なり」

と陸軍がいっていることを耳にしていた。

天皇の感謝

蔣介石総裁の国民党で副総裁の汪兆銘《おうちょうめい》は、かねてから、

「日中両国が闘えば、両者ともに傷つき、両国が和平すれば共存することは明々白々である」

と語っていて、蔣介石とは思想を異にしていた。

そこに目をつけた日本陸軍は、陸軍省軍務課長影佐禎昭大佐に、汪兆銘抱きこみ工作を命じた。

汪兆銘は応じ、昭和十三年十二月十八日、重慶を脱出して北部仏印（現ベトナム北部）のハノイに飛んだ。

近衛首相は四日後の十二月二十二日、

「中国における同憂具眼の士と相たずさえ、東亜新秩序の建設に邁進する」

趣旨の第二次近衛声明を発表した。汪は十二月二十九日、ハノイから重慶の蔣介石に、副

総裁の名で、今回の近衛声明には日本の反省と覚醒《かくせい》が見える、和平交渉に応ずべきであると打電した。

だが、汪があとにつづく者ありと信じた国民党和平派の大物たちは、だれ一人うごかず、日本と提携する汪の新政権樹立は、すでに期待薄になった。汪には、蔣介石に対抗できるほどの力も人望もなく、かれらは日本を信じなかったのである。

昭和十四年四月十七日、汪はハノイを脱出し、参謀本部付になっていた影佐大佐らとともに、五月八日、上海に着き、さらに日本の援助をうけるため、部下数人を従えて、五月三十一日、東京に着いた。

汪を迎えての六月六日の五相会議は、陸軍戦争指導担当者が起案した「新中央政府樹立方針案」を承認、決定した。要点はこうであった。

「中国の政治形態は歴史と現実に即した分治合作主義による。ただし北支・蒙疆《もうきよう》は国防と経済上の、揚子江下流地域は経済上の、日中結合地帯とする。南支沿岸特定島嶼《とうしよ》には特殊地位を設定する。そのほかは中国側にまかせ、干渉をしない。

国民党と三民主義（民族、民権、民生）は、容共抗日を捨て、親日満防共を方針とするよう改めるかぎり存在を認める。重慶政府が人的溝成を改め、これらの原則を認めたばあいには、屈服したものとし、新中央政府の一分子とする」

ついで興亜院、外務、大蔵、陸軍、海軍の各担当者は、協議のうえ、新中央政府にたいするつぎのような要求をまとめた。

「日満支の一般提携、とくに善隣友好、共同防衛、経済提携の原則を定め、それによって三国間の国交を調整する。

自然科学技術だけでなく、財政、経済などに関しても、日本の専門家を中央政府の顧問とする。

中央政府直轄の機関に、日本人の教授、教官、税関吏、技術官などを任用する。

軍事に関しても日本人顧問を入れる。

新中国の国旗は、青天白日満地紅旗とし、必要の期間、その上部に『反共和平』などの文字が入った三角大型黄地布片をつける。

作戦行動上の必要が緩和されるまでは、揚子江の開放はできない。その時期も明示できない」

これらは、新中央政府は日本に従うこと、端的にいえば、中国は満州国同様、日本の属国になれ、というようなものであった。

汪は八月二十八日、上海で国民党六全大会をひらき、各地、各界などの代表約二百四十人は、和平建国の方針を確認した。

九月十九、二十日には、青島において、汪兆銘と北支の臨時政府代表王克敏、中支の維新政府代表梁鴻志の三巨頭会談がおこなわれた。しかし意見交換だけに終わり、各政府の始末など、具体的問題に入ることはなかった。王と梁は汪兆銘に信服しなかったのである。

汪兆銘は中国国民の人気も薄かったが、それは汪の器量もさることながら、中国国民の独立心を軽視した日本の新中央政府樹立方針・計画が、かれらの反日感情をつのらせるものだからであった。

八月八日の五相会議は、いつものとおり首相官邸の奥の部屋でひらかれた。八月三日の三長官（陸相、参謀総長、教育総監）会議の決議に従った板垣陸相は、ドイツ案どおりに日独伊三国同盟を締結するよう主張した。六月三日の五相会議で花押まで押した政府方針をガラッとひっくり返し、

「ただいま申し上げた線での日独伊三国軍事同盟締結が〝軍の総意〟である」

というのであった。板垣の肩を持っていた平沼も、さすがに陸軍の横車が腹に据えかねたか、めずらしく反撃した。

「政府方針は種々の経緯の結果定まったものである。今日、政府方針の趣旨を変更することは不同意である」

「もしこれが実行できなければ、内外におよぼす影響はまことに甚大であろう」

「三長官会議の決議は無条件参戦か」

「そうである」

米内が板垣に糺《ただ》した。

「板垣君はこの間、こういう案に花押を押していながら、きょうはぜんぜんちがったことをいっているが、どうしたわけだ。五相会議のメンバーとして、君はいったいどっちだ」

「陸軍大臣としてはあちら（六月に花押を押したほう）に賛成、軍の総意としてはこちら（今日いっているほう）に賛成」

板垣はヌケヌケとこたえた。

「いや、君自身の意見はどっちなんだ」

「両方だ」（高宮太平著『米内光政』）

あまりのことに一同は唖然としたが、板垣は「軍の総意」という奇怪な化物の傀儡《かいらい》にすぎない存在になっていたのである。

石渡荘太郎蔵相が米内に質問した。

「同盟を結ぶ以上、日独伊三国が英仏米ソ四国を相手に戦争するばあいのあることを考えねばならぬが、そのさい戦争は八割まで海軍によって戦われると思う。ついてはわれわれは肚《はら》を決めるうえに、海軍大臣の意見を聞きたいのだが、日独伊の海軍と英仏米ソの海軍と戦って、われに勝算があるか、どうか」

米内は即座に、ズバッとこたえた。

「勝てるみこみはありません。だいたい日本の海軍は、米英を向こうにまわして戦争するように建造されておりません。独伊の海軍に至っては問題になりません」

一同は深い衝撃をうけた。

最後に、席を蹴《け》って立ちそうな板垣に向かって、米内は、

「日独伊軍事同盟の締結については、すでに廟議《びょうぎ》は決定しているので、これを変更する必要

を認めないわけである。しかし条件については、根本方針を失わないていどの修正を研究しようというのだ」

と、諭すようにいった。

五相会議は、三国同盟の条件を後日に再検討することにして、散会となった。

海軍省の大臣室に帰ってきた米内を、実松秘書官が迎えると、米内の白い頬がほんのり紅潮し、右が少し下がり気味の口元がいっそう下がり、唇を八字に結んでいた。足取りもふだんよりみるからに重かった。

「だいぶ議論してきたようだが、何か重大なことがあったにちがいない」

実松はそう思いながら、山本次官、井上軍務局長、古賀軍令部次長に、米内の帰りを知らせ、大臣室への参集を伝えた。

しばらくして山本によばれた実松は、

「内密に内閣総辞職の準備をすすめておくように」

と指示された。

八月十日、板垣は軍務局長町尻量基《まちじりかずもと》少将をオットー駐日独大使とアウリッチ駐日伊大使の許《もと》に派遣し、口上書をわたさせた。

「陸軍ハ八月八日、五相会議ニオイテ、同盟ノタメ奮闘セルモ、六月五日ノ日本側提案以上何ラノ進歩ヲ示サザリキ。

……陸軍大臣ハ最後ノ手段トシテ辞職ヲ賭スベク決意シオリ……。カカル行動ハ勿論《もちろん》同盟ニ対スル日本側ノ基礎ヲ徐々ニ改善スベキモ、ソノ当初ニオイテハ強烈ナル後退ヲ生ズルヤモ知レズ。……」

というもので、ドイツかイタリアの陸相のようになっていた。日本陸軍は、中国を独占的に支配したいという欲望のために、みかけのいい独伊を買いかぶり、頼りすぎるようになっていたのであった。

八月二十二日、大島駐独大使から、独ソ不可侵条約締結決定の電報がとどき、翌二十三日、同条約がモスクワにおいて調印された。

従来、大島、白鳥両大使などから、何回か独ソ接近の報告はあった。しかし有田外相はじめ各閣僚は、日独防共協定に違反する独ソ不可侵条約を、まさかドイツが締結するはずがないと考えていた。陸軍も、日ソ両軍がノモンハンで戦っているとき、そんなことはありえないと思っていた。

ドイツはこれを日本政府に無通告で強行したのである。

侍従武官長の畑俊六陸軍大将は、日記に、要旨つぎのように書いた。

「まったく青天の霹靂《へきれき》で、ドイツの不徳も憎むべきものだ。

大島の報告によると、リッベントロップは、

『日独伊三国協定が決定しないので、英仏の包囲に堪えかねて不可侵条約を結んだ』

といった。大島が、

『日独伊防共協定には秘密協定があるのに、一片の通告もなく独ソ不可侵条約を結ぶとはあまりにも理不尽《なじ》ではないか』

と詰ると、

『法理論上からすれば議論もあろうが、背に腹は代えられなかった』

とこたえたようだ。道義上からすれば、まったくひどい仕打ちである。

しかし、このため日本国内の相剋が解消し、親和力が得られれば、禍転じて福となるもので、かえって幸福かもしれない。陛下も、

『これで陸軍がめざめることとなれば、かえってしあわせであろう』

と仰せられた」

八月二十五日、有田外相は、

「独ソ不可侵条約の締結により、日独伊三国協定に関する交渉は自然打ち切りとなったものと了解する」

とドイツに申し入れをするよう、大島大使に訓電した。

だが大島は、これほどのことがあっても、なお反対してきた。

「本件はあまり他人行儀の抗議で、独の死活にかかわる重大危機にあって、日独関係に悪い影響をあたえるであろう」

ドイツと縁切りになれば、日本陸軍の中国支配の目的は達成困難になるし、自分の立場もなくなると考えたようである。

平沼内閣は、この期に大島の下剋上的態度は許せないと断定し、

「明白な協定違反にたいしていうべきこともいわず、放置することは好ましからず。正式抗議と将来の日独関係は別問題なり。訓令を執行すべし」

と再訓電した。

それでも大島はドイツ側に訓令を伝えず、ドイツ、ポーランド戦が一段落後の九月十八日に、ようやくリッベントロップに伝達したのである。

政府の引責辞職論が高まったなかで、最も責任をとるべき陸軍は、不明を詫《わ》びようとせず、むしろ、「早々にドイツのいうとおり同盟を締結しないから、こうなるのだ」といわんばかりの態度であった。

有田はそれとは別に、内閣総辞職に反対した。

「陸軍がやっきになり、脅迫がましいことまでして条約の締結を迫ったのに、よくがまんして今日を迎えたのは、むしろ外交の勝利である。条約を結んでいたらどんなことになったかわからない」

だが平沼は決意を変えなかった。

「陛下があれほどいやがっておられたのを、無理に交渉をすすめて、こういう結果になったことは、恐懼に堪えない」

昭和十四年八月二十八日、平沼内閣は総辞職した。その理由を述べた平沼の声明に、つぎのようなことばがあった。

「……独ソ不可侵条約により、欧州の天地は複雑怪奇なる新情勢を生じたので、わが方はこれに鑑《かんが》み、従来準備しきたった政策はこれを打ち切り、さらに別途の政策樹立を必要とするに至りました」

この日、米内は最後の記者会見で、落ち着いて、のどかに、こんなことを語った。

「自分は二年七ヵ月大臣の職にいたが、いつも信念で生きてきた。

僕は酒を飲むが、酒を飲むばあいには三つのことを忘れてはならない、と若い士官たちにもいっている。『過去のことを忘れる。現在を楽しむ。将来の精力をたくわえる』、このうち一つを欠いても、酒を飲んではならない」

米内の手記には、こういうことが書かれている。

「……数十回に及ぶ五相会議は首相の不徹底なる態度と陸相の暴論とにより、何ら得るところなく、ただ複雑怪奇なる言葉によりて、平沼内閣の退陣を見るに至りしは、遺憾至極という外なし。もし平沼首相にして、今少しく毅然《きぜん》たる態度を以《もっ》て五相会議を主宰しいたらんには、将来に累を及ぼすことなくして済みたるべきを。

平沼首相はその桂冠《けいかん》に当り、時の内大臣に対し、海軍の主張は終始一貫して時勢を見るに誤りなかりしと告白したるごときは、要するにただ後の祭なりと評すべきのみ」

内大臣は湯浅倉平である。

天皇は板垣陸相の辞表が他の閣僚と同形式であるのに不快の念を示し、畑侍従武官長に、

「陸軍大臣は責任を痛感しあるや否や、ひいては陸軍全体が責任を感じあるやを疑う」

と洩《も》らした。

天皇は、八月二十八日夜、阿部信行陸軍大将に組閣の大命を下したとき、異例の指示をした。

「陸軍大臣は畑武官長または梅津中将（美治郎）よりえらぶべし。それ以外の者は三長官の議決によるも許す意思なし。

外交の方針は英米と協調するの方針を執ること。外務大臣は憲法の条章に明らかなる者にすべし。

大蔵大臣は戦時財政を処理しうる者、また治安の保持は最も重要なれば、内務大臣、司法大臣の人選は慎重にすべし」

阿部は恐懼し、冷汗三斗の思いで、

「聖旨に副《そ》うよう努めます」

とこたえた。

三国同盟問題にたいする陸軍の目に余る横車に、立憲君主制の原則を厳に守っていた天皇も、黙視できなくなったようである。

ただそれも、米内や有田が板垣の主張に同意していたら、天皇でも、この処置はとれなかったにちがいない。

昭和十四年八月三十日、阿部内閣が成立し、天皇の意に沿って、外相は阿部が兼任し（九月二十六日に野村吉三郎海軍大将が就任）、陸相には畑俊六大将、海相には連合艦隊司令長官であった吉田善吾中将、蔵相には青木一男、内相には小原直、法相には宮城長五郎が就任した。

米内は八月三十日付で軍事参議官（無任所の大将、軍事参議官会議メンバー）、山本五十六は連合艦隊司令長官となり、井上成美はしばらく軍務局長にとどまり、十月二十三日に支那方面艦隊参謀長となった。

吉田善吾に代え、吉田と兵学校同期の山本を連合艦隊司令長官に推薦したのは米内で、米内は海軍省経理局長の武井大助主計中将に、

「海軍大臣がよかったかもしれぬが、そうすると、陸軍のまわし者か右翼に暗殺される恐れがあった。しかし吉田でもおなじ考えでやるよ」

と、その理由を語った。

米内は、ここで山本を殺したくない、いずれ時機を得て山本が海相に就任し、陸軍を抑え、日本の危機を乗り切ってもらいたいと考えたようである。

だが、この人事は情に流れて甘かった。

山本の連合艦隊司令長官就任は、時局に応じた適材適所ではなく、あるかないかわからない暗殺からの逃避で、すっきりしたものではなかった。

山本はあるいは暗殺されたかもしれないが、国家的な観点からすれば、海軍大臣として、日本を対米英戦から回避させるために、手腕を揮《ふる》わせるべきであったであろう。

山本は対米戦は勝てるみこみがないと断言していたが、作戦にかけても岡目八目のアマチュアで、もし開戦となったばあい、どのような戦《いくさ》をするかわからなかった。好きなバクチのような作戦をやる恐れがあった。

二年三ヵ月後、山本は真珠湾奇襲攻撃をやるが、志と反し、米海軍と米国民を奮起させ、戦果も見かけ倒しで、むしろ失敗となった。その後、ミッドウェー海戦、ガダルカナル島争奪戦では完敗し、航空兵力を消耗して、連合艦隊を無力化してしまった。

太平洋戦争開戦時に山本を連合艦隊司令長官にしておいた責任は、二年三ヵ月も前に推薦した米内より、のちの及川古志郎海相、伏見宮軍令部総長、永野修身軍令部総長、嶋田繁太郎海相、それに山本自身のほうに主としてある。しかし、米内にもその一端があったことは否めない。

侍従武官の平田昇海軍中将は、この八月三十日、天皇から、

「平田、さきほど米内がきたから、よくお礼をいっておいたよ」

といわれ、おどろいた。米内、山本らが命がけで三国同盟を阻止したことへの礼ということらしいが、天皇が臣下に礼をいうなど思いもよらなかった。平田は、

「ありがとう存じます」

と、涙を浮かべ、深々と頭を下げた。

天皇は米内に、

「海軍がよくやってくれたおかげで、日本の国は救われた」

ということばをかけたという（『岡田啓介回顧録』）。


独ソ不可侵条約を利用したドイツは、昭和十四年九月一日、狙いすましたようにポーランドに侵入した。

フランス、イギリスは、九月三日、相ついでドイツに宣戦を布告した。

これが第二次世界大戦のはじまりであった。

ソ連は九月十五日に日本とノモンハン停戦協定を結んだ直後の九月十七日、この協定と独ソ不可侵条約（「ポーランド分割協定」をふくむ）を利用して、東からポーランドに侵入を開始した。

ポーランドの首都ワルシャワは九月二十七日に陥落し、翌日には「独ソ、ポーランド分割協定」が発表された。

日本は独ソに手玉にとられたのであった。

しかし、日本が無条件参戦の日独伊三国同盟を締結していたら、このとき対英仏戦に加わらなければならなかったはずである。

近衛内閣時代の厚生大臣で平沼内閣時代の内務大臣であった木戸幸一は、米内を、戦後こう評した。

「あのころ海軍に期待していたかっていうと、あまり期待していなかったね。陸軍にたいして戦ってくれないんだよ。

米内さんって人の性格なんだか、あの人は実に立派なんだが、ケンカをしない人なんだ。いちおう主張はするけど、それで相手がきかなきゃ、あいつはバカだって顔でそのままにしちゃう。そういう点では政治家じゃあなかった。りっぱな信頼のおける人だったけど、そういう政治的熱意とか、自己の所信を貫徹するってことはないんだ。軍人ならそれでいいんだろう。下の者がやったことをおれが責任を取るんだってことですんじゃうんだろうが……。

だから現在の海軍力では戦争をしてもらっては困るということもはっきりいおうとしない。『サイレント・ネービー』とかいって、海軍だけ守っていればいいっていうことになってしまうんだね。国の前途とか国策ってものを考える政治的肌合いってものは、海軍にはないんだねえ」（読売新聞社『昭和史の天皇』）

阿部信行内閣時代になってまもない昭和十四年九月十四日には、海軍省官房臨時調査課長高木惣吉大佐に、木戸前内相は、時局について、要点つぎのように語った。

「海軍のやり方は穏当であるという感を深くしている。

ただし率直にいえば、陸海軍がもう少し一致してもらわなければ、国家は少しも進退できない。三国協定（同盟）問題などはいい例だ。

……三国協定問題も陸海軍の意見が一致しなければ政変という羽目に至ったはずだが、（中略）たまたま独ソ不可侵条約ができたため、陸海軍が政変の責任を取らなくて済んだ。

……明治の元勲は大山（巌元帥）、山県（有朋元帥）その他いずれも政治上の苦労経験を重ねた人々だったため、自らよく国力の限度を弁《わきま》え、戦争中も現地側より和平を要求した（奉天大会戦後、大山満州軍総司令官と児玉源太郎総参謀長が）くらいなのに、今日の軍首脳は政治の幼稚園生で、ただ幕僚の進言を上に突き上げるだけだから、心細いかぎりだ。

……日本が伸びてゆく以上、英国の勢力を駆逐しなければならないことは明白である。しかし物には順序緩急がある。

……大本営の陸海軍部はあまりにも他人行儀のように見うけられるが、これを一所にすることはできないものか。

いずれにしても、陸軍が統制ある軍隊となり、大臣の威令がおこなわれるようになってもらいたい。

なお陸海軍の一致がいっそう改善されることを希望してやまない」

これらの評のなかには、明らかな誤りがあるので、それは指摘しておきたい。

「米内さんって人の性格なんだか、あの人は実に立派な人だが、ケンカをしない人なんだ。……」と述べているが、米内は日独伊防共協定強化問題については、星ヶ岡茶寮で板垣にたいして、五時間半にもわたり、理を尽くして説得しているし、三国同盟の無条件参戦については、有田外相とともに命賭けで、最後まで陸軍に反対し通した。

ケンカをしないのは木戸のほうで、三国協定（同盟）が不成立になれば、テロやクーデターが起こると怯《おび》え、何とか成立させてもらいたい、と平沼に訴えた。あるいは陸軍の圧力に屈し、各新聞社に反英記事を掲げることを要求したり、反英運動を黙認していた。

天皇が平沼に、

「何とかあれ（反英運動）を取り締まることはできぬか」

と問い糺したのに、

「取り締まりにくいものでございます」

とこたえたのは、平沼が木戸から、

「実は陸軍が金を出し、憲兵が先に立ってやるんで、とても歯が立たない」

といわれていたためであった。

大本営海軍部参謀の大井篤大佐が、戦後、A級戦犯として収容されていた巣鴨《すがも》拘置所から仮釈放された木戸幸一に、

「陛下のご信任を得ている政府要路の人たちが、三国同盟やテロ問題に、なぜああまで煮え切らなかったのですか」

と質問したところ、このころすでに侯爵でも重臣でもなく、ただの人になっていた木戸は、

「そんなことをいうけど、君、二・二六事件のあれはこたえたよ」

と、テロやクーデターに戦慄《せんりつ》していたことを、はじめて告白したという。

「だから現在の海軍力では戦争をしてもらっては困るということもはっきりいおうとしない」というのも事実とはちがい、米内は昭和十四年八月八日の五相会議で、

「勝てるみこみはありません。だいたい日本の海軍は、米英を向こうにまわして戦争するよ

うに建造されておりません」

と、これ以上はっきりしたいい方はないくらいはっきり言明していた。木戸は五相会議に出席しないので、知らなかったのかもしれない。

「国の前途とか国策ってものを考える政治的肌合いってものは、海軍にはないんだねえ」と批判しているが、星ヶ岡茶寮で米内が板垣に説いた意見も、木戸は知らなかったのであろう。

「陸海軍がもう少し一致してもらわなければ、国家は少しも進退できない。三国協定（同盟）問題などはいい例だ」というが、海軍が陸軍のいうとおり無条件参戦に同意しろというものならば、むしろ一致すべきではないのである。

昭和十五年七月五日、時の首相米内光政はじめ湯浅倉平、岡田啓介元首相らを暗殺しようとしていた右翼の影山正治、前田虎雄らが、決行直前に逮捕された。木戸はそのとき、前月六月一日から湯浅のあとをうけて内大臣になっていたが、天皇に、

「かれらの行動は悪《にく》むべきも、その心情については為政者もまた大いに反省せざるべからず」

と、五・一五事件のときの海軍首脳や、二・二六事件のときの陸軍首脳とおなじような意見具申をした。

米内、湯浅、岡田らが反省する以上に反省しなければならないのは、ドイツ軍優勢の欧州情勢に便乗しようとする陸軍以下の親独伊・反英仏米派であったが、木戸は自分へのテロを恐れ、また反英仏米の考えから、陸軍に近づき、米内らを批判したのである。

昭和十六年十二月の太平洋戦争開戦直前、木戸は最強硬の開戦論者である東条英機中将を、陸軍を抑えるためと称して推薦し、けっきょく失敗した。

近衛や木戸には「政治的肌合い」というものがあったとしても、テロを恐れ、あるいは時流に乗ろうとして、所信を断行できず、妥協すべきではないことまで妥協し、重大な誤りを犯した。

「日本が伸びてゆく以上、英国の勢力を駆逐しなければならないことは明白である」なども、国を誤る考えであろう。

木戸幸一侯爵は桂小五郎《かつらこごろう》こと木戸孝允《たかよし》の孫で、内相当時は、おなじく京都大学卒の近衛文麿公爵より二歳上の五十歳であった。

生きた英雄

西園寺公爵の秘書原田熊雄は、昭和十四年十一月三十日、横須賀軍港に在泊する連合艦隊旗艦の戦艦「長門」に、司令長官山本五十六中将を訪ねた。

「陛下の側近、重臣などから、米内大将を阿部大将のあとの総理、あるいは病身の湯浅内大臣の後任に望む意見が出ているが、どう思いますか」

山本は即座に反対した。

「万一軍令部総長宮が辞任されたばあい、あとをうける識見人格ともに信頼するに足る軍令部総長は、米内大将以外にない。永野修身大将あるいは加藤隆義《かとうたかよし》、長谷川清大将などがいるが、とても問題にならない。

僕はどうしても、陛下の幕僚長として米内大将がご奉公することが、国家のためにも、海軍のためにもよいと思う」

米内が軍令部総長になっているかぎり、対米英戦は起こさないというわけである。

原田は男爵で、京都大学では木戸幸一と同期だが、西園寺が信頼するように、対米英協調派の自由主義者で、米内、山本とは胸襟をひらいて語り合う仲であった。

山本の意見は、原田から内大臣秘書官長の松平康昌に伝えられ、ついで湯浅に伝えられた。湯浅がそれを天皇に伝えたことはまちがいない。

このころ朝日新聞の主筆であった緒方竹虎は、戦後の著書『一軍人の生涯　提督米内光政』のなかで、こう述べている。

「阿部内閣崩壊前のことであるが、陛下はあるとき湯浅に対し『次は米内にしてはどうか』といわれた。陛下は平常立憲的に非常に厳格で、陛下御自身後継内閣の選定についてイニシャチブを取られるということは全くの異例であるが、陛下はいわば御性格から陰謀的な日独伊同盟を御好きにならず、平沼内閣で問題が紛糾した際、不眠症で一時葉山に静養されたこともあった位で自然何とかして、日独伊同盟を未然に防止したい御気持のあったことは蔽《おお》えない。それが米内内閣を考えられた所以《ゆえん》で、従って米内内閣の出現は、陛下と湯浅と、君臣の意思の吻合《ふんごう》ともいえるのである」

阿部内閣は、米不足、物資不足、インフレにたいする「無為無策」を議会で追及され、昭和十四年十二月には退陣必至の情勢となった。経済不況、国民生活逼迫《ひっぱく》の根本原因は、支那事変が拡大し長期化したことであった。すでに在中国の陸軍兵力が八十五万人にものぼり、しかもいつ終結するかの目途も立っていない。中国を独占的に支配しようという陸軍の野心と意地のためであった。

年末ちかいころであった。一ヵ月ほどまえに米国駐在となった実松譲中佐（進級）のあとをついだ海軍省副官兼大臣秘書官の福地誠夫《のぶお》少佐は、吉田海相によばれ、

「君は大陸帰りで、まだ新聞記者に顔を知られていないから、おれの密使になってくれ」

といわれ、軍事参議官の米内大将あての手紙を託された。

ひそかに渋谷区竹下町二十八番地の米内の私邸にゆき、玄関に出てきた米内にそれをわたすと、米内は読んですぐ返事を書いた。

吉田は誰かに頼まれ、次期首相にたいする米内の意向を打診するために手紙を書いたようである。米内の返事は、首相になる意思はまったくない、というものらしかった。

陸軍は相かわらず、政治を牛耳り、陸軍の目的を達成しようと策動していた。

超武断派の陸軍省軍務局長武藤章少将は、昭和十五年一月九日、畑俊六陸相、次官阿南惟幾中将と相談のうえ、近衛を訪ね、「軍の総意」を伝えた。

参謀本部は、総長が従来どおり閑院宮、次長が沢田茂中将、第一部長が武藤につぐ東条の腹心富永恭次少将である。

「内外の重大時局に処するため、軍と政党と財界をふくめた挙国一致内閣をつくる。

内閣の首班には近衛公がなる。

どんなばあいも宇垣一成に反対する。

政党総裁の閣僚は歓迎するが、首相となることには反対である」

脅しがききやすい近衛をふたたび傀儡《かいらい》首相にして、操ろうというのであった。

一月十三日には畑が直接近衛に出馬を求めた。近衛は、

「現在の経済不況を克服する財政経済政策に自信がない」

と固辞し、経済に明るい三井の大番頭、元日銀総裁、元蔵相の池田成彬を推薦した。だが、対米英協調派の池田を陸軍が是認するわけがなく、畑は、

「強いて池田を出せば、ふたたび二・二六事件のようなものが起こることを憂える」

と、近衛をギクッとさせた。

近衛を断念した陸軍は、首相候補を畑俊六、寺内寿一、杉山元の三大将として、工作をはじめた。

天皇の内意を知る内大臣湯浅倉平《ゆあさくらへい》は、日独伊三国同盟締結を阻止し、陸軍中心のファッショ政治を正すことに命を賭《と》す覚悟を決め、米内光政内閣の成立に奔走した。

政治家の町野武馬は一徹な会津武士で、張作霖爆殺事件（町野は張作霖の顧問であった）や満州事変をひき起こした陸軍のファッショ化を嘆いていた男であった。ある日、湯浅内大臣を訪ね、ファッショ対策を進言した。

湯浅は話を聞き終わらないうちに、町野に輪をかけた語気で陸軍の非難をはじめた。

「陸軍は天皇神権説を唱えて国民を畏服《いふく》させながら、自分らは陛下のご意思を踏みにじるようなことばかりやっている。統帥権を盾にして責任はとらず、陸軍に反対する者は、ご信任

った。……」

の厚い重臣でも誰でもみな殺せばいいという、まことに怪しからん存在になり下がってしま

さすがの町野もこれにはたじろぎ、

「これはこの場かぎりのお話として承っておきましょう」

となだめた。ところが湯浅は、居ずまいを直して明言した。

「いや、だれに聞かれようとも少しもはばからない。陸軍省に立ち寄ってこのままお話しになってもいっこうさしつかえない」

町野は胸を衝かれ、閉じた眼から涙が溢れた。洋服のポケットからハンカチを取り出した湯浅は、無言でその涙を拭いてやった。

のちのちまで町野は、

「わたしはこのときはじめて生きた英雄を見た」

と人に語った（緒方竹虎著『一軍人の生涯　提督米内光政』、阿川弘之著『米内光政』）。

武藤軍務局長が近衛に「軍の総意」を伝えた翌日の一月十日、天皇は伏見宮軍令部総長をよび、質問した。

「米内を内閣首班とすると、海軍は困るか」

「他に適任者がなければ、海軍としてはさしつかえありません」

自分の考えにかならずしも副《そ》わない米内を、自分の後任とはあまり考えていない伏見宮は、そうこたえた。

湯浅はこの日、原田熊雄に、心中を打ち明けた。

「近衛公は逃げを張ってばかりいてだめだ。いろいろ考えたが、米内大将をひっぱり出すよりしかたがない。このまえあなたと話したときは、米内大将は軍令の人として統帥部のために残しておきたいということであったけれども、人がいないのでやむをえない。米内大将を候補とすると下工作がいるが、これは岡田大将に頼むつもりだ」

一月十一日、吉田海相も天皇から、伏見宮とおなじ質問をうけた。すでに伏見宮から知らされていたこともあり、吉田は伏見宮とおなじこたえをした。

湯浅から頼まれた元首相の岡田啓介海軍大将は、一月十二日午後七時、麴町区三年町の海軍省人事局員二反田三郎少佐の家にいる米内を訪ねた。二反田は米内の長女ふきの夫である。

「米内君、君は裸一貫となり、天子様にご奉公してくれ。阿部内閣はもはや救いようがない状態で、陛下はことのほかご心配になっておられる。ぜひとも組閣に乗り出すべきだ」

と、単刀直入に勧告した。伏見宮の後任の軍令部総長といっても、いつ伏見宮が辞めるか、辞めるにしても伏見宮が米内を後任に指名するかどうか不明である。それよりここで首相となり、天皇の意に副うように日本を持ってゆくべきだ、という判断であった。

岡田は海軍兵学校で米内より十四期上で、米内が尊敬する先輩の一人であった。岡田の米内評は、

「米内は頭のいい男だね。ちょっと見ると政治などには関係ないようなとぼけた顔をしてい

るが、実は非常に興味を持っているんだ。だから関係させるとキリがない。グズとかいわれたけれど、どうしてどうして頭は切れる。グズみたいな顔をしていて、こういうことをやれば利益があると思えば、すかさずやっている。

政治に関係するようになってから（海相になってから）も、だいたいわたしとおなじような考え方をしていた（中庸と常識を尊重）。ただわたしにくっついて、わたしの仲間だとか、なんとかいわれたくないといった様子で、どちらかというと、わたしにたいしては批判的な立場をとろうとしていた」

というものであった。岡田の次男岡田貞寛編『岡田啓介回顧録』の「あとがき」には、つぎのように書かれている。

「……翁の尊敬しているのが西園寺公望と加藤友三郎（海軍大将、海相のときワシントン海軍軍縮会議の日本全権、ついで首相、死の直前に元帥）、特に信をおいているのが米内光政、そして今も昔も少しも変わりなく、一貫して翁の心に流れているのは天皇に対する敬愛である。

昭和二十五年十二月
毎日新聞出版局長　森　正蔵」

岡田の勧告に米内はこたえた。

「わたしは自分の性格から考え、またこれまでぜんぜん考えたことがありません。せっかくですが、辞退させていただきます」

「お上《かみ》がその思召《おぼしめし》であっても断わるつもりか」

「そのような仮定にたいして返事するわけにゆきません。ともかくわたしにはその力もなく意思もありませんから、ぜひご辞退申しあげたい」

首相になってうまくやれるとはとうてい考えられないというのであった。

原田は一月十三日、静岡県興津の坐漁荘に西園寺を訪ね、湯浅の米内奏薦の意向を伝え、西園寺の了承を得た。すこし遅れて内大臣秘書官長の松平康昌が坐漁荘に入り、米内奏薦についての湯浅の考えをよく説明し、これも西園寺の了解を得た。

東京にもどった原田は、平沼内閣の蔵相で有田、米内とともに無条件参戦の三国同盟に反対しつづけた石渡荘太郎を訪ねた。米内内閣の書記官長として米内を助けてもらうためである。石渡は大臣であったことに少しもこだわらず、快諾した。

その夜、湯浅は吉田海相に電話をかけた。

「米内大将を首班に奏薦しようと思うが、異議はありませんか」

「海軍としてははなはだ困るが、大命とあらばいたし方はない」

吉田は天皇への直接のこたえとちがい、本音を語った。

一月十四日の午前、阿部内閣が総辞職すると、湯浅は正午に、宮中に岡田啓介、平沼騏一郎、近衛文麿、清浦奎吾《けいご》らの重臣を集め、後継首班にたいする意見を聞いた。近衛は池田成彬を推した。けっきょく、天皇の内意を察したか、一同は米内奏薦に賛成した。

阿部内閣総辞職直後、天皇は畑陸相に、宮中に待機するように命じていた。その情報をつかんだ朝日新聞は、午後になって、

「畑俊六・陸軍大将に、組閣の大命下せん」

という号外を出した。

武藤軍務局長は踊るように組閣準備にとりかかった。

午後六時五十分、大命降下を伝える電話が、渋谷区竹下町の米内私邸にかかってきた。折から米内は、女婿の二反田少佐の家で、夕食をとっていた。

妻のこまから電話で知らされた米内は、自宅から軍服をとり寄せ、着替えを済ませ、午後七時十五分ごろ参内した。天皇の前に進み出て、頭を上げたとき、

「朕、卿《けい》に組閣を命ず」

と、天皇の力のこもった大きな声がした。電気に打たれたようになった米内は、

「しばらくご猶予を」

と深くお辞儀をしたまま退出した。廊下に出て、侍従に案内された部屋には、湯浅内大臣と侍従長百武三郎海軍大将が、ひどく緊張して待っていた。大命を拝辞できる雰囲気ではなく、ここで米内は首相になる覚悟を決めた。

米内の退出後、天皇は畑陸相をよび、

「米内内閣ができるが、陸軍の新内閣にたいする様子はどうか」

と、軽くさりげなく質問したが、それは米内内閣にたいする陸軍の支持をうながすもので

あった。

「陸軍はまとまって新しい内閣について参ります」

畑が明確にこたえると、天皇は、

「それはけっこうだ、協力してやれ」

と、安堵したようにうなずいた。

天皇の畑への質問は、原田の進言をうけた湯浅の工作だが、天皇自身も米内内閣を進んで援助しようとしていたのであった。

武藤陸軍省軍務局長は事の思いがけない進展におどろき、拳をにぎってくやしがり、

「海軍の陰謀にしてやられた」

とさけんだ。

内大臣秘書官長の松平は、このことについて、のちに原田に語った。

「陛下が十四日に陸軍大臣を召されて、

『新内閣に協力せよ』

と仰せられたことについて、陸軍は非常な不満を持ってかれこれいっている。また右翼は、

『今回のはまた重臣の陰謀である』

といっているが、陛下をいつまでもロボットと思っている結果で、いかにもはなはだ申しわけない。

……右翼の一部、あるいは陸軍の軍人の一部には、

『かくのごときことはない。けしからん』

といって内大臣を恨んでいる者が多い」

木戸幸一は日記にこう書いている。

「一月十五日　山口恭右氏来訪　陸軍方面陸相への優諚《ゆうじょう》（天皇の厚い思召のことば）に関し面白からざる空気ある旨話あり。

一月十七日　山口恭右氏来訪　新内閣に対し陸軍並に右翼方面の動向は必ずしも楽観を許さざる旨話ありたり」

書記官長にえらばれた石渡荘太郎は、一月十五日、畑陸相の留任を求めるため、首相官邸から陸軍省に電話をかけた。電話口に出た相手が、武藤軍務局長かだれかわからなかったが、バカにしたようにこたえた。

「米内閣下がこちらにこられるんじゃないかと、さっきからご挨拶に見えるものと待っています」

首相より陸相のほうがえらいのだとそっくり返っているようであった。陸軍とはこういうものかと思ったが、ひとまず電話を切って米内に知らせた。

「グズグズいったら、畑を電話口に出してください。わたしが出ます」

米内のことばで、石渡はもういちど陸軍省に電話をかけた。

「こちらで待っているからお出でください。こちらからは伺いません」

「それではしばらく待ってください」

やがてふたたび電話口に出た相手は、こんどはこういった。

「ではこちらから伺います」

その夜、畑が首相官邸にきて、留任を承諾した。米内が、

「何か条件があるのか」

と聞いたが、畑は、

「何もない」

とこたえた。だが、親独伊の陸軍が親英米の米内内閣に嫌悪感を抱き、すでに内閣打倒の決意を固めていることは事実であった。

陸軍ばかりでなく、枢密院議長の近衛文麿、元内相の木戸幸一、元首相の平沼騏一郎らも、米内内閣を快く思わなかった。近衛ははじめ米内を推さなかった。木戸は平沼と相談して、畑俊六あるいは陸軍大将の荒木貞夫を推薦していた（『木戸幸一日記』）。かれらに共通しているのは、強力な陸軍を利用して国益を増大させる政治をやりたいという考えと、テロやクーデターにたいする恐怖であった。

書記官長の石渡を組閣参謀とする米内内閣は、畑陸相が天皇に従ったため、組閣が予想外に順調にすすみ、一月十六日に親任式がおこなわれた。

外相が有田八郎、陸相が畑俊六、海相が吉田善吾、蔵相が桜内幸雄、内相が児玉秀雄（陸

軍大将児玉源太郎の長男）であった。

しかし、石渡から協力を要請された木戸は峻拒《しゅんきょ》していた。

児玉は入閣交渉をうけたとき、いち早く畑に電話して、

「死生を超越し十分陸軍と抱き合ってゆきましょう」

と述べていた。

内閣参議（大臣級の顧問）のうち、海軍大将末次信正、陸軍大将松井石根、外交官松岡洋《よう》右《すけ》（国際連盟脱退の立役者）の三人は、

「新内閣の現状維持態度にあきたらず」

といい、そろって辞職した。公然たる反英米宣言であった。

衆議院時局同志会と社会大衆党は、反政府の気構えを示し、平沼につながる右翼グループは米内を敵と決めた。

米内内閣の前途は多難で、むしろ短命が確実と見られた。

組閣と同時に、米内はみずから予備役編入を願い出て、現役を去った。官公庁、あるいは会社の要人が退職するのとおなじで、海軍にたいする発言権はなくなり、活動も困難になる。

海軍が米内を失う損失の大きさに心痛した吉田海相は、最後まで現役にとどまるようにひきとめたが、米内は、

「純行政にあたる総理が軍の現役にとどまることは、統帥権を冒瀆《ぼうとく》するものである」

といい、聞きいれなかった。

海軍の軍服を着ていては、陸軍を刺激するばかりで、政治をおこなうのにプラスにならない、という考えもあったようである。

米内の予備役編入が決定したとき、海軍省人事局長の伊藤整一少将は、失望の色をかくさず、吉田海相に訴えた。

「人事局としては、総長後任者の選定に自信を失いました」

山本五十六もおなじ思いに沈んだ。

現に海軍は、このあと、目立って親陸軍、親独伊の色を濃くしてゆく。

親任式につづく初閣議のあと、米内は首相官邸二階広間で記者会見をした。注文したモーニングがまだ出来ていなかったので、海軍大将の軍服姿であった。

「国際関係においてはあくまで自主的立場を堅持し」と発表した声明文については、

「人間にたとえてもおなじことで、自分を主として独立独歩でゆくことである。おべっかをつかわず、さりとて喧嘩もしない」

と説明した。

「米その他の物資不足、インフレなどにたいする統制経済の運用」については、

「統制経済はやるべきことはやってゆく。ただ、統制をやった効果よりもそれによって生まれる逆効果のほうが多いとなれば考えなければならぬ」

とこたえた。

陸軍や親独伊派は、ドイツとの協力と統制経済の強化をすすめようとしているので、米内

のこの談話に反感をつよめた。

二月一日、第七十五議会再開のとき、有田外相は、つぎのような要旨の演説をした。

「汪兆銘を中心とする中国の新中央政府の樹立を見ようとしていることは喜ばしく、その発展を援助する。しかし、第三国（英仏米など）の権益を排除するものではない。

ソ連とはノモンハン事件以後の国境を確定し、独伊とは友好をつづける。

米国については、無条約時代（一月二十六日から）に入っても通商関係に変更はなく、また南方諸国とは経済的提携と資源開発に協力する」

どこの国とも協調してゆくというもので、これも陸軍や親独伊派の不満をつよめた。

英国に勝てないドイツ

米内内閣成立からわずか五日しかたたない昭和十五年一月二十一日のことである。北米航路の日本郵船浅間丸が、千葉県野島崎沖で、英海軍の巡洋艦リバプールに武力をもって臨検され、乗船していたドイツ人五十一名のうち二十一名が連れ去られた。英艦は「海戦に関するロンドン宣言」（一九〇九年）第四十七条、

「敵国軍隊に編入された一切の人員で、中立商船内にある者は（中略）、これを俘虜《ふりょ》とすることができる」

によって、かれらを連行したという。

それにしても、千葉県沖わずか三十五カイリ（約六十五キロ）の海上で、これ見よがしに日本船から船客を拉致するとは、イギリスも言語道断である、と多くの日本国民は憤激した。

日本外務省も、つぎのように声明した。

「帝国政府においては、現役軍人以外は拉致されないという国際法上の解釈を堅持する。英

艦の今回のドイツ人拉致は帝国政府の見解を無視し、（中略）帝国官民のひとしく不愉快を禁じえないものである」

臨検を許したとみなされた浅間丸船長渡辺喜貞は、事情をよく知らない世間の非難を浴びて待命となった。

どの新聞も連日、各種団体の排英集会を支持して報道し、英国の不当を難じた。しかし有田外相は米内首相とはかり、英国には日本の要求を再考することを催促し、国民には冷静と忍耐を要望した。

騒ぎのなか、一月二十五日午後十二時、日米通商航海条約が失効し、日米間は無条約時代に入った。新聞は、

「日米両国の友情がプツリと切られた」

と、不吉を予感させる報道をした。

一月二十九日、宮中での新年御歌会始で、天皇は平和の悲願をこめて、

「西ひかしむつみかはして栄ゆかむ
　世をこそいのれとしのはしめに」

と詠んだ。

英国政府は、二月に入り、拉致したドイツ人二十一名のうち、比較的軍務に適しないと認めた九名を釈放し、浅間丸事件のような事件はふたたびくり返さないことを期す、と言明した。

事件はこれで一段落したが、日本国民の反英感情はつのり、英米との協調をはかる米内内閣は、いよいよきびしい目で見られるようになった。

二月二日、第七十五議会の衆議院本会議において、民政党代議士の斎藤隆夫《さいとうたかお》が、支那事変処理について辛辣《しんらつ》な反軍演説をおこない、米内内閣をゆさぶる騒動をひき起こした。

「……事変進行中にわが国民が払った犠牲は多大であり、この犠牲は今日をもって終わるものではない。十万の英霊、これに数倍する傷病将兵のあることを忘れることはできない。この犠牲を忘れて事変処理はありえない。米内首相は事変処理に確乎《かっこ》不動の方針ありというが、その内容は何であるか。確乎不動の方針は近衛声明を出発点としているようだが、私は近衛声明にいささか疑いを持つものである」

近衛声明は「支那主権の尊重、領土と賠償の不要求、経済提携、在支第三国権益の尊重、内蒙《ないもう》以外の撤兵」などを謳《うた》っていた。

「では、支那の主権、領土を尊重し、償金を取らぬとすれば、今日まで消費した軍費と、さらに将来どのくらいかかるかわからぬ厖大な軍費を、日本国民がぜんぶ負担せねばならぬのか。

この事変は目的すら判然とせず、いたずらに国民生活に犠牲を強いている。

……畢竟《ひっきょう》するに政府の首脳部に責任観念が欠けている。

……ゆえに政治は姑息偸安《こそくとうあん》となり、失政は当然である」

多大の人身を犠牲にし、莫大な国費を投じ、具体的に得るものがない無意味な戦争はやめろというのであれば、あっぱれ勇気ある正論であろう。だが斎藤は最後に、

「国家競争は生存競争であり、優勝劣敗である。徹頭徹尾自国本位であらねばならぬ」

といった。中国から領土か賠償金を取れというわけである。

米内は答弁に立ったが、問題の核心には触れなかった。畑陸相も明確な釈明をしなかった。

斎藤の結論は弱肉強食の侵略主義を要求するもので、賛成すれば戦争の大義名分がなくなる。しかし、主張には道理に叶《かな》ったところがあり、全面的に否定することもできなかった。

斎藤の演説にたいして、議場の賛否は半々となった。

陸軍は、もうれつに反発した。

「聖戦目的を侮辱するこういう演説は聞き捨てならない。政府はどう始末する気か」

武藤軍務局長はじめ陸軍の将校らは、つぎつぎに総理大臣室に押しかけ、斎藤の除名を要求した。

吉田海相がまとめた海軍の意見も、

「あの演説をそのままにしておいては、戦争の本義が不明となり、第一線将兵の士気を沮喪せしめ、戦争はできない」

であった。

三月三日、畑陸相は、衆議院本会議の席上、要旨つぎのような所信を述べた。

「今次事変の目的は、日満支三国が善隣友好、共同防共、経済提携を具現し、もって東亜の

新秩序を確立して、肇国《ちょうこく》以来の国是たる八紘一宇《はっこういちう》の大理想を顕現するにあります。蓋《けだ》し聖戦と称せられる所以でありまして、弱肉強食を本質とするいわゆる侵略戦争と、根本的にその類を異にしております。そのきたるべき東亜新秩序の恵沢は、払われた物心幾多の犠牲を償って余すことなきを確信するものであります。

……十万の英霊は、この信念に殉じ、従容死地に就き、事変処理の根本方針に関しまして、一抹の疑義もないことを、ここにはっきり申しておきます」

けっきょく大さわぎの末、問題を提起した斎藤は、三月七日、衆議院本会議の秘密会において除名と議決された。

陸軍とそれに同調する議員らは、斎藤の演説の内容より、それによって議会を混乱させ、あわよくば米内内閣を打倒しようとしたのであった。

汪兆銘を主席とする新中華民国国民政府が、昭和十五年三月三十日、ようやく南京に誕生した。だが、支那派遣軍参謀堀場一雄中佐は、日本側の過大な権益主義のため、汪政府は中国国民に支持されず、花ひらくことがないのではないか、と溜息《ためいき》をついた。

上海、南京、漢口など、日本軍が占領した都市では、流れこんだ日本人が、ギャングのように中国人の店舗を占有し、わずかな家賃を支払うだけで威張る者が多かった。

蔣介石は汪政府が成立した日、汪兆銘以下百五名に逮捕令を発し、汪政府を否認した。

米国はすぐさま蔣介石政府支持を表明し、米国のハル国務長官は、日本を批判してつぎのように述べた。

「汪政権の樹立は、一国（日本）が武力をもってその意志を隣国に押しつけ、広大な地域を、世界各国との正常な政治的、経済的関係から封鎖しようとする計画を、さらに一歩前進させるものである」

このころ日本陸軍は、蔣介石夫人宋美齢の弟と称する宋子良を通じて、重慶の蔣介石政府との和平工作をもすすめていた。「桐工作」と名づけられたものである。

しかし、日本側が提示する条件が、

「満州国の承認。
日本の内蒙および華北の一部駐兵を承認する。
中華民国は軍事および経済顧問を日本から招く。
国民政府汪政権と協力合作する。
平和克復とともに日本はなるべく速かに兵力を撤収する」

など、蔣介石政府が呑《の》めるはずがないものであったため、和平の成立は望めそうもなかった。

最初の和平会談は三月七日から十日まで香港でおこなわれたが、そのとき蔣介石政府代表の一人、最高国防会議秘書主任章友三は、日本陸軍代表の一人、支那派遣軍総司令部第二（情報・宣伝）・第四（政務）課長今井武夫大佐に、「満州国承認」について、こういった。

「今井先生、われわれの立場も考えてもらいたい。満州独立は、中華民国側からすれば、不貞の妻が姦夫《かんぷ》に走ったようなものです。中華民国政府に満州国承認を求めるのは、姦夫が不貞の妻との結婚を本夫に承認しろというようなものではないですか。なにも、本夫から結婚承諾書を出させなくても、時の経過で自然に解決されればいいでしょう」

日本の要求は、無理強いというほかないようである。

ここで日本が、思い切って譲歩し、蔣介石政府と和睦《わぼく》し、英仏米とも中国問題について協調するようになっていたら、太平洋戦争には至らなかったにちがいない。だが、主として日本陸軍は、従来のゆきがかりと、独伊が英仏蘭ほかのヨーロッパ諸国を屈服させるという幻覚によって、強気で太平洋戦争への道に踏みこんでゆくのである。

奈良県の橿原《かしはら》神宮（祭神神武天皇）と京都の伏見桃山陵（明治天皇の皇陵）参拝のために西下した米内首相は、四月二日夕、京都の都ホテルで、記者団に、

「インフレーションの惨害は自分がこのまえの欧州大戦後にドイツにいて、まざまざと見てよく知っている。悪性インフレだけはどんなことがあっても避けねばならない。そうして国民生活を安定させることが必要だ。

……欧州動乱かね、自分はこれは長びくと思う。だがわが国としては特別の事情が起きないかぎり、依然不介入の立場をつづけてゆくに変わりはない」

などと、くだけた口調で語った。

それから一週間後の四月九日、ドイツ軍が突如ノルウェーに侵入、首都オスロを占領した。

同日、ドイツ軍に侵入されたデンマークは、三時間後に降伏した。

戦車部隊と落下傘部隊を主力とするドイツ軍は、五月十日、いっせいにオランダ、ベルギー、ルクセンブルグ三国に侵入し、一日目で三国の首都を制圧してしまった。

あまりにも平和に腐心し、ドイツの良心に期待したばかりに、ドイツにつけこまれ、ヨーロッパを死地に陥れた英国のチェンバレン内閣は総辞職し、勇猛な海相ウインストン・チャーチルが首相に任命された。

チャーチルは五月十三日、下院で、確信をこめて怒号した。

「諸君は予に政策を問わんとしている。予はこたえる。戦わんのみ。諸君は予に戦争の目的を問わんとしている。予は一言にしてこたえる。勝利のためと」

オランダ政府は五月十三日、オランダ王室とともにロンドンに逃避した。

この間、米合衆国艦隊は、五月七日、当分のあいだ無期限にハワイ真珠湾を臨時根拠地として残留させることを決定していた。日本軍の蘭印（オランダ領東インド諸島、現インドネシア）侵入を牽制《けんせい》する意図である。

日本海軍の軍令部は、五月十五日から二十一日にかけ、日米戦争のばあいの図上演習をおこなった。日本海軍の継戦力はおよそ一年半、甘く見て二年だが、開戦後一年で、日米の兵力比は五対十ほどになるという結論になった。

米国から全面禁輸をうけたばあいは、

「四、五ヵ月以内に南方（蘭印）に武力行使をおこなわなければ、燃料不足で戦争遂行ができなくなる」

　みこみであった。

　報告をうけた吉田海相は、軍令部第一部長の宇垣纒少将にいった。

「蘭印の資源要地を占領しても、海上交通線（シーレーン）の確保が困難で、資源を日本に持ってくることができないのではないか。そうとすれば、蘭印攻略も意味がないのではないか」

　要するに対米戦では、日本海軍は一年以内に結着をつけなければならないが、それは期待できないから、戦うべきではない、という結論であった。

　五月二十二日、オットー駐日独大使は、有田外相にたいして、ドイツは蘭印にかかわるつもりはないと伝えた。日本に対英仏蘭戦をけしかける意図らしかった。

　ドイツ軍に包囲された英軍と同盟軍約三十四万人は、五月二十六日から六月三日にかけて、フランス北岸のダンケルクから、命からがら英本土に撤退した。

　フランスが風前の灯《ともしび》となった六月十日、イタリアはチャンス到来とばかり英仏に宣戦を布告した。

　ドイツ軍は六月十四日、無防備都市を宣言したパリに無血入城し、六月十六日、レイノーにかわり首相になったペタン元帥は降伏を決意した。独仏間の休戦協定が、六月二十二日、コンピエーニュの森でおこなわれた。

　ドイツ軍の電撃的な快進撃に目を見張り、驚喜した日本の親独伊派は、ドイツ軍がまもなく英本土に上陸して、英国を屈服させるであろうと信じて疑わなくなった。

そしてかれらは、蘭印、仏印（仏領インドシナ、現ベトナム地方）と英国支配下の香港《ホンコン》、マレー、シンガポール、ビルマ、インドなどを、英仏蘭の弱みに乗じ、武力をもって日本が奪取する欲望をつよめた。

「その地域に産出される石油、鉄、ゴム、錫《すず》、キニーネ、コプラ、米などを手に入れれば、日本経済は安定する。その地域を通じて英米から物資の補給をうけ、日本軍に抗戦をつづけている蔣介石政府は、物資欠乏で戦えなくなる」

と、一石二鳥を当てこんだのである。


ところが、向かうところ敵なしと見えたドイツ軍が、意外にも英本土上陸作戦には成算が立たず、実行に移れなかった。

ドイツ海軍長官レーダー元帥は、前年の一九三九年（昭和十四年）十一月から、英海空軍が強力なため、ドーバー海峡を渡り英本土に上陸することは、ほとんど不可能と見ていた。

一九四〇年六月ごろは、少なくとも制空権を獲得したあとでなければ、作戦は成功しないという判断になった。だが、ドイツ空軍がドーバー海峡上の制空権を獲得することははなはだ困難であった。

米国から支援の兵器、弾薬類がとどきはじめた英国のチャーチル首相は、闘志と自信に満ちて、

「ドイツ空軍の勢力は、全体として三対一で英空軍より優勢である。それは大きな重荷である。だが、わたしは自国の空と、国土と、海の上でドイツ空軍を破り得るという結論を得ている」

と語っていた。英国はこのころ、ドイツに優るとも劣らない戦闘機ハリケーンとスピットファイアを持ち、とくにドイツにないレーダーをすでに有効に使い、戦果を高め、味方の被害をいちじるしく減少することに成功していた。

上陸作戦そのものも困難をきわめるものであった。上陸軍の第一波十万人、第二波十六万人を英本土に上陸させるには、英海空軍の抵抗を排除できたにしても、最低十日はかかる。しかも上陸用舟艇を集め、準備をととのえ終わるのは八月末で、上陸決行は九月二十日ごろとなる。それ以後は、天候、海象が悪化し、来春まで上陸作戦をおこなうことはできない。そこへもってきて英海軍は、ドイツ海軍とはくらべものにならないほど強大で、上陸軍の損害は甚大となるはずであった。

ヒトラー総統とドイツ軍首脳らは、七月末までに、そのような上陸作戦が成功する算はいちじるしく小さく、失敗すれば取り返しのつかないダメージをうける、と認めるほかなくなった。

レーダー元帥は、航空機と潜水艦による通商破壊戦をおこなうことを進言した。

ヒトラーは、英国がこれほど頑強なのは、ソ連がドイツの背後で健在であるためであろうと考えた。

ソ連は一九三九年九月にポーランド、十一月にフィンランド、一九四〇年六月にベッサラビア、プロヴィナ、ついで七月にリトアニアに侵入していた。

ヒトラーが英本土攻撃から一転してソ連攻撃を決意したのは、実にこの七月三十一日で、かれは参謀総長ハルダー元帥とレーダー海軍長官に語った。

「航空作戦がうまくゆかなければ、英本土進攻作戦は中止せざるをえない。そして、ソ連を撃たざるをえない」

独ソ不可侵条約を破ってソ連に攻めこみ、豊沃《ほうよく》なウクライナ地方と、ウラル大鉱脈地帯、コーカサス油田地帯を奪取し、不敗の大ドイツ帝国を建設しようというのであった。

チャーチルは、その著『第二次大戦回顧録』で、こう述べている。

「……制海権をにぎっていたものはわれわれであった。制空権を獲得したのもわれわれであり、最後に、われわれは、ドイツは特殊舟艇をつくりもせず、計画もしていないと信じていたが、それが当たっていたことは、いまわれわれの知るとおりである」

ドイツが英国を屈服させるか否か、それは日本の運命を決する重大な問題であった。もしドイツが英国を屈服させなければ、英国はやがて米国の援助を得て、逆にドイツを屈服させる算が大となる。そのようなドイツと軍事同盟を結べば、いずれ日本も米英に敗れるであろうからである。

ところが、ドイツの陸上の快進撃に幻惑された日本はこの実情をほとんどつかんでいなかった。欧州からの情報には、ドイツ高官の談話はあっても、現場を調べ、その真否を確認したものはなかった。

硬骨の内大臣湯浅倉平が肺気腫《はいきしゅ》（肺が拡張し、呼吸困難となる）のために辞任して、木戸幸一が内大臣に就任したのは、英軍と同盟軍がダンケルク撤退中の六月一日であった。湯浅、西園寺、近衛、松平恒雄らがそれに賛成したという。だが、近衛、平沼と気脈を通じる木戸は、すでに米内内閣に代えて第二次近衛内閣を成立させようと、運動をはじめていた。

近衛は六月二十四日、枢密院議長をみずから辞任した。次期首相となり、「国民各階各層を打って一丸とする挙国的政治新体制」をつくり、陸軍と協調して、独伊との協定を強化し、蔣介石政権を屈服させ、中国から英米などの勢力を駆逐して、日満支による東亜新秩序を確立しようと決意したのである。

枢密院も味方につけたいと考えた近衛は、平沼騏一郎を後任の議長に推した。ところが、それには米内が立ちふさがった。米内は、近衛、木戸、平沼らの全体主義的な新体制運動には反対で、副議長の原嘉道《はらよしみち》を後任議長に推薦し、原の要請によって、鈴木貫太郎海軍大将を副議長に就任させた。法曹界長老の原は中庸の思想を持つ人格者で、鈴木は二・二六事件にさいしてテロ将校らに撃たれ、九死に一生を得た前侍従長である。この人事は、おそらく米内、有田、石渡らの協議によるものであろう。

だが、プライドを傷つけられた近衛、平沼は憤り、陸軍は陸軍にたいする挑戦とうけとった。

満州国皇帝溥儀《ふぎ》が、六月二十六日に来日した。日本の紀元二千六百年のお祝いという触れこみであった。

米内は昭和十一年十二月に連合艦隊司令長官になったとき、

「俺は満州国皇帝に頭を下げにゆくのは嫌だよ」

といって、大連寄港を認めなかったが、こんどはそうもいかなかった。

六月二十八日、首相官邸でひらかれた政府主催の歓迎昼食会のとき、米内の大酒を承知の皇帝が、薄い笑いを浮かべて、

「米内総理は酒が好きだそうだが、酒量は海量《ハイリャン》かな」

と米内にたずねた。

同席していた御接伴役の高松宮宣仁《のぶひと》親王海軍中佐が、うまくこたえられない米内にかわってこたえた。

「どういたしまして、米内の酒は洋量《ヤンリャン》でございます」

これで席がだいぶくだけた。

盆と暮れには、総理大臣、各大臣、枢密院正副議長、顧問官などに、天皇からお手許金《てもときん》が下賜される。総理大臣には二封である。一つには「内閣総理大臣」と書いてあり、あと一つ

には「米内光政」と書いてある。「内閣総理大臣」のほうが、はるかに額が多い。

六月か七月のある日、参内して二封をいただいた米内は、首相官邸に帰り、石渡書記官長をよんだ。

「この米内光政とある分は私が個人としていただく。しかし内閣総理大臣としてある分は私がいただく筋合ではないと考えるから、君の裁断でしかるべくみんなに思召《おぼしめし》を分けていただきたい」

「そんなことは先例がありませんよ。これは総理大臣として当然閣下がおうけになるべきものです」

石渡は渡された一封を押し返した。

「いや、先例があるかないか知らない。が、私は私の流儀でゆきたいから、よろしく頼む」

米内はどうしても後にひかない。

石渡は、首相官邸の職員らに平均に分けあたえ、残った分を、

「これは閣下への配分です」

といって渡した。それは米内も喜んでうけとった。

海相のときは、海軍から支給されるボーナスはうけとり、内閣から支給されるボーナスはうけとらずに秘書官に渡したが、それとおなじようにしたのであった。

米内内閣の総辞職

駐英日本大使館付陸軍武官の辰巳栄一大佐から、フランスがドイツに降伏した昭和十五年六月二十二日前後、

「英国の屈服は避けられないであろう」

という観測電が陸軍省にとどいた。辰巳が何を根拠にこの電報を打ったのかは不明だが、調査不足というほかなかった。

この報告は、陸軍省と参謀本部を沸き返らせた。

「バスに乗り遅れるな」

の声は、すでに政、官、財、マスコミ界にひろがっていたが、ここに至れば、蔣介石政権屈服、南方進出のために、独伊と軍事同盟を結ぶことに躊躇《ちゅうちょ》すべきではない、と信じきったのである。

参謀本部第二（作戦）課、第八（情報宣伝）課と、陸軍省軍事課、軍務課は、協議のうえ、

六月二十五日、「欧州情勢ニ伴フ時局処理要綱案」を作成した。

「帝国ハ世界情勢ノ変局ニ対処シ、速ニ支那事変ヲ解決スルト共ニ、特ニ内外ノ情勢ヲ改善シ、続イテ好機ヲ捕捉シ対南方問題ノ解決ニ努ム」

がその方針である。

内容は、平易にいえば、

「第三国の援蔣行為を絶滅させ、あらゆる手段を尽くして重慶政権を屈服させる。

独伊との結束を強化し、ソ連とは飛躍的な協調をはかる。

好機に乗じ、仏印、香港、英領マレー、蘭印などに武力を行使して、占領する。

対米戦争はつとめて避けるが、情況により武力を行使することも予期し、準備に遺憾なきを期す。

国内では、新世界情勢にもとづく国防国家の完成を促進させる。そのため、戦時態勢の強化、強力政治機構の確立、総動員法の全面的発動、対英米依存経済の脱却、国民精神の昂揚および国内世論の統一などの実現を期す」

などである。

この要綱案は、ドイツ、イタリアとおなじく、全体主義、軍国主義、帝国主義の政策といえる。

畑陸相はこの日、陸軍省職員らに、

「千載一遇の好機を迎え、断乎《だんこ》第三国に当たれ」

と、激励の訓示を述べた。第三国は英仏蘭などで、米内内閣の対英米協調外交を打破する意味をふくんでいた。

米内はこのころ、議会の議員食堂で、法制局長官の広瀬久忠と昼食を共にしながら、独伊について語った。

「ヒトラーやムッソリーニは一代身上だ。あんな者と一緒になってはつまらない。かれらは身上を棒に振ったところで、もともとだよ。たいしたことはない。だが日本は三千年の歴史がある。その日本の天皇と、一代身上者とをおなじ舞台に出して手をにぎらせようなんて、とんでもない話だ」

陸軍は、六月二十九日、「国際情勢と帝国の立場」と題しておこなわれた有田外相のラジオ放送にたいして、強硬な攻撃をおこなった。

放送は午後二時三十分からおこなわれたのだが、読売新聞と東京日日新聞が、すでに朝刊で、放送案文の決定までの経過を詳報していた。

問題とされたのは、「重要国策の討議内容が外部に漏洩した」「外務省が独伊との協定強化と米英排撃の草案を出したのに、陸海軍が反対したため、穏便なものに変わり、放送されることになったという趣旨の記事は事実に反し、軍の威信を毀損《きそん》する」の二点であった。

東京憲兵隊は「読売」「東日」の記者を連行して書いた経緯を調べ、六月三十日には、有田や米内に無通告で外務省情報部長の須磨弥吉郎《すまやきちろう》までも逮捕して取り調べた。

両紙の記事は、須磨が六月二十八日の記者会見で話した内容にもとづくものだが、二人の記者が半ば臆測《おくそく》で書いたことがわかった。

七月三日、有田、畑会談がおこなわれ、閣議内容漏洩については、須磨の戒告と「読売」「東日」両社の外務省詰記者の交代によって、一件落着とすると合意された。

「読売」「東日」の記事にたいしては、

「外務、陸軍両省間に意見の不一致でもあった如《ごと》き報道は全然事実無根である」

という「陸軍、外務共同発表」案が作成された。

ところが、七月四日の朝刊各紙は、

「有田外相が畑陸相に、放送手続経過等について陳謝した」

と報道した。

陸軍省軍務課の牧達夫少佐は、

「昨夜記者団に共同発表を伝えたところ、『陸軍は弱腰だ』とアジったため、事情を説明した。しかし外相が陸相に詫《わ》びたなどとはいわなかった」

と、畑に弁明した。

畑を訪ねた有田は、外相が陸相に謝罪したとあっては、外相が陸相に従属し、外交の独立性を失ったことになり、責任を明らかにせざるをえないと難詰した。

畑は経過を説明し、牧少佐と上司の河村参郎軍務課長を戒告処分にすることを告げ、有田の了解を求めた。

しかし、須磨を逮捕され、外交の独立性を無視する記事を出された有田は、陸軍の横暴が腹に据えかねる思いであった。

この事件は、陸軍が有田に責任をとらせ、米内内閣を打倒する狙いで、策動したもののようである。

七月三日、「欧州情勢ニ伴フ時局処理要綱案」を検討した畑陸相以下の陸軍省と閑院宮総長以下の参謀本部の首脳は、ほぼ原案どおり採択し、「世界情勢ノ推移ニ伴フ時局処理要綱案」と改題して陸軍案とした。陸軍は全員一致して、独伊と軍事同盟を結び、中国、仏印、香港、マレー、蘭印などを、好機に乗じ武力をもって制圧する決意を固めたのである。

翌七月四日午前、参謀本部第二（作戦）課長岡田重一大佐、第八（情報宣伝）課長臼井茂樹大佐、陸軍省軍務課高級課員永井八津次中佐らは、海軍省赤煉瓦ビル三階の軍令部にゆき、海軍省と軍令部の事務当局員たちに、陸軍案の説明をおこなった。海軍側は、軍令部第一（作戦）課長中沢佑《たすく》大佐、同課川井巌、神重徳《かみしげのり》中佐、第一部（作戦部）直属（戦争指導）大野竹二大佐、角田隆館中佐、海軍省軍務第一課三和義勇、大前敏一、柴勝男中佐らが出席していた。そのうち陸軍に劣らぬ武断派が、大野大佐、川井、神、柴中佐らであった。

陸軍側の説明に、海軍側も大筋において同意した。大野は、

「北守南進の趣旨は同感、だいたいのラインは容認する」

といい、川井は、

「海軍としては南方、とくに蘭印を手に入れることに非常な願望を持っている（石油を入手したいため）。そのため『時局処理要綱』の提案があるまでは、陸軍の対ソ一戦論を非常に恐れていた」

と、歓迎するようにいった。

軍令部第一部長宇垣纏少将の意見は、いくぶんちがったが、

「南方が大事であるということには同感である。しかし支那事変を中途半端にごまかすのはよくない。対英戦のばあいは対米戦を準備することが必要である。国内体制強化は同意だが、見とおしのないことを政府に要求するのはよろしくない」

というものであった。それでも対米英戦反対とはいわなかった。

川井は陸軍案に同調したが、のちに、

「海軍は戦備促進のため物資をより多く取らねばならない。もし対米戦に所詮《しょせん》自信がないとか、対米戦の決意はとうていできないとかいえば、陸軍はそれならば物をよこせ、予算を減らせというに決まっている。そこに海軍のいつわらざる弱みがあった。この弱みは終始一貫していた」

と、対米英戦を阻止することよりも、軍需物資と予算を取るほうが大事であった、と次元が低かったことを述べている。

しかし、「バスに乗り遅れるな」の気運は海軍省、軍令部内でも濃厚で、陸軍が観測しているような英米分離の情勢になれば、対英戦をやる気構えは十分であった。

大野はいった。
「ドイツ軍の英本土上陸作戦の成功によって、イギリスの海外植民地が独立し、大英帝国が崩壊するようなばあいは好機であろう」（防衛庁戦史室所蔵『世界情勢の推移に伴う時局処理要綱に関する綴』）
海軍省、軍令部もドイツ軍の英本土上陸作戦について的確な情報をつかめず、また対米戦についての判断、方針がはなはだ曖昧《あいまい》でしかなかったのである。

おなじく七月四日、午後二時、参謀次長沢田茂中将が陸軍大臣室に畑を訪れ、「大本営参謀総長ヨリ陸軍大臣ヘノ要望　七月四日」と題した文書を提示した。要旨つぎのようなものである。

「帝国としては一日もすみやかな支那事変の解決が緊要である。

しかるに現内閣は消極退嬰《たいえい》で、とうてい現下の時局を切り抜けられるとは思われない。かえって国軍の志気団結に悪影響をおよぼす恐れなしとしない。このさい挙国強力な内閣を組織し、右顧左眄《うこさべん》することなく、断乎諸政策を実行させることが肝要である。

右に関しこのさい陸軍大臣の善処を切望する」

参謀総長は閑院宮元帥で、畑が陸相を辞任し、代わりの陸相を出さず、米内内閣を倒せということであった。

陸相は陸軍軍人軍属にたいする一切の人事権を持ち、その点では参謀総長も陸相の下位にある。陸相が所信を貫こうと思えば、参謀総長を更迭することもできる。しかし、参謀総長が皇族では、それは不可能で、畑が閑院宮に従うほかなかった。

沢田はのちの極東国際軍事裁判で、

「……畑陸相は臣下の分として閑院宮の強き要望に服従せざるをえなかったのは当然であります」

と証言し、畑は『畑日記』に、

「此《この》申し出なるものは覚書として総長宮殿下の捺印あるものなり、ここまで追い込まれては余としては当然進退を明かにせざるべからざることとなれり」

と書いている。

ところが、参謀本部作戦課長の岡田重一大佐は、昭和三十五年二月になり、おどろくべきことを告白した。

「参謀本部においては米内内閣の倒閣をつよく希望していたが、畑陸相が倒閣には消極的であると考えていた。畑陸相としてはそれは無理からぬことであった（陸相に留任するとき、天皇に米内内閣に協力すると約束した）。その陸相の立場も考慮し、種々検討の結果、皇族であり陸軍の最長老である閑院宮総長から強い要望を出すことが、畑陸相を倒閣に踏み切らせる最も容易な手段であると考えた。

そして閑院宮総長は、陸軍部内大多数の意見が内閣の更迭を必要とするというのであれば、畑陸相には気の毒であるが、国家の大事のため、このさい非常手段をとることもやむをえないと裁決した」

閑院宮は七十五歳の高齢で、実務的にはロボットであった。それを参謀本部の次長沢田茂中将、第一（作戦）部長富永恭次少将、第一課長岡田重一大佐、第二（情報）部長土橋勇逸少将と、陸軍省の次官阿南惟幾中将、軍務局長武藤章少将、軍事課長岩畔豪雄大佐、軍務課長河村参郎大佐などが共謀して、利用したというのである。

畑は昭和三十三年十月十五日、法務省矯正局顧問原忠一元海軍中将と、同参与豊田隈雄元海軍大佐に、こう語っている。

「……私の陸相辞任を決定的ならしめたのは、参謀本部下僚の策謀であり、閑院総長宮のお墨付で私に辞職を勧告したことであった。当時閑院宮は、すでに老齢であり、ひらたくいえばロボットにすぎなかった」

七月五日、米内光政、牧野伸顕、岡田啓介、池田成彬、松平恒雄、湯浅倉平、原田熊雄、民政党総裁町田忠治、社会大衆党書記長麻生久、作家菊池寛など自由主義ないし現状維持派の要人殺害を企てた右翼暗殺団一味が逮捕された。日本主義を唱える大東塾顧問前田虎雄、同塾長影山正治を首領とする四十数名で、斎藤隆夫の反軍演説、支那事変の処理問題、ドイツの破竹の進撃による国際情勢の一変などが刺激となり、集団テロを強行しようとしたのであった。

木戸が天皇に、

「彼らの行動は悪《にく》むべきも、その心情については為政者もまた大いに反省せざるべからず」と意見具申したのはこのときで、木戸は陸軍や右翼とおなじく、ドイツに冷淡な米内内閣の退陣を望んでいたのであった。

二年後の昭和十七年三月十八日、暗殺団一味に課せられた刑は、前田と影山が禁錮五年、その他は禁錮三年、一年という、軽いものであった。太平洋戦争開始から四ヵ月後である。

天皇への約束のために、畑は自分の辞任によって米内内閣を倒すことを避けたかった。しかし、陸軍の方針に合わない米内内閣は退陣させ、方針に合う近衛内閣を成立させなければならないとも考えていた。

七月六日、畑は侍従武官長蓮沼蕃《はすぬましげる》中将に陸軍の内情を説明し、やむをえないばあいには陸相を辞任すると打ち明けた。

七月八日には、阿南次官を木戸内大臣の許《もと》にやり、

「さいきん四、五日のうちに政変を見ることに至るかもしれない、軍は世界情勢の急激な変化に対応して、万全を期しつつあるが、米内内閣の性格は独伊との話し合いをするにはきわめて不便で、ややもすれば手遅れになる恐れがある。この重大時機に対処するためには、内閣の更迭もやむをえないと決意した次第である。そして陸軍は一致して近衛公の出馬を希望する。十日に近衛公が帰京したとき、陸相は公と会見することになるが、これを契機として米内首相に重大進言をすることになろう」

と伝えさせた。

これらのことは、陸軍を支持する蓮沼と木戸から、天皇に報告されたはずである。

七月九日の閣議まえ、畑は米内に会い、直言した。

「……昨今陸軍部内において、支那事変をすみやかに処理するためには、国内体制をいっそう強化し、変転きわまりない国際情勢に対応して機を失せず手を打つためには、新政治体制の確立が必要であり、現内閣および現外相では国の内外の信用が得られないという意見が強い。このような空気がいっそう発展するならば、自分は陸軍の統制と団結維持の見地から、あるいは進退を決せざるをえないことになるだろう。この点あらかじめご諒承を乞《こ》う」

単独辞任をほのめかしたのである。

「あなたのいうことはわかった」

と、米内はこたえた。

午後、米内は、有田外相、畑陸相、吉田海相の三人に語った。

「近衛公が帰京したら、石渡書記官長を遣わして、公の心中を確かめ、公がわれわれよりベターを為すということならば、われわれは協力を惜しまないつもりだ」

三相はそれを了承した。

この七月九日、軍令部第一部作戦課の川井巌中佐は、陸軍の「世界情勢ノ推移ニ伴フ時局処理要綱案」にたいする大本営海軍部（軍令部）案を参謀本部に提示して、説明をおこなっ

た。それは陸軍と大差なく、英仏蘭の弱みにつけこもうという案で、武力行使の基準は、わかりやすくいえば、

「支那事変が解決しないうちは、第三国（英仏蘭米など）と開戦にならないていどに策をすすめる。

支那事変が解決するか、世界情勢がとくに有利に進展すれば（ドイツが英本土を攻略し、米国が英国側に参戦しないなど）、仏印、香港、マレー、蘭印などにたいしても、必要により武力を行使し、目的を達成する。

戦争相手は英国だけにかぎるように努力するが、対米戦の準備も遺憾なきを期す」

というものであった。

軍令部の主要首脳は、総長が伏見宮元帥、次長が近藤信竹中将、第一（作戦）部長が宇垣纏少将、第一課長が中沢佑大佐、第三（情報）部長が岡敬純少将で、かれらがこの案を承認したのである。

海軍省の主要首脳は、海相が吉田善吾中将、次官が住山徳太郎中将、軍務局長が阿部勝雄少将だが、かれらは伏見宮に反対意見を述べることができなかった。米内、山本、井上らとくらべ、格段に主体性と迫力に欠けていた。かつて軍令部情報部員で、三国同盟に公然と反対していた大井篤元海軍大佐は、つぎのように述べている。

「私には今でも不思議だが、海軍が米内・山本・井上の代りに、それぞれ個性の正反対な吉田善吾（大臣）、住山徳太郎（次官）、阿部勝雄（軍務局長）を繰出したのは何故だったのか。

人選は誰だったのか。

吉田は何でも自分でやらないと気がすまず、大局を逸するタイプ。住山は綽名《あだな》を〝女子学習院長〟。阿部はその直前まで軍令部情報部長として約一年私も仕えたが、ニヤリニヤリで意見は言わない。

米内が山本の次官留任の願いを斥け《しりぞ》（山本が右翼に狙われて命が危いとの理由で）連合艦隊長官にしたのだとの説がある。それだと吉田を大臣に、その次官に住山的人物を配したのがおかしい（強力な人材でなければならない）。どうもこの人事は米内・山本・井上トリオが期待したものではなさそうだ。〝大御所〟（伏見宮）の人選ではないか。三国同盟成立時（昭和十五年九月）にみる伏見宮の態度からもそういえそうだ」（『井上成美のすべて』）

ともかく、こういう大本営海軍部案が出されたことは、米内海相時代に反独伊であった海軍が、欧州情勢の変化のために親独伊に変わり、親陸軍化してきたことを示すもので、その中心人物は、もともとが反英米の伏見宮軍令部総長であったといえそうである。伏見宮は閑院宮より十歳若い六十五歳で、まだロボットではなく、実力者として全海軍に君臨していた。

陸軍に同調し、陸軍を力づけた海軍のこの態勢で、米内内閣の命運が尽きることも決定された。

石渡書記官長は、七月十二日、来訪した原田熊雄に告げた。

「阿南陸軍次官と武藤軍務局長がきて、こんな性格の弱い内閣では、内外情勢の急激な変化には対応できないから、よろしく近衛公に内閣を明けわたすべきだ、というようなことをいうので、拒否したところ、それならば陸軍大臣を辞任させるより途《みち》がないといって帰っていった」

畑陸相は七月十四日夜、米内のつごうで米内に会えなくなったため、準備している覚書を首相秘書官に渡した。

「世界情勢の一大転換期に際会し、国内体制の強化、外交方針の刷新は焦眉《しょうび》の急となっている。しかるに政府は何ら為すところなく、いたずらに機会を逸している。これでは事変処理のためにも支障がある。すべからくこのさい人心を一新し、新体制の確立を促進するため現内閣の進退を決意すべきである」

という趣旨であった。

米内は、陸軍と畑の考えを明らかに知った。だが、米内には米内の考えがあった。

「近衛が提唱する国内新体制（全体主義的・軍国主義的政治・経済・文化体制）とかいうようなものには絶対に反対で、あくまでも立憲的に行動する。

欧州の情勢に刺激され、英米を対象とする三国同盟の議がさかんになってきたが、独伊は信頼できない。とくに中国問題でドイツと提携すれば、ドイツは中国に介入してくるし、英米との衝突の恐れが大となり、最も危険である。中国問題は日英中の三国間の交渉によって解決すべきである。日独伊三国同盟には絶対に反対する。

あくまで自由の立場に立ち、わけのわからぬ強がり（東亜の盟主になるなど）をいわず、他人の褌《ふんどし》で相撲を取るような依頼心（独伊への）を抑え、欧州戦争の渦中に巻きこまれることなく、静観の態度をとって妄動《もうどう》しないことは、世界平和のためであり、日本の将来のためにもよろしい」

というものである（高木惣吉写・実松譲編『海軍大将米内光政覚書』）。

七月十六日、閣議のまえ、午前九時五十分ごろ、畑は米内と対決した。

「一昨夜の書類は見られたか、それにたいするご意見はいかがか」

米内は、『畑日記』によると、

「居丈高になり、これは公式の話である」

として、要旨つぎのようにいった。

「いやしくも大命を奉じて内閣を組織した以上、大義名分に則する理由がなければ、自分としては陛下の御前でお暇をいただくことを申し上げることはできない。

一昨夜もらったご意見によると、陸軍はかく思う、国民はかく考えるとある。それだけで陛下にお暇をお願い申し上げることはできない。陸軍がこういうからと陛下に申し上げるわけにはいかない。また今後はかくあるべしという希望によって、内閣をやめるということは、辞職の理由にならない。

陸軍部内の統制のことについては、自分からとやかく申し上げない。しかしながら陸軍大臣が一昨夜の意見のごとくお考えになり、他に考慮の余地がないならば、辞表を出してもらうよりほかはない」

そこで畑は、用意の辞表を提出した。

陸軍は、午後一時半から、閑院宮参謀総長、山田乙三教育総監、畑陸相の三長官会議をひらき、ついで寺内寿一、杉山元両大将、岡村寧次《やすじ》中将の三軍事参議官の意見を聞き、後任陸相を出さないことを決定した。

畑がその陸軍の意思を米内に伝えた。

米内は、午後四時半、参集した閣僚を前に経過を説明し、辞表の提出を要請した。誰も異議をとなえなかった。

解散に当たり、書記官長の石渡荘太郎は米内の手を固く握り、

「総理のご心中、お察し申します」

と、両眼に光るものを見せていった。

首相官邸を去る厚生大臣の吉田茂（戦後首相になった吉田茂と同名異人）は、

「米内さんは国の宝だ。米内さんにもっと首相をつづけてもらいたかったのに……。陛下のお気持と総理の心中を察すると……」

と、ひとりごとをいい、ハンカチで涙を拭いた。

石渡が午後五時半に発表した米内内閣総辞職の談話はつぎのとおりであった。

「現内閣は組閣以来、閣僚一致内外重要国務の遂行につき全力をあげて努力しきたりたるも、陸軍大臣は近時の政情に鑑《かんが》み辞表を提出したるにより、米内内閣総理大臣は辞意を決し、各

閣僚の辞表を取りまとめ、本日闕下《けつか》に捧呈《ほうてい》することとなれり」

陸軍のボイコットによって総辞職になったことを、明らかにしたのである。

各閣僚の辞表を持った米内は葉山の御用邸にゆき、午後七時四十分ごろ、天皇に辞表を提出した。

木戸は七月十四日に、天皇から、

「米内内閣にたいする信任は今日も変わらぬところ、内外の情勢により内閣の更迭を見るはやむをえずとするも、自分の気持は米内に伝えるように」

といわれていたが、それをこのとき米内に伝えた。

天皇も、陸軍ばかりか、近衛、木戸も米内内閣の更迭を望み、右翼暗殺団は二・二六事件とおなじような行動を示し、海軍まで陸軍に同調するようになっては、米内内閣の退陣を認めるほかなくなったようである。もし存続させれば、重大な禍《わざわい》が発生する恐れもあった。

この日天皇は、木戸に、米内内閣発足のとき、畑に質問したことについて、

「あれは非常に誤解されているが、優諚を下したのではない。……畑をよんで、『米内に大命を下したが、陸軍はこれに協力するか』と質問したのにたいして、畑が『協力する』とこたえたので、『それならよろしい』といったのだ。決して命令したのではない」

と説明した。畑や陸軍の立場に問題が残らないように配慮したようである。

七月十七日朝、葉山御用邸に赴き、辞表提出の経過を説明した畑に、天皇は、

「今回のことはまことに残念に思う。しかしいままでとかく曖昧な態度が多かった（板垣陸

相の辞表など）が、今回責任を明らかにしたのは不幸中の幸いと思う」

と、ねぎらうようにいった。

米内は内閣崩壊について、陸軍の反感、暗殺未遂事件、畑の辞表提出などをあげているが、その最後に、

「これを要するに、私の内閣が挂冠《けいかん》するに至ったのは、陸軍および他の軍国主義的かつ侵略的傾向の諸団体によって強制されたものであります」

と述べている（『海軍大将米内光政覚書』）。

慶応義塾塾長の小泉信三には、のちに、こう語っている。

「私では三国同盟もやらず、国内改革も実行しないからというので、倒閣になったのです。その原因をなした畑陸軍大臣は意気銷沈《しょうちん》し、最後の閣議の席上、こんどのことは何としても自分が悪いのですから、いかに責められても甘んじてうけますといい、かえって被害者である私のほうで気の毒になったくらいでした。ある閣僚から注意があったので、私のほうから手を差しのばして握手しました」

内閣総辞職時、米内は六十歳であった。天皇は三十九歳、畑が六十一歳、木戸が五十一歳、近衛が四十九歳である。

狂踊

米内内閣が総辞職した日の夕刻、各省庁の秘書官らは首相官邸地下食堂に集まり、別れの会をひらき、名残を惜しんだ。

席上、吉田厚相の秘書官尾形匡《ただす》が、

「米内さんの人徳を偲《しの》ぶとともに、われわれの友情をいつまでもつづけるための会をつくろうではないか」

と提案し、陸相秘書官以外の秘書官らが賛成して、「一六会《いちろく》」が生まれた。

昭和十五年一月十六日に成立し、七月十六日に退陣したからである。

「質屋みたいだなあ」

の声もあったが、

「いいじゃないか、米内さんは貧乏だから」

と、この名に決まった。

米内の清節にあやかり、金銭の貸借と就職の相談はおこなわないの二つが申し合わされ、毎年一月十六日と七月十六日が定例の会合日とされた。

第二回の「一六会」はこの年十月に丸の内の料理店でひらかれ、年とともに回が重ねられていった。

米内やオヤジ（大臣、長官）らも、つごうがわるいことがなければ喜んで出席し、会員の秘書官らはそれを楽しみにした。

「一六会」の第百回は昭和五十九年一月十六日であった。米内やオヤジらはすべて亡く、会員の秘書官らも故人となった者が多かった。

当時吉田海相の秘書官であった福地誠夫《のぶお》は、こう語っている。

「内相秘書官の宇佐美毅君は、戦後長く宮内庁長官を勤めた。陛下が折りにふれ、米内さんの思い出話をされるので、お相手をしているうちに、一六会のことを申し上げた。

陛下は一六会にご興味がおありになったのか、よくおぼえておいでになって、

『今日は一六会の日だな』

とおっしゃられたことがあったという。宇佐美君は公務のつごうで出席できないときでも、お許しを得て、陛下御用の日本酒を二本ずつかならずとどけてよこした」

「一六会」は平成元年一月十六日で百八回を数えたが、生き残り数名と未亡人、子供らで、まだつづけてゆくようである。

原枢密院議長、若槻、岡田、広田、林、平沼元首相の重臣らと、木戸内大臣の推薦によって、七月十七日夜、予定どおり、近衛に組閣の大命が下った。

「近来病気のみならず、政界事情にうときため、責任をもって奉答いたし難し」

元老の西園寺はそう断わっていた。

第二次近衛内閣成立は陸軍の思うツボであった。二ヵ月のちの九月十八日のことだが、原田熊雄は高木惣吉海軍大佐に、

「陸軍が近衛をカツギ出したのは、日独伊三国同盟を成立させ、右翼刑余者を恩赦または大赦で解放させるためだった」

と語っている。

要するに近衛を矢面に立たせ、陸軍がそれを操り、野心を遂げようとしたのであった。

陸軍は、最も強硬な武断派である航空総監東条英機中将を、陸相に推薦した。

海軍は吉田善吾海相を留任させた。ただ吉田は、昭和三十一年十二月になって、財団法人水交会（旧海軍関係者の団体）に、つぎのように述懐している。

「……私は心身ともに疲労しているうえ、欧州情勢の急変にともない、政界多事陸軍がうるさいので、嫌気がさし、第二次近衛内閣に留任しないつもりでいた。ところが総長宮（伏見宮）がしきりにすすめられる。殿下は私より十歳も御年が上であり、ひきつづき総長をしておられるので、疲れたとは断わりきれず、とうとう留任することにしたが、これが失敗であった」

伏見宮は、吉田ならば自分の意思に従い、陸軍とも衝突しないと考えたらしい。

近衛は、有田外相の後任に、日本が国際連盟を脱退したときの立役者、松岡洋右をえらんだ。権謀術策をしきりに使う松岡につよい危惧の念を抱いた天皇は、閣僚名簿捧呈のとき、

「松岡外相は大丈夫か」

と、二度にわたって近衛に念を押したが、近衛は松岡をかえなかった。

近衛の外交にたいする判断は、

「英米との交渉をやるのにも、あるていど独伊との関係を強化する必要がある」

というもので、松岡の、

「日米戦争を阻止するには毅然たる態度をもって臨むのほかなし。しかりとすれば、その毅然たる態度を強むるために一国にても多くの国と堅く提携し、米国に対抗することが外交上喫緊事であると信ずる」

に通じていたのである。

だがこれは、天皇が危惧するとおり、国を誤るきわめて危険な考えであった。

米内は松岡をこう評した。

「思いつきのいいところもあるが、まちがった方向へ遮二無二突進する。客観的に物を判断しないで、自分の主観をぜったい正しいと盲信するから危険である」

昭和十五年十月一日に支那方面艦隊参謀長から海軍航空本部長に転補となった井上成美中将（昭和十四年十一月に進級）は、ひさしぶりに会った海軍書記官の榎本重治に、険しい顔

つきで語った。

「松岡外相は、日独伊三国が手を握れば、アメリカはひっこんでしまうといっているようだが、こういうのを痴人の夢というのだろう」


第二次近衛内閣は、昭和十五年七月二十六日、「基本国策要綱」を採択した。要点はつぎのようなものである。


「皇国の国是は、皇国を核心とし、日満支の強固な結合を根幹とする大東亜（東アジア）の新秩序を建設することにある。

国家総力発揮の国防国家体制にもとづき、国是遂行に遺憾ない軍備を充実する。

外交の重心を支那事変の完遂におく。

内政の急務は、国体の本義（神聖不可侵の天皇制）にもとづいて諸政を一新し、国防国家体制の基礎を確立することにある。

そのため、国体の本義に透徹する教学の刷新と相まって、自我功利の思想を排し、国家奉仕の観念を第一義とする国民道徳を確立する。また科学的精神の振興を期す。

（中略）

日満支を一環とし、大東亜を包容する皇国の自給自足経済政策を確立する。

官民協力による計画経済の遂行、とくに主要物資の生産、配給、消費を貫く一元的統制機構を整備する。

（後略）」

立案したのは企画院調査官秋永月三陸軍大佐を中心とする親陸軍革新官僚グループで、美辞麗句が並べられているが、国民の言論の自由をおさえ、全面的な統制経済をおこない、軍国主義国家をつくり、東アジア地域を帝国主義的に支配しようとする、例のとおりの陸軍のいかがわしい思考であろう。

明くる七月二十七日には、大本営・政府連絡会議で、陸海軍と外務省が合意した「世界情勢ノ推移ニ伴フ時局処理要綱案」が採択された。

この結果、日本はついに親独伊・反英米路線に踏み切り、武力による南方進出を強行するに至る。

天皇は七月二十九日午後、閑院宮参謀総長、沢田次長、伏見宮軍令部総長、近藤次長をよび、「世界情勢ノ推移ニ伴フ時局処理要綱案」について詰問した。

「南進にさいし、陸軍の現軍備計画を縮減できるか」

「日米海戦にさいし、海軍は日本海海戦のごとき快勝を得る自信があるか」

閑院宮は、

「縮減できませぬ」

伏見宮は、

「海軍はそれほどの自信はありません」

とこたえた。

天皇の詰問は、できもしない、自信もないことをやるなという意思を示したものであった。

翌七月三十日、蓮沼侍従武官長は参謀本部にゆき、沢田次長に、

「陛下は、陸軍が遮二無二南方進出をおこなうことを非常にご心配になっておられる」

と伝えた。

「日本の国力は支那事変に投入されて余力がとぼしい。自力で南方解決などは考えていない。ドイツの対英作戦が成功したさいにはこの案のようにおこなわれるもので、要するにあくまで他人の褌《ふんどし》で角力《すもう》を取る心算でいます」

沢田はこうこたえた。現実には、ドイツの対英作戦が不成功のまま、南方への武力進出を強行することになる。

天皇は武力行使を伴う南進政策にきわめて不満であり、反対であった。しかし、立憲君主制（憲法に従っておこなわれる君主制）に従い、大本営（参謀本部と軍令部）と政府間で一致した国策は、意に反したものでも却下しない建前を厳守していたため、これを却下することができなかった。

閑院宮、伏見宮、近衛、松岡、東条、吉田らは、天皇の意思を無視し、天皇を孤立無援の境地に追いこみ、「現人神」という名の「ロボット」にしようとしたといえる。

近衛は組閣の大命をうけたとき、

「憲法の条章を守ること
財界に動揺を与えないこと

英米と協調すること」

の三ヵ条を天皇から指示された。ところが、近衛がやろうとしていることは、

「憲法に違反するような全体主義的政治

財界に動揺を与える全面的統制経済

独伊との協定を強化し、英米と敵対する外交」

であった。

近衛は天皇について、近衛の顧問の東京帝国大学教授矢部貞治に、

「陛下が憲法の条章と仰せられるのは、多く西園寺、湯浅流の古い自由主義的解釈である。財界の動揺をご軫念《しんねん》で、株の上下までご心配になる。対外的には深く親英米的なご感情がある。

ところがそれをそのまま遵奉するのでは、今日の日本の政治はとてもおこなえない。

……率直にいうと陛下は複雑な政治問題と、とりわけ事態の動態的な発展につき、ご理解が薄いように見うけられる。

……経済もこの準戦時においては、どうしても統制と計画を欠くことはできない。

……現下の国際情勢では、英米の態度に鑑《かんが》み、その英米との交渉をやるためにも、あるていど独伊との関係を強化する必要もあることにつき、率直に申し上げてお許しを得たい」

と打ち明けていた。

だが、この陸軍寄りの思想を持つ近衛が、天皇寄りの思想を持つ米内に代わり首相に就任

したことが、逆に日本に大禍をもたらすことになる。

さらに、米内を欠き、伏見宮を中心とする海軍が天皇の反対側にまわったことが、それに拍車をかけるのである。


首相を辞めた米内は前官の礼遇（宮中席次などにおける特別の待遇）をうけ、国家の重臣となった。しかし俸給はなく、海軍でも予備役のため、収入は恩給と金鵄勲章功一級（支那事変における戦功）の年金だけで、海軍大将、海相、首相であった要人とは思えない平凡な市井人の暮らしをはじめた。

首相になってまもなく、渋谷区竹下町の家から、女婿の二反田三郎少佐の家に近い麴町区三年町の家に引っ越した米内は、そこに家族とともに住んでいた。八十三歳の母親とみ、六十二歳の姉ひさ、五十三歳の妻こま、娘二人、息子二人の家族である。長男剛政《よしまさ》が慶応義塾経済学部二年生、次男尚志《たかし》が麻布中学校一年生であった。

四十余年の公生活を離れ、自適の生活に入った米内であったが、海相の吉田善吾とは、よくゆききしていた。政界、海軍の情勢について、意見をいい合っていたのである。

しかし吉田が、

「何か不自由なことがありますか」

と聞いても、

「いや、けっこう面白く暮らしているよ」

と、こたえるだけであった。

外出するとき米内は、市電（都電）や省線（JR線）、地下鉄に乗った。誰が見てもそれとわかる白皙《はくせき》長身の容姿なので、車内では乗客らの視線を浴びた。覚えがないのに会釈されたり、ひそひそ話をされたりする。乗客らは、このあいだまで首相だった人物が電車に乗るなど、理解できないらしかった。物にあまりこだわらない米内だが、さすがに照れ臭い思いをした。

吉田海相にいえば、乗用車の一つぐらいはすぐ回してくれようが、そういうことは、いくらすすめられてもしなかった。

海軍では、大臣や司令長官でも、夫人同伴を必要とされる公用以外は、自分が乗る公用車に家族を乗せないことにしていたが、米内の公私の区別はひときわ厳格であった。

八月、生まれてはじめて日光見物に出かけた米内は、中禅寺湖畔のホテルから、兵学校同期の予備役中将荒城二郎に、面白い手紙を書いた。

「新体制は遊戯ではない、真剣にやらねばなるまい。奇想天外丈《だ》けなら天勝の方が宜敷《よろし》い。美辞麗句丈けなら支那人にやらした方が上手だ。（中略）

総じて日本人の特性は躁急《そうきゅう》であるが、然《しか》し実行には惰性大きくして方向を転換するに容易ではないと思ふが如何。如斯《かくのごとき》観念から現代の態勢を客観すると、魔性の歴史といふものは人人の脳裡《のうり》に幾千となく蜃気楼を現はし、（中略）所謂《いわゆる》時代政治屋を操り、一寸《ちょっと》思案してはこの人形政治屋に狂態の踊ををどらせる。（中略）斯《か》くして魔性の歴史といふものは、人々を歩一歩と思ひもよらぬ険崖《けんがい》に追詰むるのであるが、然し荒れ狂ふ海が平穏にをさまるときのやうに、狂踊の場面から静かに醒《さ》めて来ると、（中略）ハテ、コンナ積りではなかったと、驚異の目を見張るやうになって来るだらうと思ふ。（中略）

日光の三猿を見て
見るもよし聞くもまたよし世の中は
　いはぬが花と猿はいふなり
『猫』を見て
ねたふりをしても動くや猫の耳」

大東亜新秩序建設を呼号する陸海軍の親独伊派、それを利用したがる近衛、木戸、松岡らは、いずれ日本を「険崖」に追詰めるであろうと見て、欲に駆られたその運動を「狂踊」と評している。自分は「見る」「聞く」はするが、「いわない」猿になり、耳を動かす猫になるというのである。

日独伊三国同盟締結と南方武力進出の動きが急迫するにつれ、ノイローゼが高じた吉田善吾は、九月五日、伏見宮総長が信任する横須賀鎮守府司令長官及川古志郎大将と、海相を交代した。

次官の住山徳太郎中将が大臣代理となり、海相人事について伏見宮の意向を尋ねたところ、

「及川にするよう」

いわれたと、住山はのちに語っている。

及川は盛岡尋常中学校で、米内が五年生のとき二年生、板垣征四郎が一年生という関係であった。

伏見宮と話し合った及川は、

「日独伊三国同盟にたいして、海軍のこれ以上の反対は適当ではない」

と公言している海軍航空本部長豊田貞次郎中将を、九月六日、女性的な住山に代えて、海軍次官に起用した。

この日の四相会議（近衛首相、松岡外相、東条陸相、及川海相）で、伏見宮の意をうけた及川は、

「原則的に三国同盟に同意するが、自動的参戦の義務を負うことには絶対反対する」

と述べた。

松岡外相は、九月七日に来日したドイツ特使ハインリッヒ・スターマーと日独伊三国同盟条約案をつくり、九月十二日、四相会議に提示した。

「日独伊は前述の趣旨（新秩序建設に関する日独伊それぞれの指導的地位）にもとづく努力について相互に協力し、かつ協議すること。ならびに右三国のうち一国が、現在の欧州戦争または日支紛争に参加していない一国から攻撃された場合には、あらゆる政治的、経済的、および軍事的方法によって相互に援助すべきことを約す」

という骨子のものである。東条は全面的に賛成し、及川は考えさせてもらいたい、と態度

を保留した。

豊田海軍次官は、翌九月十三日、松岡と会い、前記主文につぎのような極秘公文をつけるならば、海軍も三国同盟に賛成しようと内約した。

「攻撃されたかどうかの判定は、三締盟国の協議によることとする。

自動参戦義務と実際の援助行為を分けるための決定は、各国政府の承認を必要とする」

この同盟の本質は、主文のとおり、三国のうちの一国が三国以外の他国から攻撃をうけたばあい、他の二国に自動参戦の義務が生ずるものだが、極秘交換公文によって、かならずしも自動参戦の義務があるとはかぎらなくなる、というのである。

松岡はこの案に同意した。

豊田は最初から三国同盟を成立させようとしていたが、これで海軍部内もいいくるめられると思ったらしい。

案の定、及川も伏見宮も賛成した。

大角岑生、永野修身大将ら各軍事参議官、山本五十六中将以下各艦隊司令長官、塩沢幸一大将ほか各鎮守府司令長官などを集めた海軍首脳会議が、九月十五日夕刻、海相官邸でひらかれた。議題は三国同盟問題である。

次官の豊田が司会し、軍務局長の阿部勝雄少将が経過を説明した。

ところが、説明が終わったとたんに、思いがけなく、伏見宮軍令部総長が、坐《すわ》ったままで、

「ここまできたら仕方ないね」

と、座を制するように発言した。

ついで先任軍事参議官の大角（兵学校で永野より四期、米内より五期上の第二十四期）が、

「軍事参議官としては賛成である」

と太鼓をたたくようにいった。軍事参議官全員の意見をまとめたわけではないのに、いかにもそういういい方であった。

伏見宮は皇族の権威によって、大角は先任大将の立場によって、三国同盟にたいする反対論を頭から封じようとしたのであった。

一同はおし黙った。山本五十六だけが立ち上がり、

「条約が成立すれば米国と衝突するかもしれない。現状では航空兵力が不足し、陸上攻撃機を二倍にしなければならない」

というようなことをいったが、迫力のあるものではなかった。

けっきょく及川が、

「それでは海軍は、日独伊三国同盟に賛成ということに決定いたします」

と宣言し、会議は終わった（軍事参議官長谷川清大将の昭和三十七年の証言、野村実著『歴史のなかの日本海軍』）。

会議の進め方は、伏見宮、大角、及川、豊田らが事前にしめし合わせていたもので、主役は伏見宮であった。

九月十九日、三国同盟締結に関して、大本営・政府連絡会議の御前会議がひらかれたが、及川でなく、伏見宮が海軍を代表し、

「一、なしうるかぎり日米開戦を回避するよう万全を期する
二、南方への発展は極力平和的におこなう
三、言論の指導統制を強化して有害な排英米言動を厳しく取り締る
四、海軍戦備および軍備を強化促進する」
の条件のもとに、三国同盟に同意すると主張した。天皇はじめ三国同盟反対論者をなだめすかしながら、対米戦の準備を強力にすすめるというようなものである。

出席者で三国同盟に反対する者はなく、近衛は原案の可決を宣した。

終始無言の天皇が入御ののち、一同は花押し、ついで裁可の手続きがとられた。

原田熊雄は、九月二十日、首相官邸で、日独伊三国同盟締結をすすめてきたはずの近衛から、ひどいグチを聞かされた。

「わたしは日独協定なんか絶対反対だ。元来は対米戦を避けるための約束であるという（松岡外相と陸軍の主張）けれども、自分はむしろ対米戦を招来することになりはせんかと思う。

山下亀三郎が、西山勉財務官（駐米）からきた手紙を見せてくれたが、

『米国はドイツの英本土上陸作戦を失敗と見ている。上陸作戦が失敗ならば、英国は十月すぎてからますます強くなる。

一方、大統領の選挙もあり、米国の参戦はますます確実となろう。

一方、日本の新聞の来るのを見ると、まるでドイツの宣伝紙のようで、まことに恥ずかしい話だ』と書いている。

これらの点から見て、米国の参戦が明瞭であるとして、日本がドイツのために、けっきょく一役買わなければならないということは、今日国民が一時も早く戦争をやめたい、負担を軽くしてもらいたいという矢先に、何を好んで対米戦争を買って出るか、というのが一般国民の常識であると自分は考える。

この条約が公表されるとき、おそらく相当な波紋が生ずるだろう」(『西園寺公と政局』第8巻)

近衛はいつもこのように、無責任なことをいう男であった。

九月二十六日、三国同盟条約案が枢密院本会議まえの審査委員会で審議された。

近衛は委員会でのはげしい質疑応答のあと、天皇によばれて、いっしょに庭に出た。

「この条約ができたら、国民はさぞ難儀をするだろうな」

天皇は重い口調で洩《も》らした。衝撃をうけた近衛は脳貧血を起こして気が遠くなった。

九月二十七日、ベルリンのヒトラー総統官邸で、来栖《くるす》三郎駐独日本大使、リッベントロップ独外相、チアノ伊外相によって、日独伊三国同盟が調印された。

三国同盟成立を聞いた西園寺公望は、そばに仕える女たちに、

「これでもうお前さんたちさえも、畳の上で死ぬことはできない」

といい、一日中、床の上に瞑目《めいもく》して、ひと言も語らなかった。西園寺はこれから二ヵ月後の十一月二十四日、興津の坐漁荘で死去した。九十一歳で天寿を全うしたといえるが、思い残すことが多かったであろう。

三国同盟にたいして、伏見宮が天皇の意を体して海軍を締結反対にまとめ、松岡と陸軍に対抗したならば、同盟は成立しなかったにちがいない。伏見宮がむしろ率先して賛成したために、海軍は松岡と陸軍に同調し、成立させてしまったといえる。

日独伊三国同盟審議と並行して、フランスとの間に北部仏印進駐交渉がすすめられていたが、九月二十二日、天皇の憂慮を和らげるように、日仏協定が成立した。

「駐屯日本軍の兵力は六千人を超えない。

連絡員以外のハノイ立ち入りは認めない。

日本軍の使用飛行場は四ヵ所とする」

ところが、九月二十三日、現地に派遣されていた参謀本部第一部長富永恭次少将は、

「過早な発砲は禁ずる」

の天皇の厳命も、日仏協定も問題にせず、陸軍部隊の武力進駐と北部仏印占領を強引にリードした。

富永とともに参謀本部から派遣されていた参謀荒尾興功《おきかつ》中佐は、前日の二十二日、第二遣支艦隊（南シナ海の警戒を担当）参謀大井篤中佐に、こう語っていた。

「協定が成立しようとすまいと、武力行使をするというのが大命だ。統帥命令で〝武力を行使することを得〟というばあいは〝武力を行使せよ〟という意味なんだ。この大命の起案者はこのわたしなんだから、その点まちがいない」

天皇命に背く北部仏印武力進駐の中心人物は参謀本部第一部長の富永と、南支那方面軍参謀副長佐藤賢了大佐であった。両人とも、軍務局長武藤章少将とともに東条陸相の腹心中の腹心である。

天皇は憤り、非常な不興を示した。しかし東条は二人を厳重処分に付さなかった。富永は形式的に左遷されたが、まもなく陸軍省人事局長、ついで陸軍次官となり、佐藤は無処罰のまま陸軍省軍務課長、ついで軍務局長となった。「悪い奴《やつ》ほど出世する」の見本のようなものだが、この点で最も悪い奴は、東条ということになろう。

日本軍の北部仏印進駐と日独伊三国同盟締結にたいして、米国は峻厳《しゅんげん》に反応した。九月二十五日、蔣介石政権に二千五百万ドルの借款を供与すると言明し、二十六日には日独伊への屑鉄、鋼鉄輸出を禁止すると発表した。

国務省の国際経済顧問ハーバード・ファイスは、『真珠湾への道』で、こう述べている。

「情勢の変化は、つづく数ヵ月における米国の政策の傾向のなかに表現された。それは、近衛や松岡や東条が、米国が採るだろうと予言したものとは、まったく反対の方向を採ったものであった。

米国政府は、単に日本政府がすでに予見していた貿易制限の諸措置を計画しはじめただけではなかった。米国政府は、はじめて、南・西太平洋の遠隔区域におけるすべての武力の使用をも考慮しはじめたのである。

考え方と行動の双方の分野で、米国は英帝国に接近していった」

米国は十月三十日、蔣介石政権にさらに一億ドルの借款、百機にのぼる航空機のひきわたし、航空士、航空術教官の派遣などを許可した。

十二月二十九日、ルーズベルト大統領は、「炉辺閑談」(ラジオ演説)のなかで、

「いわゆる欧州および極東の新秩序(ドイツが欧州の大部分を、イタリアが南欧とアフリカを、日本が大東亜共栄圏と称する東アジアを支配するというもの)は、世界の人類を奴隷とせんとする『不神聖同盟』にほかならない。

英国はいまこの不神聖同盟と戦っている。米国としては今日、英国援助のための可能なるあらゆる手段を尽くす方が、拱手傍観将来を待つよりは、はるかに戦争に巻きこまれる可能性が少ないと、わたしは断言してはばからない」

と述べ、軍備を充実し、侵略国と戦っている国を援助することを強調した。

これは、三国同盟を結べば、日本が対英仏蘭戦に入っても、米国は英仏蘭側に参戦しないであろうという希望的観測を、明らかにくつがえすものであった。

三国同盟の海軍案を決定する最終段階の情況を豊田次官は昭和三十二年十二月、つぎのよ

うに述懐している。

「松岡の私邸にゆき（九月十三日）、茶室で二人で密議をした。海軍側の修正案を示して、ここはこうすると説明すると、それでよろしいとのことであったので、帰って及川大臣に報告し、このていどなら大臣の考えで決めてよかろうと申し上げた。

……私は参考のため、米内大将を訪問して意見を聞いたが、

『これまで直したのなら、それでよくはないか』

と割り方穏やかな返答であった。

つぎには軍事参議官を歴訪してひと通り内諾を得た。

また軍令部総長宮には近藤次長から説明してご承諾を得た」（『元海軍大将豊田貞次郎談話収録』財団法人水交会）

このうち「軍事参議官を歴訪して……」は、全員を歴訪したのか、また全員が同意したのかは不明である。

当時海軍省調査課長の高木惣吉大佐は、豊田が聞いたという「米内の意見」について、昭和三十七年二月、

「米内大将はすでに予備役であり、相談をうけたとしても、明確に自分の意見を述べる立場ではない」

と、防衛庁戦史室員に語り、真実性に疑問を呈している。

海相就任時の米内が、朝日新聞の若い政治部記者杉本健に、

「緒方と僕とはね、義兄弟の盃を交している仲なんだ」

と語った朝日新聞主筆の緒方竹虎は、三国同盟締結直後、無官の米内を訪ねた。

「われわれの三国同盟反対は、あたかもナイアガラ瀑布の一、二町上手で、流れに逆らって舟を漕《こ》いでいるようなもので、今から見ると無駄な努力だった」

米内はそういって嘆息した。

緒方が問うと、

「米内、山本の海軍がつづいていたなら、徹頭徹尾反対しましたか」

「無論反対しました」

とこたえたが、しばらく考え、

「でも殺されたでしょうね」

と、感慨に堪えないようにいった。

米内は、日独伊三国同盟に関する詔勅にある「政府ニ命ジテ帝国ト其ノ意図ヲ同ジクスル独伊両国トノ提携協力ヲ議セシメ」の字句を何回か読み返していたが、「帝国ト其ノ意図ヲ同ジクスル独伊両国」がどうしても腑に落ちない様子であった。

昭和十九年三月末、ある会食の席で、慶応義塾塾長の小泉信三に三国同盟のことを聞かれたときは、米内ははっきりこたえた。

「三国同盟を結んでおいて日米国交をやろうというのは無理な相談です。近衛君にあとで聞いてみましたが、ただ自分の不明でしたというばかりでした」

豊田が聞いたという「米内の意見」より、緒方や小泉に述べた意見のほうが真実のようである。豊田に会ったときの米内は、「いわない猿」だったのではなかろうか。

井上成美は、昭和三十八年に、海軍首脳の三国同盟にたいする見解を、つぎのように批判した。

「海軍首脳部の言は、両立しない二つの国策を、その後の日本の進む道として合わせ呑《の》んだもので、なんど読んでも道理に合わないと思う。

米国人がいちばん嫌っている国民、しかも一年まえから非道の侵略戦遂行中で、米国と関係密接な英国と交戦中のドイツと軍事同盟を結ぶことは、対米戦に一歩をすすめることになる点に思い至らないことは、まことに不思議というほかなく、正常な理性の持主とは考えられない」

井上の意見を裏書きするように、海軍書記官の榎本重治は、三国同盟案を海軍が検討していた当時、及川海相に、

「現に交戦中の一国と同盟条約を結ぶことは、大国として類例をみない」

という反対意見書を提出していた。

山本五十六は、三国同盟締結からほどない昭和十五年十月半ごろ、原田熊雄に、溜《たま》ったものをぶちまけるようにいった。

「実に言語道断だ。私の考えでは、アメリカと戦争するということは、ほとんど全世界を相手にするつもりにならなければだめだ。結局私は、もうこうなった以上最善を尽くして奮闘

する。そうして『長門』艦上で討死するだろう。そのあいだに、東京あたりは三度ぐらい丸焼けにされて、非常に惨めな目にあうだろう。そうして結果において近衛だのなんかが、気の毒だけれども、国民に八裂きにされるようなことになりゃあせんか。もうこうなった以上はやむをえない」

米内、井上とおなじく、三国同盟締結を慨嘆したのである。ただ、

「もうこうなった以上最善を尽くして奮闘する。そうして『長門』艦上で討死するだろう。そのあいだに、東京あたりは……」

と、負けて悲惨な目にあうに決まっている戦《いくさ》を敢《あ》えて戦うようにいうところが、米内、井上とはちがっていた。

山本は花々しいこと、悲壮で美しいこと、恰好いいことなどを好むが、このいい方は、そういう山本らしいものであった。

しかし、こんなことをいうより、たとえ連合艦隊司令長官であっても、

「日本海軍は対米英戦にはかならず負ける。やってはならない」

と、米内、井上のように、明確にいうべきであったであろう。

北部仏印進駐と三国同盟締結は、目先の欲に駆られ、大局を誤り、対米英戦を決定的にした大失策で、まさに「狂踊」であった。

閑院宮元帥が参謀総長を辞任したのは、昭和十五年十月三日であった。北部仏印進駐での

統制違反の責任もあるが、軍国主義体制がととのってきたいまとなっては、陸軍にとって厄介者になったからである。

代わりに、東条と同意見の杉山元大将が新参謀総長に就任し、これで陸軍はいよいよ対英米蘭戦の準備をすすめてゆく。

海軍の武断派

昭和十五年秋、宮内大臣の松平恒雄は、米内のために官邸で一夕の慰労宴をひらいた。松平が親しい元外交官、現宮内次官、元海相大角岑生《みねお》、元連合艦隊司令長官小林躋造《せいぞう》、元外相野村吉三郎、元海軍次官（のちに侍従長）藤田尚徳《ひさのり》の四人の海軍大将が出席した。海軍兵学校で大角は米内の五期上の第二十四期、小林と野村は第二十六期、藤田は米内と同期の第二十九期である。伏見宮にうけのいい大角以外は、対米英協調派であった。

この席で米内と松平は、羽織袴姿で絨毯の上に正座し、声よく節まわしよく長唄「勧進帳」を唄い切り、めったにおどろかない連中をおどろかせ、拍手喝采をうけた。

ほとんどの者は知らなかったが、米内と松平の長唄には、ずいぶん年季が入っていたのである。

九月二十七日の閣議で、高度国防国家を建設する新体制運動を「大政翼賛運動」、その政治的組織を「大政翼賛会」とよぶことが決議され、大政翼賛会の発会式が、十月十二日、首相官邸でおこなわれた。

ところが、政界、学界、外交界、言論界、各種団体からの人びとが会員となったこの会が、一国一党の大政治団体に発展するものなのか、あるいは単に挙国一致のための運動を提唱するだけのものなのか、ついに不明であった。

会の総裁近衛首相は、

「本運動の綱領は、『大政翼賛の臣道実践』ということに尽きると信ぜられるのであります。これ以外は綱領も宣言もなしといいうるのであります。……かく考えきたって、本日は綱領、宣言を発表いたさざることに私は決心いたしました」

と述べただけで、会の性格や陸軍との関係などについての具体的な説明は、なにもなされなかった。

期待を持って集まった参会者たちは、唖然とし、がっかりした。

近衛は、大政翼賛会が天皇親政を妨害する「幕府」といわれることを気にかけ、とくに観念右翼（国本社、愛国社、三六倶楽部、玄洋社、まことむすび会など）のテロを恐れ、大政翼賛会の性格を曖昧にして、存在を有名無実化してしまったようである。

もともと一億一心の挙国政治体制などは空想的なもので、実現できるはずがなかった。近衛はふたたび、陸軍のロボットになるほかなくなった。

海軍で最も強硬な武断派の一人、軍令部第一（作戦）課先任部員の神重徳中佐は、十月末ごろ、陸軍で最も強硬な武断派の一人、参謀本部第一（作戦）部長田中新一少将を訪ね、煽動するようにいった。

「蘭印をやり、英米を敵としても、十六年四月以降ならばさしつかえありません。四月中旬になれば、対米七割五分の戦備が整います（日本海軍はワシントン条約、ロンドン条約で対米六割台の兵力に制限された）。十六年四、五月ごろ、海軍としても戦争をやらねばなりません。十六年暮れになると、修理を要する艦艇が多くなり、作戦がやりにくくなります」

軍令部総長伏見宮元帥、次長近藤中将、第一部長宇垣少将、第一課長富岡定俊大佐らは、神のこういうはなはだ突出した行動を黙認していた。

海軍省でも、十月十五日、無為無策の阿部勝雄少将に代わり、機略横断の軍令部第三（情報）部長岡敬純《たかずみ》少将が軍務局長に就任すると、強硬な武断派の勢力がめだって強くなった。

なかでも、十一月十五日に着任した政・戦略担当の軍務局第二課長石川信吾大佐と、石川が軍務局第一課からひき抜いた同課の藤井茂中佐、柴勝男中佐らは、神に劣らぬ反米英・親独伊の強硬な武断派であった。石川はロンドン条約をめぐる紛争のころ、艦隊派の領袖加藤寛治、末次信正に付いて条約破棄に奔走し、二・二六事件のころはテロ将校らを蔭から援助した男で、攻玉社中学校先輩の岡にみこまれ、神とは意気投合した辣腕の謀略政治将校である。

石川が軍務局に着任した十一月十五日、及川海相は出師《すいし》（軍隊出動）準備実施について上奏し、同日、全軍に準備発動を令した。それで昭和十六年四月十日をもって、外戦部隊（連合艦隊、支那方面艦隊など）の対米七割五分の戦備を完整するものであった。

日本艦隊は、対米七割の兵力があれば、太平洋を西進してくる米国艦隊に勝てる計算をしていたのである。

このころの海軍省、軍令部は、米内海相、山本次官、井上軍務局長時代とはまるで変わり、好戦的な雰囲気になっていた。

支那方面艦隊参謀長から、十月七日に海軍航空本部長に着任した井上が、

「……三国同盟が結ばれた直後で、見ていると海軍省、軍令部の若い連中は（若い連中というが、どうも局長、部長級も同罪としか思われない情況だった）、ドイツ第五列の宣伝工作も手伝ってか、陸軍と一緒になって、ドイツは強いんだ、ドイツと組んでいれば天下何者も恐るるに足らず、といった態度である」

と述べるように、陸軍と変わりなく、救い難いものになりつつあった。

海軍大将、元外相の野村吉三郎は、フランクリン・D・ルーズベルト米大統領と個人的に親しく、米国に知人が多いため、八月下旬、松岡外相から駐米大使就任を二度にわたって要請された。しかし、

「ドイツと米国を両天秤《てんびん》にかけるようなことでは日米国交の調整は不可能である」

と、野村は固辞した。

九月に入って相談をうけた米内もいった。

「三国同盟を結んでおいて、日米国交調整をやろうというのは無理な相談です」

ところが、三国同盟が成立して、米国との関係が容易ならない状態になると、海軍も野村の駐米大使就任を懇望してきた。海軍の真意が、日米国交回復を真に望むのか、戦争準備が整うまでの時間かせぎをしたいのかは、不明であった。

野村は、後輩だが信頼できる米内に、ふたたび会っていった。

「政府や軍部も私の意見をよく理解し、その線で働かせるという約束だから」

米内は忠告した。

「それはまことにけっこうですが、そうやってあなたを昇らせておいて、あとから梯子《はしご》をはずしかねないのがちかごろの連中です。よく気をつけてください」

それでも野村は、

「海軍の後輩たちがそうまで頼りにしているのでは」

と、ついに駐米大使をひきうけた。

けっきょく野村は、政府にも海軍にも、時間かせぎのために利用されることになる。

のちにかれは述懐した。

「米内君のことばが胸にこたえることもあった」

野村が米国に向けて、商船鎌倉丸で横浜を出発したのは、年明けの昭和十六年一月二十三日である。

昭和十五年十月末か十一月はじめ、及川海相が山本連合艦隊司令長官に、在任二年になる宇垣軍令部第一部長の後任として、連合艦隊参謀長の福留繁少将を出してもらいたいといってきた。及川は山本より一期先輩である。

山本は逆提案をした。

「三国同盟締結まえとちがい、いまとなっては、参戦の危険を確実に防止するには、米内さんを総長にするか、次長に吉田善吾か古賀峯一を据え、福留に補佐させることとし、次官を井上成美として、上下相呼応するていどに強化しなければ効果がないですよ」

及川はこの提案は伏見宮が承認しないと思い、何もいわなかった。

山本の提案には、理由があった。

日独伊三国同盟締結に関する海軍首脳会議が去る八月十五日に海相官邸でおこなわれ、海軍も同意することに決定された。その翌日の八月十六日、山本は、及川と意見を交換するために海軍省へいったが、及川から、

「あるいはドイツのため、火中の栗《くり》を拾う危険があるかもしれないが、アメリカはなかなか立つまい。たいてい大丈夫と思う」

といわれ、その不見識と無神経さに驚かされた。前日には伏見宮が、

「かくなるうえは、やるところまでやるのも、やむをえないだろう」

という意味のことを語っていたが、それと思い合わせ、対米英戦となる危険をひしひしと

感じた。しかし伏見宮に、総長を辞して、米内を後任に指名してもらいたいとはいえなかった。

山本は思いきって及川にいった。

「米内大将を現役に復帰させ、連合艦隊司令長官にして、わたしを第一艦隊（戦艦部隊）司令長官に残すようにしてもらえませんか」

唐突な意見に及川は黙していた。

こういうことがあって、今回の修正提案がなされたのであった。

山本五十六は、十一月十五日、同期の前海軍大臣吉田善吾、支那方面艦隊司令長官嶋田繁太郎とともに大将に昇進したが、十一月二十六日から二十八日まで、目黒の海軍大学校で、連合艦隊の図上演習を統裁した。そのとき山本は、及川から、山本の後任の連合艦隊司令長官を誰にしたらいいかと、相談をもちかけられた。

十二月上旬、山本は及川と伏見宮に、

「来年四月に予定されている連合艦隊の編成替えのとき、米内大将を現役に復帰させ、連合艦隊司令長官に起用されたい」

と進言した。米内が連合艦隊司令長官ならば、「対米英戦は勝てない」という信念を貫くだろうし、次期軍令部総長にもなりやすいと思ったようである。

及川もこんどは同意した。ところが伏見宮が山本に意外なことをいった。

「米内を現役に復帰させ、将来自分の後任とすることには同意するが、連合艦隊はお前がやれ」

信じられないような願ってもないことであった。

だが、伏見宮の米内に関することばは、社交辞令にすぎなくて、自分の意思に合う大角岑生か永野修身を後任の軍令部総長にするのが本心だったようである。

昭和十六年一月七日付で、山本は及川海相あてに、「戦備に関する意見」という有名な歴史的書簡を書いた。

「……対米英必戦を覚悟して、戦備に訓練にはたまた作戦に邁進すべき時機に入れるは勿論なりとす。

……日米戦争において我の第一に遂行せざるべからざる要項は、開戦劈頭に敵艦隊主力を猛撃、撃破して、米国海軍および米国民をして救うべからざる程度にその士気を沮喪《そそう》せしめること是なり。

……敵主力の大部真珠湾に在泊せる場合には、飛行機隊をもってこれを徹底的に撃破し、かつ同港を閉塞す。

……小官は本ハワイ作戦の実施にあたりては、航空艦隊司令長官を拝命して、攻撃部隊を直率せしめられんことを切望するものなり。

爾後堂々の大作戦を指導すべき大連合艦隊司令長官に至りては、自《おのずか》ら他にその人ありと確信するは、すでにさきに口頭をもって開陳せる通りなり。

願わくは明断をもって人事の異動を決行せられ、小官をして専心最後の御奉公に邁進する

しむ内容である。

だがこれでは、山本が真珠湾攻撃をやりたいのか、対米英戦を回避したいのか、判断に苦しむ内容である。

ひと言でいえば、山本は両方望んでいたというほかない。

日本政府は日独伊三国同盟を結びながら、日米国交調整をやろうとしていたが、山本もそれとおなじく、二律背反のことをやろうとしていた。

昭和十六年四月の連合艦隊編成替えのとき、連合艦隊司令長官の職を後進にゆずり、軍事参議官になっても対米英戦回避に努め、戦争が不可避となれば、戦争終結に尽力すべきであったろう。自分でも、「対米戦はぜったいに勝てない」と断言していたからである。

米内の妻こまは、紀州出身の茶道の師匠大隈宗珉《おおくまそうびん》の娘で、明治三十九年（一九〇六年）、米内が中尉の海軍砲術練習所学生のときに嫁にきた。

米内より六歳下の、小柄で温良貞淑な女性であった。米内が司令長官、海相、首相になっても、派手なことは一切せず、ほとんど家にいて、姑や子どもらの世話に明け暮れていた。金やひまがあまりないため、米内の郷里盛岡にいったこともなかった。

そのこまが、米内内閣総辞職のころから胃の痛みを訴えるようになり、十月から床に臥《が》し、昭和十六年一月十九日、ついに亡くなった。病名は胆石に胆嚢炎《たんのうえん》と発表されたが、胃ガンがあったようである。夫は栄達したが、心労の多い生活のために病いになったのであろうか。享年五十四歳で、淑徳院殿孝順恵訓大姉という、人柄にふさわしい戒名がつけられた。

こまが死んだとき、米内は長男剛政や娘たちに、

「結婚してからどこにも連れてゆかず、貧乏生活ばかりさせて、これからどこかへ遊びにでも連れていってやれるかというときに、お母さんは死んでしまった。かわいそうなことをした」

といって、かつてみせたことのない涙をみせた。

米内がガキ大将のころ手下であった盛岡の石屋川村芳太郎、マツ夫婦は、招かれてときどき上京し、米内の家にきていたが、マツはこまを偲んでいった。

「米内さんの奥様はおとなしくていらっしゃるが、よくお働きになるよいお方でございました。米内さんが偉くなるまでどんなにご苦労なさったことでしょうか。米内さんがあんなに偉くなられましてからも、少しも高ぶるようなことはなくて、わたくしどもしがない者たちにもよく面倒をみてくださいました。まだお亡くなりになるお年でもなかったのに、おいたわしいことをいたしました」

昭和十六年四月九日、伏見宮は体調低下の理由で、軍令部総長の職を永野修身大将に譲った。第一候補は大角岑生大将であったが、二月はじめに南支方面へ視察にゆき、五日に広東で飛行機が墜落して、不慮の死を遂げていた。伏見宮は、対米英不戦派の米内を現役に復帰

させ、軍令部総長にする気はなかったのである。

ドイツ、イタリアを訪問した松岡外相はモスクワにゆき、四月十三日、スターリンを相手にして、日ソ中立条約に調印した。

松岡の考え方は、「日本の南進のために、北辺を安泰にしておく必要がある」で、スターリンの考えは「独ソ戦のばあい、背後を安泰にしておきたい」であった。日独伊三国同盟とおなじく、両国間に信義などはなく、たがいに謀略しかない、いかがわしい狐と狸の条約であった。

ワシントンの野村駐米大使は、ハル国務長官を相手に連日のように交渉をつづけたが、交渉は思うように進展しなかった。

日本側の要求は、

「一、米英は日本の支那事変処理に容喙《ようかい》せず、またこれを妨害しないこと

二、米英は極東において日本の国防を脅威するような行為に出ないこと

三、米英は日本の必要物資獲得に協力すること」

というようなことであった。

米国側の要求は、

「一、それぞれの、そして、すべての国の領土の保全と主権の尊重

二、他国の国内問題にたいする不干渉の原則の支持

三、通商上の機会均等を含む平等の原則の支持

四、平和的手段による場合を除き、太平洋における現状の不侵害」

という「ハル四原則」にもとづく、

「一、日本の枢軸（三国同盟）からの離脱

二、太平洋の平和の保証

三、中国における門戸開放

四、中国の政治的保全

五、軍事的・政治的侵略の中止

六、経済的、財政的保全」

などであった。

これらのうち、最大の問題点は、

「日本軍は中国から全面的に撤退せよ。

日本は日独伊三国同盟から離脱せよ」

の二点であったが、それらが両国間で折り合えなかった。とくに日本陸軍は、中国を独占的に支配したい欲望と、日本陸軍の面子《メンツ》のために、二点ともに絶対反対であった。また世論もそれを支持していた。

昭和十五年十二月に発足した海軍国防政策委員会の第一委員会は、昭和十六年六月五日付で、「現情勢下ニ於テ帝国海軍ノ執ルベキ態度」というきわめて衝撃的な文書を、及川海相、永野軍令部総長以下の海軍首脳部に提出した。起案者は第一委員会の中心人物、石川信吾軍務局第二課長で、なかでも重大な意見は、つぎのようなことであった。

「戦時必需特殊資材に関し泰《タイ》、仏印および蘭印よりの供給を確保せば、概ね帝国は軍備上および生産力拡充上の方途確立す。ゆえに泰、仏印および蘭印は帝国自存上已むを得ざれば、武力をもってするも確保するを要す」

「(帝国が)不敗の地位を築かんとせば、まず仏印の首鼠両端《しゅそりょうたん》(日和見《ひよりみ》)を封ぜざるべからず。

泰にたいしては、英米に先んじて制せざれば、いつ豹変するやも測られず。

これを要するに泰、仏印の両域においては、帝国進出せざれば英米我に先んずるの状勢馴致《じゅんち》(だんだんそうなる)するに至るべし、

……蘭印は英米と軍事的連合に走らんとしつつあり。ゆえに帝国が武力行使の姿勢を示すことは、対蘭施策上きわめて有効なりとす。その見地において仏印および泰にたいし帝国の軍事的地歩を進むること緊要なり」(原文をわかりやすく書き直した)

要するに軍国主義、帝国主義、侵略主義的構想というべきものであった。

海軍国防政策委員会の委員長は軍務局長岡敬純少将で、「国力増進および国防政策の案画を主務」とする第一委員会の委員は、軍務局第一課(軍備、軍政)長高田利種《としたね》大佐、第二課(国防政策)長石川信吾大佐、軍令部第一部長直属(戦争指導)大野竹二大佐、同部第一課(作戦)長富岡定俊大佐であり、かれらを補佐する幹事が、軍令部員小野田捨次郎中佐、石

川の部下の第二課局員藤井茂中佐、柴勝男中佐であった。いずれも積極的な武断派である。

この文書に、及川海相、永野総長以下の海軍首脳部が捺印した。連合艦隊の編成替えがおこなわれた四月、宇垣少将に代わった軍令部第一部長福留繁少将も、

「なかなかよく勉強している」

と感心していた。

海軍首脳部の捺印は「閲覧印」で、「決裁印」ではないという説があるが、高田利種大佐は、戦後、

「第一委員会が発足してのちの海軍の政策は、ほとんどこの委員会で動いたと見てよい。省内では書類がまわってくると、上司から第一委員会をパスしたかと聞かれ、したものはよろしいと印を押す工合」

と語っている。そのとおりならば、少なくとも決裁に近い閲覧印であろう。

それを裏づけるように永野軍令部総長は、六月十一日の大本営・政府連絡懇談会（杉山参謀総長、永野軍令部総長、近衛首相、松岡外相、東条陸相、及川海相などが出席）で、南部仏印進駐について、

「英米が妨害せば、断乎これを撃つべし」

と強硬に発言し、翌十二日の連絡懇談会においても、

「仏印が応じないばあい、あるいは英米蘭が妨害したばあいは、武力を行使して、目的を達すべきである」

と主張している（参謀本部『機密戦争日誌』）。

両日とも発言しなかった及川海相のばあいは「閲覧印」であったかもしれない。それにしても否認しなかったのは、伏見宮と三期先輩の永野にたいする遠慮のためであっても、黙認したことになるであろう。

このころの軍令部第三部（情報）長前田稔少将は、戦後こう語っている。

「海軍側は戦争を賭《と》しても南部仏印に進出するという気配が十分であった。わたしは第三部長として主戦論者であり、戦争以外にはないと考えた。戦略資源（石油、錫、鉄、ゴムなど）の枯渇が大問題であった。第三部に慎重論はなかった。

永野総長は万一のばあい、戦争を辞さないという肚《はら》を着任当時から持っていた。途中で迷うということはなかった。永野総長は戦争不可避と考えていた。

……南方（仏印、蘭印）の確保が可能ならば、ドイツの優勢と相まって（海軍の情報将校がこのような判断をするとは不可解）、長期戦争の遂行は可能であるという判断であった」

平たくいえば海軍も、中国、英米との和解をはからず、石油欲しさに他国に押し入る強盗団になろうとしていたのである。

ドイツが六月二十二日、独ソ不可侵条約を破り、ソ連にたいして攻撃を開始した。ソ連領内の資源強奪と領土拡張が目的であった。日本は日独伊三国同盟を結んでいるが、ドイツがソ連から攻撃されたのではなく、ドイツがソ連を攻撃したので、ドイツに味方して対ソ戦をはじめる必要はなかった。

七月二日、大本営・政府連絡会議の御前会議がおこなわれた。出席したのは近衛首相、松岡外相、河田烈《いさお》蔵相、平沼騏一郎内相、東条陸相、及川海相、鈴木貞一企画院総裁、杉山元参謀総長、塚田攻《おさむ》次長、永野軍令部総長、近藤次長、岡海軍省軍務局長、原嘉道《よしみち》枢密院議長、富田健治内閣書記官長で、武藤章陸軍省軍務局長は病気のために欠席した。

席上、前日の七月一日の閣議で決定された「情勢ノ推移ニ伴フ帝国国策要綱」について、質疑応答がおこなわれた。

国策要綱の要点は、

「蔣介石政権屈服のため、南方諸地域から圧力を強化す。仏印、泰に進駐し（できれば平和的に）、南方（蘭印方面）進出の態勢を強化す。本号目的達成のため、対英米戦を辞せず。

独ソ戦の推移、帝国のため有利に進展せば、武力を行使して北方問題を解決し、北辺の安定を確保す」

であった。

すでに大本営・政府連絡懇談会や閣議で討議が済んでいるため、反対意見は出なかった。天皇は、原枢密院議長の、

「英米との衝突はできるだけ避ける。日本から進んで対英米戦争行為をすることは避くべきである」

という主張に賛意を示しながら、いつものとおり立憲君主制の原則に従い、国策要綱を裁可した。

御前会議終了後、杉山参謀総長はつぎのような感想を述べた。

「原枢府議長の質問は適切にして、えぐるようだった。それにたいしてお上は非常にご満足の様子であった」（『大本営・政府連絡会議議事録』）

翌七月三日、海軍次官の沢本頼雄中将は、海軍省・軍令部の臨時局部長会議の席で、「対英米戦を辞さない南部仏印進駐の国策要綱」が、前日の御前会議において決定されたことを報告した。海軍航空本部長の井上成美中将は驚き、国を誤ると思い、黙っていられず、沢本と及川海相に詰問した。

「かような戦《いくさ》になるかならぬかの重大問題に、海軍がどうしてそう簡単に同意したんですか。航空戦備など、ろくろくできていませんよ。なぜ事前に私たちの意見なり事情なりを聞いて参考にすることをしないのです。こんな重大なことをいとも簡単に決めて、三日もたってから披露したって知りませんといいたくなります。この決定の日に、艦政本部長は出張で留守だったといいますが、電報でよび返して意見を聞けばよかったでしょう」

艦政本部長の豊田副武中将も、沢本に食ってかかった。

「井上君のいったとおりで、艦政本部長は海軍省の番頭ではないんだ。これはこう決めた、はい、かしこまりました、とはいかない」

沢本は兵学校で井上より一期上、豊田は四期上、及川は六期上である。

及川と沢本が、

「閣議で決定したことだから」

と弁解すると、井上は激昂《げっこう》した。

「そんなことで大臣がつとまりますか。南部仏印進駐に文句をいったのは、手つづきの問題ではなく、事柄が重大すぎるからだ」

同席していた海軍書記官の榎本重治は、井上にくらべて及川と沢本は一兵卒のようだと思った。

だが、南部仏印進駐に最も積極的だったのは、第一委員会などにかつがれている永野軍令部総長で、それを支持しているのが、軍事参議官ながら権勢絶大の伏見宮博恭王元帥であった。

永野と伏見宮が積極的になり、御前会議で決定された南部仏印進駐は、撤退されることではなかった。

それでも井上はあきらめず、対米英戦を回避させようとして、「海軍航空戦備ノ現状」という長文の意見書を書き上げ、七月二十二日、及川、沢本、岡、永野、近藤、福留ら海軍首脳を前に、嚙《か》んで含めるように悲観的実状を克明に説明して、

「急速対英米戦備のごときは実施まったく不可能なり」

と断言した。要するに対米英戦はやってはならないというのであった。

しかし、永野、近藤らはそれをよまいごととし、伏見宮に逆らえない及川と沢本は沈黙していた。

八月十一日、井上はカロリン諸島の中心トラック島を根拠地とする第四艦隊司令長官に転任となった。書記官の榎本がいった。

「井上さん、邪魔にされましたね」

東条陸相は、「情勢ノ推移ニ伴フ帝国国策要綱」にもとづき、満ソ国境に約八十五万人の兵力を配備して対ソ作戦準備をすすめようと、有史以来の大動員計画を立て、七月七日、天皇の裁可を得て、実施にうつした。関特演（関東軍特種演習）とよばれるものであった。

こうなっては、日本もナチス・ドイツやソ連とおなじく、武力侵略主義の前近代的非文明国家であった、ということになるであろう。

近衛首相が松岡外相あてに、

「……米国との国交調整は、『海外物資獲得による国力増強』『米ソの接近遮断』『重慶との和平工作の急速な促進』の三点から見ても必要である。

現在おこなわれている米国との交渉（野村大使を窓口とする）は、国策遂行の高所から見て、すみやかに妥結をはかるべきである」

という意味の書翰《しょかん》を送ったのは、七月四日であった。

しかし松岡は、七月十二日の大本営・政府連絡懇談会において、米側の提案を拒否し、対米交渉をこれ以上継続すべきではないと主張した。杉山参謀総長が、

「この重大なとき、対米断絶のようなことを漏らすのは適当ではない。交渉の余地を残すべきである」

と反論しても、

「日本がいかなる態度をとっても、米国の態度は変わらないと思う。米国民の性格からすれば、弱く出るとツケ上がる。このさいは強く出るのがよい」

といって譲らなかった。

あくまで日独伊三国同盟を背景にして、日本の要求を貫けというのであった。

対米交渉成立に自信を失った近衛は、七月十六日、第二次近衛内閣の総辞職を決行した。

翌日の重臣会議で、近衛がふたたび後継内閣の首班に推され、七月十八日、第三次近衛内閣が成立し、松岡に代わる外相に、四月から商工大臣をしていた豊田貞次《ていじ》郎《ろう》海軍大将（元海軍次官、四月四日に大将に進級、予備役となり、商工相に就任した）が任命された。

しかし、新内閣の対米方針が決まらないうちに南部仏印進駐の期限がきて、七月二十三日、現地陸海軍部隊にたいして、進駐の大命が下った。

米国政府は七月二十五日、在米日本資産凍結を発令した。翌日は英国、フィリピン、二十七日にはオランダ、ニュージーランドがそれにつづいた。

日本軍は七月二十八日、南部仏印へ進駐をはじめた。

八月一日、米国政府は日本にたいして全面的石油禁輸令を発令した。

日本政府や陸軍、海軍の一部が、そこまではやるまいと見ていた経済断交を、米国は断行したのである。

ハル国務長官は八月八日、野村大使に、「仏印より撤兵し、泰国とともに中立を保証することを要請す」という文書をわたし、

「日本の政策に変更がないかぎりは、話し合いの根拠はない」

と、クギを刺した。

山本五十六海相案

天皇の永野軍令部総長にたいする信頼が、いちじるしく低くなった。

昭和十六年七月三十日、永野は天皇に南部仏印進駐の報告をしたが、そのとき、

「日米国交調整ができずに石油の供給源を失うこととなりますと、二年分の貯蔵量しかなく、戦争となると一年半で消費してしまいます。むしろこのさい、こちらから打って出るしかないと考えます」

と、きわめて過激な意見を述べた。天皇は驚き、

「提出書類には、日米戦のばあい日本が勝つと書いてあるが、日本海海戦のような大勝はむずかしいのではないか」

と反問すると、

「書類には持久戦でも勝算ありと書いてありますが、日本海海戦のような大勝はもちろん、勝てるかどうかもわかりません」

無責任としかいいようのないこたえをしたのである。

永野が退席したあと、天皇は侍従武官長の蓮沼蕃《しげる》陸軍大将（昭和十五年十二月に進級）をよび、

「永野は好戦的で困る。海軍の作戦はステバチ的だ」

と不満を述べ、木戸内大臣と相談するように命じた。

木戸は翌七月三十一日、及川海相に善後処置を要請した。しかし、伏見宮、永野、第一委員会などによわい及川には、永野を更迭する勇気がなかった。

八月二十二日、小林躋造予備役海軍大将は、近衛首相に泣きつかれた。

「永野が去り、もっと穏健で政治がわかる人があの位置に就くようにしてもらいたい。頼みます」

小林は、近衛が自分の責任で処置しないことに不満を覚えた。陸軍と結んで米内内閣を倒し、北部仏印進駐、日独伊三国同盟締結を強行して、今日の危機を招いたのは、近衛のせいではないかと責めたかった。

一両日して、小林は米内を訪ねた。米内にもすでに、天皇と永野についての情報が入っていた。米内は、

「第一案
　永野　軍事参議官
及川　軍令部総長

山本　海軍大臣
第二案
及川　連合艦隊司令長官
山本　海軍大臣
永野　軍令部総長」

という人事案を示していった。

「山本（五十六）が東京にいることが必要と思います。ある筋から、山本を軍事参議官にして東京に置いたらともちかけられたが、軍事参議官では実務に触れず、大臣、総長が諮詢《しじゅん》（相談）するとしても、山本ひとりを特別待遇するわけにはいかないから、無意味だろうとこたえておきました」

小林は米内の意見に賛成し、おなじく退役大将の岡田啓介と財部彪《たけし》を訪ねた。両人ともそれに賛成した。

しかし、山本を海相に就任させるには、内閣改造の手つづきが必要になるので、この人事案の実行は簡単ではなかった。

それなら、米内の気が進まなくても、次善の策として、山本を連合艦隊司令長官から軍事参議官に転じ、次期海相候補としておくべきであったろう。

その手を打たなかったことは、米内をふくめ、海軍長老、海軍首脳の大きな手ヌカリといえそうである。

昭和十六年九月二日、最後の望みをかけていた近衛・ルーズベルト日米首脳会談の事前交渉が不調に終わり、日米国交調整は手がかりを失い、前途は絶望に近くなった。

この日、大本営・政府連絡会議は、陸海軍が立案した対米（英、蘭）開戦を決意する「帝国国策遂行要領」案を承認した。

「一、日本は自存自衛を全うするため、対米（英、蘭）戦争を辞さない決意の下に、十月下旬を目途として、戦争準備を完整する

二、日本はそれに併行して、米英にたいし外交の手段を尽くして日本の要求貫徹に努める

三、外交交渉により十月上旬ごろに至っても、わが要求を貫徹できる目途がないばあいは、直ちに対米（英、蘭）開戦を決意する」

という要旨のもので、日本の要求は従来とほとんどおなじであった。

九月五日、天皇は近衛首相に陪席させ、杉山参謀総長、永野軍令部総長に、「帝国国策遂行要領」について、厳しく質問した。

「国策遂行要領の趣旨はできるだけ外交の推進にある。従って本文の一、二は置きかえられてよいと考えるが、どうか」

両人はこたえた。

「そのとおりでございます」

杉山にたいしては、

「南方作戦はすぐ済むように考えるか。また予定どおりゆくと考えているか」

「南方要域攻略作戦はだいたい五ヵ月で終了しうるものと考えております。比島一ヵ月半、マレー約百日、それに蘭印攻略をいれて約五ヵ月と見ております」

「お前は支那事変発生当時、作戦は一ヵ月で片づくといったが、四年たっても片づかぬではないか」

「あれは支那の奥地が広くて、みこみちがいとなりました」

「太平洋は支那よりも広いぞ」

杉山は一言もなかった。

永野が代わってこたえた。

「まだ七、八分のみこみがあるうちに最後の決心をしなければなりません。相当の心配はありますが、この大病をなおすには大決心をもって国難排除に当たるほかはありません。将来の活路を開くための決意が必要であります」

天皇は大声で追及した。

「勝つか、絶対に勝つか」

「戦《いくさ》の要素は確実ならざるもの多く、その成功は天佑《てんゆう》によらざるべからざるばあいもございます。ただ成功の算はございます。かならず勝つと奉答いたしかねますが、全力を尽くして邁進するほかはありません」

「わかった」

最後に近衛が述べた。

「両総長の言のごとく、まずだいいちは外交交渉にあります」

「わかった。承認しよう」（参謀本部第一部長『田中新一少将業務日誌』「昭和二十年十二月二十二日の永野修身大将陳述」、『杉山メモ』）

天皇は、杉山と永野に対米英蘭戦を思いとどまらせるために、あるとは思えない勝算を問い糺《ただ》した。しかし両人とも、かつて米内が、

「勝てるみこみはありません。だいたい日本の海軍は米英を向こうにまわして戦争するように建造されてはおりません。独伊の海軍にいたっては問題になりません」

と、一点の疑問も残さずに断言したようなことは、いわなかった。

政府と陸海軍の意見が一致した「帝国国策遂行要領」案を最終的に討議する御前会議が、九月六日にひらかれた。同案を通すために主役を演じたのは永野で、その趣旨説明の結論はつぎのようなものであった。

「帝国といたしましては、進攻作戦をもって敵を屈して、その戦意を放棄せしむる手段を有しませず、かつ国内資源に乏しきため、長期戦ははなはだ欲せざるところでありますが、長期戦に入る場合、よくこれに堪えうるの第一条件は、開戦初頭、すみやかに敵軍事上の要所および資源を占領し、作戦上堅固なる態勢をととのうるとともに、その勢力圏内より必要物資を獲得するにあり。

この第一段作戦にして適当に完成されますならば、たとえ米の軍備が予想どおりすすみま

しても、帝国は南西太平洋における戦略要点をすでに確保し、犯されざる態勢を保持し、長期作戦の基礎を確立することができます。

その以後は有形無形の各種要素をふくむ国家総力の如何《いかん》、および世界情勢の如何により決せらるるところ大であると存じます」

勝つための極め手はないが、国家総力の出し方、欧州戦局の如何で、日本の最後の運命が決せられるというのである。

しかし、蘭印などから石油その他の資源を無事に日本本土に輸送できるか、ドイツがソ連、英国を屈服させることができるかも、はなはだ不明で、確実な勝算があるとはいえなかった。それより何より、国力が圧倒的に強大な米国と二年以上も戦えば、日本が敗れる公算が大のはずであった。

このころ第四艦隊司令長官にとばされていた井上成美中将は、昭和三十九年二月ごろ、永野のこの結論を、こう批判した。

「……明白に勝つための極め手なきことを申し上げていながら、最後に、……国家総力の如何、および世界情勢の如何により決せらるるところ大なり、と、世界大変動でも起こったらのつもりか、不得要領の結論で逃げている。

……世界大変動でも起こって、国力比は日米転倒するとでも夢見てのことなら、また何をかいわん。

一国が犯されざる地位を築きうるは、

『国土の広大（米、加、濠、ロシア、ブラジルなど）

人的資源（国民性、人口、文化）

大物的資源（天然、工業力）大』

の条件を具備する場合にのみ可能。

日本は宿命的に犯されざる態勢を築くことは不可能。

上記永野の奏上は嘘《うそ》。判《わか》っていての奏上なら不忠、判らないのなら愚」

永野の趣旨説明についで、杉山参謀総長、豊田外相、鈴木企画院総裁の説明があり、そのあと、原枢密院議長が、

「今日《こんにち》はどこまでも外交的打開につとめ、それでゆかぬときは戦争をやらなければならぬの意と思う。戦争が主で外交が従と見えるが、外交に努力して、万やむをえないときに戦争をするものと解釈する」

と、念を押すように質問した。

及川海相がこたえた。

「書いた気持と原議長と（この案を書いた気持は、原議長のいうことと）同一であります」

原はさらに念を押した。

「どうか本案がご裁定になったら、首相の訪米に適するように（原はまだ近衛・ルーズベルト会談に希望をつないでいた）、かつ日米最悪の事態をまぬがるるようにご協力を願う」

ひととおり質疑応答が終わったあと、とつぜん異例にも天皇が発言した。

「枢府議長のただいまの質問はきわめて重大なことでもっともなる尋ねである。これにたいして政府の考えは解《わか》ったが、統帥部のこたえがないのはなぜであるか」

ここで紙片を取り出し、

「四方《よも》の海　皆同胞《はらから》と思ふ世に
　など波風の立ちさわぐらむ」

と、明治天皇の御製を誦し、

「朕はこの御製を日夜服膺《ふくよう》している」

と、ひたむきに「戦争回避」の内意を一同に訴えた。

陸海軍統帥部を代表して永野が立ち、

「ただいま政府よりこたえましたるは（海軍大臣は政府側）、政府、統帥部一致の意見で、統帥部も十分交渉に協力するものであります」

と神妙にこたえた。

天皇が四十歳、永野が六十一歳である。

この御前会議の結論からすれば、政府、統帥部は当然、「戦争回避」の線を進むべきであった。しかし陸海軍の強硬派は、天皇の意思を意に介さなかった。

陸軍省軍務局長の武藤章少将は、陸軍省へ帰るやいなや、部下を集め、御前会議の速記録を読みあげてから、こういった。

「これはなんでもかんでも外交を妥結せよとの仰せだ。ひとつ外交をやらなければいけない。

しかし俺《おれ》は情勢を達観しておる。これはけっきょく戦争になるよりほかはない。どうせ戦争だ。だが大臣や総長が天子様に押しつけて戦争にもっていったのではいけない。天子様がご自分から、お心の底からこれはどうしてもやむをえぬとおあきらめになって戦争のご決心をなさるよう、ご納得のいくまで手を打たねばならぬ。だから外交を一所懸命やって、これでもいけないというところまでもっていかぬといけない。俺は大臣（東条陸相）へもこの旨いうとく」（『戦史叢書　陸軍開戦経緯(4)』）

つまり、「天皇はわれわれのいうとおりになるべきで、われわれは天皇のいうとおりになる必要はない」ということである。

東条陸相はこのようなハシタないことはいわなかったが、肚の中は武藤とおなじで、陸軍が仏印、中国から撤兵して日米交渉を妥結させるなどは、まったく考えなかった。

陸軍に対抗して、天皇の意思を実現できる者は、政府にも、陸海軍の現役将校にも、誰ひとりいなかった。

陸軍に利用されるばかりの近衛は、この土壇場にきても、身命を賭《と》して戦争を阻止するなど、期待できない人物であった。

本来なら海軍が、

「対米英戦に勝てるみこみはない」

と、堂々と戦争を阻止すべきだが、反米英・親独伊の伏見宮が権力をにぎり、好戦的な永野が軍令部総長の職にいては、それも望めなかった。

近衛は、最後の頼りとして、山本五十六連合艦隊司令長官に、対米戦の見とおしを聞くことにした。

九月十二日、首相官邸にきた山本は、近衛の問いに、雄弁にこたえた。

「ぜひ私にやれといわれれば、一年や一年半は存分に暴れてご覧にいれます。しかし、その先のことは、まったく保証できません。

もし戦争になったら、私は飛行機にも乗ります。潜水艦にも乗ります。太平洋を縦横に飛びまわって決死の戦《いくさ》をするつもりです。

総理もどうか、生やさしく考えられず、死ぬ覚悟で一つ、交渉に当たっていただきたい。そして、たとえ会談が決裂することになっても、尻をまくったりせず、一抹《いちまつ》の余韻を残しておいてください。外交にラスト・ウォードはないといいますから」

一年まえの九月、近衛からおなじことを聞かれたときは、

「半年や一年は存分に暴れてご覧にいれます。しかしその先のことは、まったく保証できません」

とこたえたが、今回は期間が半年長くなったばかりか、「戦争になったら、わたしは飛行機にも乗り、潜水艦にも……」と、ずいぶんカッコいいことまでつけ加えた。

山本は、連合艦隊司令長官の立場と、無責任な近衛にたいする不満と、才気走った山本自身の性格から、こんな芝居のセリフのようなことをいったのであろう。

しかし、対米戦回避を第一とするならば、何はさておいても、

「一年や一年半は持つが、かならず負ける。対米戦はやるべきではない」

というべきであったであろう。

山本のこたえに、近衛は、これでは永野と大差なく、陸軍を説得する材料にはならない、と失望した。

山本は真珠湾攻撃に異常に熱中していたために、対米英戦を回避する側よりも、むしろ促進する側に加担する存在になってしまったようである。

開戦は人為的結果

海軍次官の沢本頼雄中将は、昭和十六年十月はじめ、米内光政を麴町区三年町の私邸に訪ねた。米内は一時間にわたり、腹蔵なく語った。

「日本艦隊は米艦隊と決戦すれば決して負けないが、戦争が長期にわたれば、どんな結果になるか速断できない。米国が来攻せずに持久戦になると、屈敵の方法がないのではないか。ジリ貧ジリ貧というが(資源、とくに石油)、それだけで万事を決めるべきではない。各種の情況を考えることが必要で、とくに〝時〟について考えなければならない。欧州情勢の推移などのこともあるし、〝時〟が解決する問題が多分にあるから、過早に戦争に入るのは、大いに警戒する必要がある(米内は独伊がいずれ敗れると見ていた)。

陸軍のいうことは、まったくアテにならない。閣僚として何回も折衝をしたことがあるが、しばしばその感を深くした。陸軍大臣が明言したことでも、すぐ変更された例が少なくない。重臣会議をやるのはいいとしても、十分な資料を提供してから開催するのでなければ、なんらの権威がなく、むしろ無責任な会合となり、単に表面上のこととなって、役には立たない。

近衛総理が身をもって解決に当たられる（身命を賭《と》して日米交渉を妥結させる）ことはまことに至当にして、自分も傍《そば》から見て、その決心を認める。

海軍省首脳の考えは全幅賛成である（及川、沢本らは、『仏印、中国からの撤兵問題のために戦うは愚の骨頂。外交により事態の解決をすべし』と考えていた）。このさい戦争を賭すことは極力避けるべきだ。重臣会議がひらかれれば、その意見を十分に開陳しよう。

自分はこのさい総理大臣になる意思はぜんぜんない。前回それをひきうけたのは、まことに已《や》むをえない事情があったからだ（天皇に懇望された）。これを誰かに聞いてもらいたい。今年の六月ごろ（第二次近衛内閣の末期）石渡荘太郎が交渉にきたが、断わった。その後石渡が『断わりました』といったので、『それでいい』とこたえておいた」

海軍首脳会議が、十月六日の夕刻、海相官邸でひらかれた。及川海相、沢本次官、岡軍務局長、永野軍令部総長、伊藤整一軍令部次長（少将）が出席した。結論はつぎのようになった。

「外交交渉をつづけ、事態を明確につきつめる必要がある。撤兵問題だけで日本が戦うということはバカげたことである。原則的に撤兵とし、治安維持ができたところから順々に撤兵すればよい。条件をゆるめて交渉するのがよい」

及川が締めくくるように発言した。

「なるべく陸軍と衝突しないように努めますが、喧嘩となってもかまわない覚悟で交渉してもよろしゅうございますか」

一同は同意した。ところが永野だけが、最先任者の態度で、

「それはどうかな」

と、難色を示した。

結束して「対米不戦」を貫こうという海軍の決意が盛り上がりかかっていたが、これでいっぺんにシラケてしまった。

永野は兵学校第二十八期の二番で、押しが強い「自称天才」である。及川は第三十一期の七十六番で、温厚実直な漢学者だが、妥協しやすい。それに、永野の背後には伏見宮がいる。及川の決意はしぼみ、海軍はネコの首に鈴をつけられないネズミ集団のようになった。

伏見宮元帥は、十月九日、二十六歳年下の天皇に、気合を入れるように直言した。

「米国とは一戦避けがたく存じます。戦うとするならば、早いほど有利です。即刻にも御前会議をひらき、対米戦を決定していただきたい」

衝撃をうけた天皇は、

「いまはその時機ではないと思う。まだ外交交渉によって尽くすべき段階である。しかしけっきょく、一戦は避けがたいであろうか」

と、つよい不満の色をみせた。

木戸内大臣は、翌十月十日の日記に、つぎのように書いた。

「十時二十分ヨリ十一時二十分迄《まで》拝謁ス。其《そ》ノ際、過日伏見宮ト御会見ノ際、対米問題ニツキ殿下ハ極メテ急進論ヲ御進言アリシ趣旨ニテ、痛ク御失望遊《あそばさるる》様拝シタリ」

近衛の私邸荻外荘《てきがい》で、十月十二日、近衛首相、豊田外相、東条陸相、及川海相、鈴木企画院総裁の五相会議がひらかれた。

及川は意思不明の発言をした。

「外交で進むか戦争の手段によるかの岐路に立つ。期日は切迫している。その決は総理が判断してなすべきものなり。もし外交でやり戦争はやめるならば、それでもよろしい」

近衛は逃げを打った。

「いまどちらかといわれれば、外交でやるといわざるをえず。戦争はわたしは自信ない。自信ある人にやってもらわねばならぬ」

東条は天皇の「戦争回避」の意思にかかわりなく、強硬に主張した。

「駐兵（中国内）問題は陸相としては一歩も譲れない。所要期間は二年三年では問題にならぬ。第一撤兵を主体とすることがまちがいである。退却を基礎とすることはできぬ。陸軍はガタガタになる。支那事変の終末を駐兵に求める必要があるのだ。日支条約のとおりやるのだ。所望期間とは永久の考えなり。……」

中国からの撤兵絶対反対、永久駐兵要求の表明で、外交交渉は成功しなくてもいいということである。

会議は東条のために決裂となった。

その経緯を知らされた米内は、十月十五日、小林躋造に淡々と語った。

「十日もまえに、及川に、ある人を介し、

『時局が非常に重大であるので、海軍の考えを判然とせねばならぬ』

と申し入れておいた」

山本五十六は残念がった。

「おれが当局者だったら、正直に、

『海軍は米国にたいして最後の勝利はない』

というね」

荻外荘会議の四日後の十月十六日、近衛内閣が総辞職し、及川ははじめ、呉鎮守府司令長官の豊田副武大将（前月に進級）を後任海相として指名するが、その豊田は、不可解そうにいった。

「日米戦争といえば、主として海軍の戦争である。それを当の責任者が、

『戦争してもよし、しなくてもよい』

というようなことは、どうしたっていえるはずがない。責任の重大性を自覚しての言動とは、とうてい考えられない」

及川が「海軍は対米英戦に勝てるみこみはない」といえなかったのは、伏見宮と永野に頭が上がらなかったからのようである。

東条は、十月十四日の閣議で、米国の実力、独ソ戦の行末を知ってか知らずか、さらに強硬一点張りの主張をした。

「駐兵は心臓である。主張すべきは主張すべきで、……この基本をなす心臓まで譲る必要がありますか。これまで譲り、それが外交とは何か、降伏です。ますます彼をしてズにのらせるので、どこまでいくかわからぬ。

青史の上に汚点を残す（他国を侵略したり、戦争に惨敗するのは汚点ではないと考えているらしい）こととなる。国策の大切なところは譲らず。たとえ他は譲っても、これは譲れぬ」

陸軍を抑えて、天皇の意に副《そ》い、戦争を回避する方法は一つしかなかった。

「海軍は対米英戦はやらない」

であった。海軍が戦わなければ、対米英戦はできないからである。

しかしその海軍も、いまは伏見宮を頂点とする対米英強硬派に牛耳られ、早期開戦を望む意見が強力であった。

ついに近衛内閣は十月十六日に総辞職した。東条の、

「中国からの撤兵は一歩も譲歩できない。

時期を失せず開戦を決意すべし」

という主戦論をはね返すことができなかったからである。

太平洋戦争終戦時の首相鈴木貫太郎は、この総辞職を、ふがいないものとして、のちにつぎのように評した。

「真に国運を左右するような非常事態に立ち至って、論議が決定せぬときは、国の元首たる陛下のご裁断を仰ぐべきが、真に忠誠の臣のなすべき道である、と余はかねがね考えている。もちろん、このことに関しては輔弼《ほひつ》の責任者たる総理大臣は一命を投げ出してかからねばならないであろう。それは、ご聖断により、天皇にもご責任が生ずるわけであるからである。だが、それをしないで、政府が開戦を決定して、ご裁可を仰ぐというようなことは問題があると思う。これは陛下のご意思をある政策のためにご強要するということになるからである。従来の習慣として、陛下には自発的に行政についてご発言なされるということはなく、たとえ心中でご不満であらせられても、ご裁可になったのである。

余は太平洋戦争開始に際してのこの間の事情を聞き非常に割り切れない気持でおった。たとえば開戦前の九月六日の御前会議に際して、なぜ総理は陛下のご裁断を仰ぐことをせず、総辞職をし、みすみす暴挙と判《わか》っている戦争に突入せしめてしまったのか。

もしあの時、総理が死を決して、ご裁断を仰いだならば、太平洋戦争は起こっていなかったかも知れない。それをなさなかったということは遺憾なことであったと思ったのである」

（鈴木一編『鈴木貫太郎自伝』）

だが、話にならないほどテロを恐れ、ほとんど陸軍に無抵抗であった近衛では、所詮《しょせん》無理な大役というほかないようである。

近衛内閣の富田健治書記官長は、戦後、『戦後日本の内側—近衛公の思い出』という本を書いた。そこには近衛が、

「それから陛下のことだが、陛下は勿論、平和主義で、飽く迄戦争を避けたい御気持であったことは間違いないが、自分が総理大臣として陛下に、今日、開戦の不利なことを申し上げると、それに賛成されていたのに、明日御前に出ると、

『昨日あんなにおまえは言っていたが、それ程心配することもないよ』

と仰せられて、少し戦争のほうへ寄って行かれる。又次回にはもっと戦争論のほうに寄っておられる。

つまり陸海の統帥部の人達の意見がはいって、軍のことは総理大臣には解らない。自分の方が詳しいという御心持に思われた。従って統帥について何ら権限のない総理大臣として、唯一の頼みの綱の陛下がこれでは頑張りようがない。

……こういう状態では自分の手の施しようもなかったのだ」

と述べた、と書いている。近衛がこういったというのはウソではあるまい。

天皇がどのような考えで、近衛にこう話したかは不明である。しかし、近衛にたいする信頼がしだいに薄れ、頼りなく思うようになっていった様子は察せられる。

近衛は、陸軍がいうことをきかない、海軍が頼りないといっていたが、ついには天皇が頼

りないから頑張りようがないというのである。

しかし、九月六日に、天皇が真剣に「戦争回避」の意思を示しても、閣内をそれに統一できず、あるいは御前会議で天皇の裁断を求めることができないのは、近衛が一命を投げ出して責任を取ろうとしないからであった。

海軍が頼りないのは確かだが、最も頼りないのは近衛自身だったのである。

十月十七日の午後、重臣（首相経験者と枢密院議長）会議がひらかれ、これまで近衛を支持し、陸軍と協調してきた木戸内大臣が、こう発言した。

「このさいなにより必要なのは、陸海軍の一致をはかることと、九月六日の御前会議の再検討をおこなうことで、その見地から東条陸相に大命降下されることを願っております。それもこのたびは、現役のまま（米内らが首相に就任するときは予備役となった）陸相を兼ねさせることにしたいのです。

陸相に担当させることで疑問があれば、自重論の海相に担当させるのも一案です」

「海軍がこのさい出ることはぜったいにいけないと思う」

岡田啓介と米内はそういった。岡田は兵学校で米内より十四期上の第十五期である。

岡田と米内が海軍出身者の首相就任に反対したのは、

「米内内閣は陸軍の謀略によって倒されたが、ここで海軍出身者が首相になれば、陸海軍間の溝を深め、ひいては海軍部内の統制を危うくする恐れがある」

からであった。

けっきょく原枢密院議長の、

「内大臣の案はあまり満足とはいえないが、別段案がないから、まずその案でゆくほかあるまい」

という発言があり、一同はそれに同意した。

この日夕刻、東条英機中将に後継内閣組織の大命が下った。天皇は東条に、とくに訓戒をあたえた。

「このさい陸海軍は、その協力をいっそう密にすることに留意せよ」

このあと木戸は、控え室で東条と及川に、

「国の大本を決定されることについては、九月六日の御前会議決定にとらわれることなく、内外の情勢をさらに広く検討し、慎重な考究を加える必要があるとの思召《おぼしめし》です。命により、その旨を申し上げておきます」

と、天皇の真意を伝えた。できるかぎり戦争をするなということである。

東条はきわめて従順な態度をみせた。

「御前会議決定の白紙還元は、自分もその必要があると思っていた。そのとおりにしてやりなおそう。このさい、和か戦か判らない。いずれにも応ぜられる国内体制が必要だ」

ところが、本心はちがった。

及川が、対米英戦につよく反対している豊田副武を後任海相に推薦したいと告げると、東条は猛然と反対した。

「豊田大将は困る。協調精神がなく、陸軍側の彼にたいする印象が悪い。強いて固執されるなら、自分も固辞のほかはない」

天皇から「陸海軍はその協力をいっそう密にせよ」といわれていた及川は、東条の威圧にたちまち屈した。

海軍省に帰り、首脳部に事情を説明し、豊田をおろし、横須賀鎮守府司令長官の嶋田繁太郎大将を後任海相に推薦することにきりかえた。嶋田は伏見宮の随一の寵臣《ちょうしん》で、やがて、「東条の副官」「東条の男メカケ」などと、カゲ口をたたかれるようになる人物である。

東条は、天皇の訓戒を、海軍が陸軍に同調すべきものと解釈したのであった。

「白紙還元から再出発」については、もっともらしい姿勢を示した。

条件つきで中国から撤兵することを前提にして、日米交渉成立に全力を尽くすべきだという東郷茂徳を外相に迎え、おなじく交渉成立を望む賀屋興宣《かやおきのり》を蔵相に迎えた。

二人の就任によって、世間は、開戦内閣ではないのではないか、という印象を持った。

しかしそれは、武藤軍務局長がいったように、外交を一所懸命やるとみせ、機を見て開戦にもちこむ謀略にほかならなかった。

参謀本部の十月十七日の『機密戦争日誌』には、

「いかなることありといえども、新内閣は開戦内閣ならざるべからず。開戦、これ以外に陸軍の進むべき道なし」

と書きこまれた。

近衛内閣の富田書記官長は、昭和二十年十一月二十三日、高木惣吉海軍少将に、

「東条は、木戸内府には、陸軍をおさえ得る者はかならずしも東久邇宮稔彦《なるひこ》王殿下（陸軍中将）にかぎらぬこと、対米戦争に突入する前提にて考えておらぬ（東条が）こと（白紙より検討する可能性あること）をほのめかしたるため、内府は東条を非常に〝アマク〟観測しおりたり」

と語っている（高木惣吉少将資料『政界情報』）。

木戸は東条の策にかかり、東条を首相に推薦したようである。

十月十八日、東条内閣の親任式がおこなわれた。この日、陸軍首脳部の推薦によってにわかに陸軍大将に昇進した東条は、真新しい三つ星の襟章をつけ、胸を張って参列した。首相兼陸相兼内相という、幕府の将軍のような権力者になっていた。

嶋田新海相は、十月二十日、侍従武官長の蓮沼蕃陸軍大将から、「お心得までに申し上げる」と、つぎのように聞かされた。

「陸下のご心痛を拝し、恐懼《きょうく》に堪えません。

今年六月には陸海軍ともに不戦（対米）でありましたのに、海軍省某課長（石川信吾軍務局第二課長らしい）の反対で一夜に変わり（開戦を辞せずに）、ついで七月と九月の御前会議になりました。

この事態にみちびいたのは海軍であると、陛下は考えておられます。さきごろ伏見宮博恭王殿下が陛下に拝謁されたとき（十月九日）、陛下からご詰問がなされたかに拝しております」

天皇は蓮沼を介して嶋田に、

「自分の考えは不戦であり、お前は自分の意を体して、海軍を不戦に統一せよ」

と伝えたのである（『嶋田日記』『嶋田繁太郎備忘録』）。

木戸は、この十月二十日の日記（『木戸幸一日記』）にこう書いた。

「今日ノ内閣ノ更迭ハ真ニ一歩誤レバ不用意ニ戦争ニ突入スルコトニナルオソレアリ。熟慮ノ結果、之ガ唯一ノ打開策ト信ジタルガ故ニ奏請シタル旨ヲ詳細言上ス。極メテ宜《よろ》シク御諒解アリ。イワユル虎穴ニ入ラズンバ虎児ヲ得ズトイウコトダネト仰セアリ。感謝ス」

しかし、強硬きわまりない開戦論者の東条が、手のひらを返したように不戦論者に変わるはずはなかった。

永野軍令部総長は、十月二十一日、二十二日、宮中大本営で、杉山参謀長にたいして、豪気に語った。

「内閣が更迭しても、わたしの決心は変わらん（至急開戦の）。九月六日御前会議の決定を変更する余地はない。作戦準備は本格的にやる。外交の妨害になるなどということばに掣肘《せいちゅう》されないようにしなければならん。屈服的な外交はいかん」

十月二十七日、嶋田海相は、紀尾井町の伏見宮邸にゆき、伏見宮と一時間にわたって会談した。伏見宮は、永野ほか軍令部員らとの接触があるらしく、

「すみやかに開戦しなければ戦機を失す。

この戦争は長期戦になるだろうが、わがほうから和平を求めても、米国は応じまい。けっきょく、いかにして最小限の犠牲で和平をおこなうことができるかが問題だ」

と、早急の開戦を督促し、戦争終結の方法を研究するように勧告した。

嶋田は賛成とはこたえなかったが、開戦する方向で挙国一致をはかりたい、と伏見宮が気に入る返事をした。

十月三十日の夜、嶋田は伏見宮の言に従う肚《はら》を決めた。

「あの聡明な伏見宮殿下でさえ、すでに諦《あきら》めておられるように拝する。

ここでわたしが反対して海軍大臣を辞めれば、内閣はつぶれるであろう。そして後任者を得ることがきわめて困難で、この逼迫した時機に国家としてまことに大きな損失だ。

また大臣就任のさいの伏見宮の思召にも反することになり、恐懼に堪えない」

それはまた、天皇に従って開戦を阻止するよりも、自分の保身につごうのいい道をえらんだことでもあった。

開戦予定を決定する歴史的な大本営・政府連絡会議が、十一月一日午前九時から、宮中でひらかれた。主な出席者は杉山、永野、東条、嶋田、東郷、賀屋、鈴木貞一企画院総裁らである。

ここで永野が、強硬に主張した。

「帝国として対米戦争の戦機は今日にあり。この機を失せんか、開戦の機を米国の手にゆだね、ふたたびわれに帰らざることなり」

東郷と賀屋は「臥薪嘗胆」の意見を述べたが、押し切られ、

「帝国は現下の危局を打開して自存自衛を全うし、大東亜の新秩序を建設するため、このさい対米英蘭戦を決意す。

武力発動の時機を十二月初頭と定め、陸海軍は作戦準備を完整す。

対米交渉が十二月一日までに成功せば、武力発動を中止」

という要旨の「帝国国策遂行要領」が決定された。

翌十一月二日、東条、杉山、永野は並立して、天皇に連絡会議のもようを報告した。

天皇は納得した様子であったが、

「時局収拾のため、ローマ法王を考えてみてはどうか」

と、三人に示唆をあたえた。なお戦争を回避したい意思だったのである。

十一月五日、午前十時三十分から御前会議がひらかれ、十一月一日の大本営・政府連絡会議で決議され、閣議でも決定された「帝国国策遂行要領」が、予定どおり最終的に決定され

た。

野村吉三郎駐米大使と来栖三郎特命全権大使は、十一月半ばすぎ、つぎのような最終案で、ハル国務長官と最後の交渉にかかった。

「支那に駐留する日本軍は、日支間の和平成立後二年以内に撤収する。ただし北支、蒙彊《もうきょう》の一定地域および海南島の日本軍は、二十五年間駐留する（中国と米英がうけいれるわけがない条件）。

日独伊三国同盟条約の解釈および履行に関しては、日本政府が自ら決定する。

南部仏印駐留中の日本軍は北部仏印に移駐し、支那事変が解決するか、太平洋地域における公正な平和が確立された上は、日本軍は全面的に仏印から撤収する」

ルーズベルトとハルは、これに同意することは、日本のこれまでの侵略を許し、日本の将来の侵略路線を認め、米国の外交原則を放棄し、中国とソ連をうらぎり、西太平洋と東亜にたいする日本の覇権を認めることになると判断し、日本の条件を拒否することにした（『ハル・メモ』）。

十月二十六日夕刻（米国時間）、ハルは、国務省において、日本の最終案にたいする米国の回答を野村と来栖に手交した。「ハル・ノート」とよばれ、その要点はつぎのようなものであった。

「一、四原則を承認すること

二、三（省略）
四、支那および仏印から一切の陸、海、空軍兵力および警察力を撤収すること
五、蔣介石政権以外は支持しないこと
六、支那における治外法権および租界を撤廃すること
七、八、九（省略）
十、日米両国が第三国との間に締結したいかなる協定も、本協定および太平洋平和維持の目的に反するものと解釈されるべきではないことを約す」

ポイントは、中国、仏印からの全面撤兵、日独伊三国同盟条約の空文化であった。
それにしてもこの回答は、日本の立場を完全に無視した、はなはだ高圧的なものであった。
実は米国は、日本が十一月二十五日ごろ交渉をうち切り、戦争に突入することを、暗号解読によって知り、これ以上の進展はないと判断し、対日戦を決意していたのである。

「抜くなら抜け」

というようなものであった。
これには、日本案がそのままうけいれられるとは思わないまでも、交渉の進展を望んでいた東郷外相、賀屋蔵相も、憤激した。

「もはや交渉の余地なし」

ただ、戦争を渇望していた東条、杉山、嶋田、永野はじめ陸海軍の開戦派は、これで絶好の口実ができた、思うツボに嵌《はま》ったと、ひそかに歓迎したのである。

天皇は、十一月二十九日の午後、御学問所で、重臣八人の意見を聞いた。元首相の若槻礼次郎、岡田啓介、広田弘毅、林銑十郎、近衛文麿、平沼騏一郎、阿部信行、米内光政（首相経験年代順）らである。

若槻、岡田、平沼は、

「長期戦に堪える物資を確保できるかどうかが心配」

という意見であった。

近衛は開戦に反対した。

「外交交渉が決裂しても、すぐ戦争に訴えることなく、このままの状態で臥薪嘗胆すれば、そのうちに打開の道を見出せるのではないかと思われます」

米内は敗北を警告した。

「資料を持ちませんので具体的な意見は申し上げられませんが、俗語を使いまして恐れ入りますが、ジリ貧を避けんとしてドカ貧にならないように十分にご注意を願いたいと思います」

広田は消極的ながら、

「やむをえず撃ち合いになっても、機会をとらえて外交交渉によって解決する道を取るべきと思います」

と、開戦を認めた。

林、阿部が東条内閣支持を述べたあと、最後に若槻が、

「……理想を描いて国策をお進めになること、たとえば大東亜共栄圏の確立とか東亜の安定勢力とかの理想にとらわれて国力を使うことはまことに危険でありますから、これはお考えを願わなければなりません」

と、現実主義で最後の決定をするように進言した。

しかし、権限のない重臣らの意見は、何の効果もなかった。

米内は十一月三十日、兵学校同期の予備役海軍中将荒城二郎に、手紙を書いた。

「昨二十九日、午前九時より午後四時まで参内、昼は御陪食の光栄に浴したり。集る面々例の通り（中略）日米交渉は全く暗礁に乗上げたり、好むと好まざるとに関せず、日本の行く道は只一つとなれるものと思はる。事茲《ことここ》に至れるは全く人為的結果と思ふ。然《しか》し此際死んだ兒《こ》の年を数へるやうなことは禁物だ。沈黙コレまた職域奉公の一ならん。詩曰、我酔君亦楽陶然共忘機、モノゴトは為るやうにしかならんな」

このうち、「事茲に至れるは全く人為的結果と思ふ」は、前年八月、日光から荒城に送った手紙のなかの、「魔性の歴史といふものは……所謂《いわゆる》時代政治屋を操り……狂踊の場面から静かに醒《さ》めて来ると……ハテ、コンナ積りではなかったと、驚異の目を見張るやうになって来るだらうと思ふ」につながるものであろう。

米内の長嘆息が聞こえるようである。

十二月一日午後二時から、宮中東一ノ間で、東条以下の全閣僚、参謀本部の杉山、田辺（盛武次長、中将）、軍令部の永野、伊藤、枢密院議長の原が出席して、いつものように形どおりの御前会議がひらかれ、最後に、

「十一月五日決定ノ『帝国国策遂行要領』ニ基ク対米交渉ハ遂《つい》ニ成立スルニ至ラズ。帝国ハ米英蘭ニ対シ開戦ス」

の議案が天皇によって裁可された。

御前会議終了後、天皇は杉山と永野にことばをかけた。

「このようになることはやむをえぬことだ。どうか陸海軍はよく協調してやれ」

最後まで不戦に努力した天皇も、ついに万策尽きて、開戦の肚《はら》を決めたようである。

それは、武藤軍務局長の、

「天子様がご自分から……手を打たねばならぬ」

という策を実行した東条のシナリオに乗せられたもののようであった。


昭和十六年十二月八日朝、開戦の報が全国に伝えられ、人びとは衝撃をうけた。

麹町区三年町の米内邸に、元外相の有田八郎、元蔵相・内閣書記官長の石渡荘太郎をふくむ十数名が集まった。

真珠湾奇襲攻撃が成功して、驚天動地の大戦果が挙がったという大本営発表に、大多数の国民は歓喜したが、ここに集まった人びとは暗然としていた。

「どう考えても日本には勝目がなく、三年ともたないだろう。戦争となった以上は協力しなければならないが、一日も早い戦争終結をはからなければならない」

この日の昼、東条は「大詔（宣戦の詔書）を拝して」と題するラジオ放送をおこなった。そのなかで、こうさけんでいた。

「米国は支那よりわが陸海軍の無条件全面撤兵、南京政府の否認、日独伊三国条約の破棄を要求、帝国の一方的譲歩を強要してまいりました。

……事ここに至りましては、日本はこの危局を打開し、自存自衛を全うするため、断乎として立ち上がるのやむなきに至ったのであります。

およそ勝利の要訣は『必勝の信念』を堅持することであります。建国二千六百年、われらはいまだかつて戦いに敗れたことを知りません。

……八紘《はっこう》を宇《いえ》となす（世界を一家とする）皇謨《こうぼ》（天皇の国家統治のはかりごと）のもとに、この尽忠報国の大精神あるかぎり、英米といえども何ら恐るるに足らないのであります」

だがここには、東アジアに通じる大義名分もなかった。あれば、のちに世界中から袋だたきにされることはなかったであろう。

勝算も、「必勝の信念」と「尽忠報国の大精神」だけで、数字の裏づけがある勝算はなかった。

のちのことだが、米内は知人のある政治家にいった。

「山本（五十六）は出かけるまえにここへ挨拶にきて、緒戦ではかならず勝ちます。そして一年間は優勢を維持しますから、どうぞそのうちにケリをつけて下さい、といっていたが、困ったことになりましたなあ」

この十二月八日朝、トラックの夏島沖に碇泊していた第四艦隊旗艦の巡洋艦「鹿島」の電信室は、南雲機動部隊の真珠湾奇襲成功という「トラトラトラ」の電報を傍受した。作戦室の参謀らは「万歳」をさけんだ。通信参謀飯田秀雄中佐は、飛ぶように電報を長官室の井上成美中将にとどけた。

まもなく作戦室に帰ってきた飯田は、解せないという変な面持で、航海参謀土肥一夫少佐に声をかけた。

「おい、長官に電報を見せて『おめでとうございます』といったら、『バカヤローッ』っていわれたんだ。どういう意味だろうな」

「えーっ、『バカヤローッ』、どういう意味なんでしょうねえ」

のちに、日本の敗戦が明らかになってきたころ、土肥は、「井上さんははじめから、この戦《いくさ》はいけないと思っていたんだ」と、思い当たった。

真珠湾奇襲攻撃は成功し、予想外の大戦果と思われたが、対米最後通告が攻撃開始より遅れたため、米国政府は、

「日本は国際条約を破り、卑劣な騙《たま》し討ちをしかけてきた」

と宣伝し、全米国民は「リメンバー・パールハーバー」を合言葉に、挙国一致で対日戦に

立ち上がった。

山本五十六は、真珠湾攻撃によって、

「米国海軍と米国民をして救うべからざる程度にその士気を沮《そ》喪《そう》せしむ」

ことを最大の目的としたが、

「米国海軍と米国民をして、日本海軍と日本国民が色を失う程度に、その士気を高揚せしむ」

ことにしてしまった。

米太平洋艦隊司令長官チェスター・W・ニミッツ大将（のちに元帥）は、この真珠湾攻撃による米側の損害について、要旨こう語っている。

「沈没した二隻の旧式戦艦は実戦に不適な低速艦であった。他の戦艦は修復された。

機械工場、修理施設、燃料タンクは無事であった。とくにこの燃料がなくなれば、艦隊は数ヵ月にわたり、真珠湾から作戦することができなかったであろう。

最も幸運だったのは、空母が無傷で、巡洋艦と駆逐艦の損害もきわめて少なかったため、高速空母攻撃部隊を編成するのに支障がなかったことである」

真珠湾攻撃は、総合的に見れば、このように、戦果は見かけ倒しで、逆効果だったようである。

日本中が有頂天になっていた真珠湾攻撃のころ、日本陸海軍の目算が根本から崩れる予想外の事態が、ヨーロッパの東部に発生していた。

ソ連に侵入したドイツの大軍が、まず十一月下旬、はじめて大敗した。ドイツ陸軍のハルダー参謀総長は、十一月二十六日の日記に、

「東部軍の損失の総計は七十四万三千百十二人であり、三百二十万人の総兵力の二十三パーセントに相当する」

と、ドイツ軍の惨憺《さんたん》たる死傷者数を書いた。

十二月に入り、ソ連の新鋭百個師団が、中央戦線の全体にわたって大規模な反撃にうつり、ドイツ軍に大打撃をあたえはじめた。ドイツ軍の花形、戦車部隊の指揮官グデーリアン大将は、十二月五日の日記に、

「われわれのモスクワ攻撃計画は潰《つい》え去った。われわれは惨憺たる敗北を喫したのだ」

と、絶望の情況を書いた。

ヒトラーは、十二月六日、ソ連政府が発したニュースを聞いて驚愕《きょうがく》した。

「ソ連軍の新鋭百個師団の大規模な反撃によって、モスクワにたいするドイツ軍の脅威は一掃された」

酷寒の戦線ですでに持久力の限度に達していたドイツ軍は大動揺をきたし、この後数日間、敗退をつづけた。

この時点でドイツの敗北が決定した。

日本海軍の機動部隊が真珠湾攻撃をかけたのは、ヒトラーがニュースに驚愕した翌日の十

二月七日（ヨーロッパ、米国時間）であった。しかし、まさにこの時点で、ドイツをアテにした日本の敗北も決定した。「バスに乗り遅れるな」のことばが喧伝《けんでん》されたが、日本は目先の欲に目が眩《くら》み、「地獄行のバス」に乗ってしまったのである。

受身の哲学

米内光政は、「みちのくの京都」「杜《もり》の都」の盛岡市に生まれた。市街の中央を北上川が南東へ流れ、その一地点に、東から中津川、西から雫石《しずくいし》川が合流しているが、水辺にも奥東北の風情がある。

岩手郡日戸村（現在は盛岡市に編入）に生まれた夭折《ようせつ》の詩人石川啄木が、

「やはらかに柳あをめる北上の岸辺目に見ゆ泣けとごとくに」

と歌ったのは、盛岡市の北十七、八キロの、玉山村を南流する北上川である。

盛岡市の北北西およそ二十キロには、南部富士、または岩手富士とよばれる標高二千四十一メートルの秀麗な岩手山が、悠々とそびえている。

光政少年が市内から、

「前へ――オオイ」

とさけびかけた山である。

本名が一《はじめ》の啄木は、明治三十一年（一八九八年）春、米内光政が卒業するのと入れ代わりに、盛岡尋常中学校（現盛岡一高）に入校した。そのとき四年生に金田一京助、野村胡堂、三年生に及川古志郎、二年生に板垣征四郎がいた。啄木があれほどの詩人になれた陰には、金田一の親身もおよばぬ援助があったという。

光政は明治十三年（一八八〇年）三月二日、中津川北岸の下小路六十五番地に生まれた。いま愛宕町にある盛岡市中央公民館は、南部藩主の御薬園跡に建てられたものだが、そのすぐ近くである。

米内家は奥羽藤原氏の流れをひく秀政が初代で、元禄時代（一六八八〜一七〇三年）から、代々為心流剣道師範として、二十万石の南部家に仕えてきた。

南部家居城の盛岡城、別名不来方《こずかた》城は、三つの川の合流点からすこし東寄りの丘陵に建っていた。啄木は中学生のころ、この城跡によく遊びにきて、

「不来方のお城の草に寝ころびて空に吸はれし十五の心」

などと歌っていた。

明治四年（一八七一年）に廃藩置県があって、サムライ階級が消滅したころ、米内家の当主は、第七代米内伝左衛門藤原秀政であった。

子供のない秀政は、旧南部藩士豊川種房の次男を養子に迎え、旧南部藩奥家老松尾立身の四女を嫁にさせ、米内家を存続させた。

この男女が受政《ながまさ》とみわ（のちにとみと改名）で、その間に生まれたのが、ひさと光政であ

った。

米内光政には剣道師範米内氏の血は流れていない。戦国時代に盛岡地方の豪族であった豊川氏と、南部藩奥家老松尾氏の血が流れている。

安政四年（一八五七年）生まれの受政は、人の面倒をよくみたため、二十代前半で、盛岡市長の前身である盛岡戸長となった。

ところが、部下の金銭上の不始末に責任を負ったり、下小路から移転した盛岡城南東一キロほどの八幡町の家が全焼したりして、大きな損害を被った。

その後、初代市長選挙に出て当選したが、自由党嫌いの岩手県知事石井省一郎に、自由党色があると忌避され、無念にも市長の座につくことができなかった。

政界進出を断念した受政は、種々の発明や生糸売買に没頭した。しかしどれも成功せず、そのうえ知人の借金の保証人になり、借財をつくる苦境に落ちこんだ。やむなく妻子を残して上京し、発明に没頭したが、ついに経済的に立ち直れなかった。

こうして生じた多額の借財が、成人した光政の肩にのしかかったのである。

ひさと光政は、裁縫を教え、賃仕事に励んで稼ぐとみに育てられた。とみは貧苦にめげず、光政を士族の男子として、仕付けた。

ひさは晩年に語った。

「母はたいへん勝気な厳格な人で、私どもは絶えず厳しく仕付けられました。私どもは、母の厳しい躾《しつけ》によって、責任、努力、忍耐というような徳目を、自然に身につけるようになりました。私は八十三歳のいまでも（昭和三十五年）、母からうけたこの教えを守っておりますが、弟の一生を通じてみましても、この教えが、その芯《しん》になっておったように思われます」

明治二十六年（一八九三年）四月、光政は十三歳で岩手県尋常中学校（明治三十年に岩手県盛岡尋常中学校と改称）に入校した。同級生に、ともに柔道をやり、ともに海軍兵学校に入り、生涯親友をつづける八角《やすみ》三郎（のちに中将）がいる。

多田綱宏校長は英語教育に熱心で、優秀な教師を置いていたが、光政らが高学年に進んだころは、破格の高給を出し、オックスフォード大学出身の斯波貞吉を、英語教師に迎え入れたほどであった。自由な校風だったらしい。ついでだが、太平洋戦争最終期、米内海相の次官であった多田武雄中将は、この校長の次男である。

光政は、八幡町の焼けた家に近い長屋から、本を包んだ風呂敷を首にくくりつけ、黒の小倉服を着て、朴歯の下駄を履き、盛岡城近くの中学校まで、約一キロを通学した。

収入が少ないので、とみはときどき徹夜で働いた。光政は姉のひさと家事を手伝い、夏休みには県庁で筆耕などのアルバイトをして、家計を助けた。月五十銭の中学校の授業料は、自分の稼ぎから出したらしい。

だが、悠々と街を闊歩する光政少年には、少しも貧乏くさいところがなく、知る者は感嘆して見ていたという。

中学校の級友で、日本赤十字病院の産院長になった久慈直太郎は、学校での光政を、

「米内は秀才型ではなく、また蛮童《ばんどう》でもなかった。おとなしいが、芯のしっかりした男だった。

学業成績はいつも三番くらいを上下していた。クソ勉するふうでもなかったから、生まれつき頭がよかったのだろう。口数は至って少ないが、それでいて快活な一面があるし、いっしょにいると心が温まるような人柄だった」

と、語っている。

最上級のとき生徒隊の中隊長になった光政は、威風堂々と号令をかけ、下級生の憧れの的であった。


光政が海軍兵学校を志望するようになったのは、中学四年生のときで、明治三十年（一八九七年）であった。

日本は、満州、朝鮮を属領にしようと画策しているロシアと、近い将来に一戦は避けられないと見て、陸海軍の軍備増強をすすめていた。

当時の海軍には、斎藤実（のちに大将、海相、首相）、山屋他人《やまやたにん》（のちに大将、第一艦隊司令長官）、栃内《とちない》曾次郎（のちに大将、第一艦隊司令長官）など、岩手県出身の有能な士官が活躍していた。

しかし、なにより光政が心を動かされたのは、海軍兵学校は学費ばかりか衣食住費も不要

ということであった。

それに将来、海軍士官になって、日本の役に立つということが感動的であった。

　南部藩は戊辰戦争のさい、幕府側について薩長軍と戦い、賊軍の汚名を着せられた。その汚名をそそぐことを思い、血を沸かせたのである。

　生徒らに、さかんに海軍ゆきをすすめた体操教師の佐藤亀吉は、ある日、米内らの一年先輩の葛博《くずひろし》をよんだ。

「米内と八角が海兵受験を決心した。それまでに、二人を柔道で鍛えて、身体をつくってやりたい。ひとつ揉《も》んでやってくれ」

　中学校にはまだ柔道部がなかったが、生徒有志十数名の願いは多田校長によってすぐかなえられ、校舎の一部に畳が敷かれ、「泛虚館《はんきよかん》」という名の柔道場ができ上がった。

　黒帯を締める教師補佐の葛博は、未経験の米内に柔道の心得を話した。

「君は身長五尺五寸（約百六十七センチ）、体重十八貫（約六十八キロ）を超え、力は衆にすぐれている。君が腰を落とし、両腕に力を入れて立ち向かってくれれば、たやすく倒すことはできない。だがそれでは柔道にならない。

　柔道をやるには、身体は浮木のようにまっすぐに立ち、臍下《せいか》丹田《たんでん》に力を入れ、腕の力を抜き、眼は正しく相手の眼を見ていなければならない。君がそういう姿勢をとらなければ、『真捨身』でゆくかもしれない」

　だが、稽古《けいこ》にかかると、光政はすぐ身体を堅くした。

たたきつけた。

「約束だ、ゆくぞ」

葛は声をかけ、身を捨てながら右足を光政の腹にかけ、光政の巨体を宙に舞い上げ、畳に
それを何回もくり返した。光政の身体は、回を重ねるごとに柔らかくなった。

「泛虚館」の泛は「浮かぶ」で、泛虚は、「浮木のように力を抜いて立つ」ことらしい。

この心得は、講道館流のものではなく、盛岡地方独特の柔術の心得のようである。

八角三郎は中学の柔道部に入るまえから、町の道場で柔術を習っていた。八角の著書『思い出ずることども』には、

「私どもの中学時代に、初めて講道館流の柔道が入ってきましたが、私どもは今の桜城学校の裏門の梨畑の中にあった松橋先生の諸賞流《しょしょう》の『やわら』の道場に通いました」

とある。桜城学校は盛岡駅東の桜城小学校のことであろう。

現在、盛岡駅北西の夕顔瀬《ゆうがおぜ》町に、剣、柔道の「新明館橋市道場」があるが、その玄関に、

「無形文化財指定　諸賞流和《やわら》　無辺流棒　新明館道場」というもう一つの表札がかかっている。そのなかの「諸賞流和」が八角らの習った柔術で、諸賞流では「やわら」を「柔」と書かず、「和」と書くという。

両道場の道場主は、剣道八段、南部藩古武道保存会長、六十七歳の谷藤新吉さんで、「諸賞流和」は、ごくあらましだが、つぎのようなものらしい。

諸賞流和の流祖は平安時代初期の武将坂上田村麻呂（七五八〜八一一年）で、諸賞流はは

じめ京都で栄え、源頼朝（一一四七～一一九九年）時代から鎌倉で栄えた。五百余年後の寛文年間（一六六一～一六七二年、四代将軍徳川家綱のころ）に、第二十九代南部藩主の南部重信が、諸賞流第四十七代師範の岡武兵衛を鎌倉からよびよせて召し抱え、それ以後は南部領内のみに伝えられている。いま新明館道場で諸賞流和を教えている高橋京三氏は、第六十七代師範である。

「和《やわら》」の意味は、「和して相手の虚をつく」「相手の一切をうけいれる」「相手と一つになる」「自分を捨てる」などのようである。

光政に柔道の手ほどきをした葛博も、諸賞流和を習っていた。

光政は海軍兵学校、海軍の実施部隊では、講道館流柔道を習うが、最初に習った諸賞流和の心得を、最も大切にしていた。

米内の柔道は、積極的に攻めるものではなく、相手の攻めをうけて守り、じっくり相手の手の内を読み、相手の虚をつくものだったという。

諸賞流和そのものだが、この受身の姿勢は、米内の処世においてもおなじであった。

米内光政と八角三郎らは、試験に合格し、明治三十一年（一八九八年）十二月十七日、広島県江田島の海軍兵学校に入校した。米内の入校席次は、第二十九期百三十七人中の五十七番であった。盛岡尋常中学校の一年先輩で、のちに中将になる原敢二郎が第二十八期にいた。永野修身も第二十八期で、第二十七期には末次信正がいた。

兵学校時代の米内の学業成績も、いつも中位で平凡であった。柔道は非凡に強かった。同期生では米内に勝てる者はなく、三段の柔道教師とも互角に戦った。

腕力も抜群に強く、教練用の銅製銃身の大型銃を、照星の部分を右手で握って水平に持ち上げた。ふつうの者では、両手でも容易に持ち上がらないものという。

米内ら第二十九期は、明治三十四年（一九〇一年）十二月十四日、兵学校を卒業して、海軍少尉候補生となった。米内の卒業席次は百二十五人中の六十八番であった。のちに大将になる高橋三吉が五番、藤田尚徳が十五番、中将になる米村末喜が三十九番、八角三郎が七十五番、荒城二郎が八十六番である。

候補生らは明治三十五年二月から約三ヵ月半の練習航海に出た。練習航海から帰り、それぞれ配置に赴いたが、米内候補生は一等巡洋艦「常磐」乗り組みとなった。その勤務中の明治三十六年（一九〇三年）一月、海軍少尉に任官した。

やがて母とみを東京に迎え、海上勤務以外では、東京にいた父受政と、三人でおなじ家に住むようになった。姉ひさは、光政が中学校在学中に、盛岡師範の数学教師名久井政太郎に嫁いでいた。

貧乏少尉、ヤリクリ中尉といわれる安俸給で、親二人を養うのは苦しかったが、そのうえ光政は、受政の発明の研究費も出さねばならなかった。

ひさが見かねて光政にいった。

「お父さんにしばらく研究を中止してもらうとすっか」

「研究を断念してもらうのは、お父さんから人生にたいするすべての希望を取り上げるようなものです。黙ってて、つづけてもらいましょう」

俸給で足りない分は、友人から借金して、受政にわたした。こんな生活のため、借金はふえても、減ることはなかった。このころ米内は二十三歳であった。

明治三十七、八年（一九〇四、五年）の日露戦争中、米内光政中尉は、第一艦隊第二駆逐隊の駆逐艦「電《いなづま》」乗り組みであった。明治三十八年五月二十七日の日本海海戦で、「電」は僚艦三隻とともに、ロシア艦隊を夜襲した。「電」は敵砲弾二発をうけたが、戦闘に支障はなかった。

翌二十八日は、昼から夜にかけ、味方の二等巡洋艦や駆逐艦数隻とともに、ウラジオストックに逃げようとするロシア巡洋艦ドンスコイ（六千二百トン）を追撃し、これを鬱陵島《うつりょう》岸に自沈させた。

二日間にわたる激戦であったが、米内は運よく負傷もしなかった。

米内中尉は明治三十九年（一九〇六年）六月十二日、二等巡洋艦「新高」分隊長心得になったが、四日前の六月八日、こまと結婚した。父受政がすすめる縁談を即座に承諾し、結婚式場ではじめてこまと顔を合わせたと伝えられている。光政が二十六歳、こまが二十歳であった。

この年九月二十八日、大尉に進級して「新高」分隊長になり、明治四十年五月十七日、「新高」砲術長になった。同年十二月二十一日、

「明治四十年戦闘射撃ニ於テ戦艦一等巡洋艦以外ノ軍艦中最優秀ノ成績ヲ得タリ　仍《よっ》テ此ノ褒状ヲ授与シ其ノ名誉ヲ表彰ス」

という褒状をうけた。

米内大尉は明治四十一年（一九〇八年）四月二十日、海軍砲術学校教官兼分隊長に補せられた。その後、戦艦「敷島」分隊長、戦艦「薩摩」分隊長、巡洋艦「利根」砲術長を経て、明治四十四年十二月一日、ふたたび海軍砲術学校教官兼分隊長になった。高野（のちに山本）五十六大尉と親しくなったのは、このときである。

明治四十五年（一九一二年）六月八日、長女ふきが生まれた。十二月一日には、海軍少佐に進級し、海軍大学校甲種学生となった。海大甲種学生は海軍の高級幹部候補で、高等用兵や軍政を学ぶ。入試はむずかしく、海大創立から最後までに甲種学生になった者は、海軍兵学校の各期を平均すると、一期あたり十六パーセントにすぎないが、努力によって合格したのである。落第していれば、海軍大将、海軍大臣米内光政はなかった。

大正四年（一九一五年）二月十二日、米内少佐はロシア駐在、三月二十日、駐露日本大使館付武官補佐官となった。「露国駐在中加俸三千五百円を給す」という待遇であった。兵学校で二期先輩の海軍省人事局員小山田繁蔵中佐が、米内家の火の車の台所に同情し、上司に奔走して認可された転任だったという。任地では加俸だけで何とかやっていけ、本俸はそっ

くり家族にわたされるから、家計はずいぶん助かった。

米内少佐は大正五年十二月十一日、露都ペテログラード（後レニングラード）で中佐に進級し、大正六年（一九一七年）三月、ロシア革命によってロマノフ王朝が崩壊する情況を見た。このとき専制政治の弊害を痛感したのである。

大正六年四月に帰国した米内中佐は、大正七年八月九日、軍令部参謀の資格で、ウラジオ派遣軍司令部付となった。この間、大正四年十一月に三女和子、大正七年一月に長男剛政《よしまさ》が生まれ、米内家はいよいよ忙しくなっていた。

大正九年（一九二〇年）六月、欧州出張を命ぜられ、欧州の実情、とくにソ連の革命進行状況の調査にかかった。はじめポーランドのワルシャワにいたが、ソ連に近すぎ、ソ連についてのデマ情報が多く、大局的な判断ができなかった。英独仏伊など西部諸国の動向もよくわからない。そこで少し離れたベルリンに移り、ワルシャワには前田稔大尉を駐在させて、ベルリンから監督した。

主力艦（戦艦）と空母の保有量（トン数）を定めるワシントン海軍軍縮条約が調印されたのは、大正十一年（一九二二年）二月六日であった。米・英・日の主力艦、空母の保有量の比率が、いずれも五・五・三とされることになった。

日本は対米七割を主張したが、そのままでは会議が決裂し、無制限の建艦競争となり、財政的に破綻すると判断して、米国が主張する対米英六割を呑《の》んだのであった。

首席全権の海相加藤友三郎大将の見解の要点は、つぎのようなものであった。

「金がなければ戦争はできない。その金はどこから借りることができるかといえば、米国以外に日本の外債に応じられる国は見当たらない。その米国が敵であるとすれば、この途は塞がれるから、日本は自力で軍資金をつくり出さなければならない。こういうことだから、日本は米国との戦争を避ける必要がある。

仮りに建艦競争をつづけるとどうなるか。米国の世論が軍備拡張の必要を感じたばあいは、どれほどのことでもなし遂げる実力がある。米国が思うとおりに拡張すれば、日本はそれに追いつく拡張などはできない。

無制限の建艦競争をやれば、日米間の海軍差はますます増大するばかりで、日本は米国から脅迫をうけることになる。

米国提案の十・十・六（五・五・三とおなじ）は不満足だが、この軍備制限が完成しないばあいを想像すれば、むしろ十・十・六でがまんするほうが、結果において得策である」

要するに「対米不戦」論である。

ところが首席随員の加藤寛治中将と、随員のひとりで軍令部員の末次信正大佐は、米海軍に勝つ最低戦力の対米七割を確保できなかったのは、屈辱的な屈服であると憤激し、承服しなかった。この憤懣が、のちのロンドン条約交渉のときに爆発するのである。

米内中佐は大正十一年（一九二二年）の暮れ、欧州から帰国した。二年半の欧州滞在で、米内の欧州諸国にたいする認識は深くなったが、とくに唯我独尊、権謀術数のドイツにたいする認識が正確になっていた。

ひさしぶりにわが家に帰った光政に、母のとみがたずねた。

「外国駐在のお手当は多いと聞くが、少しぐらいは残ってるか」

「お上の命令で外国に駐在しているのですから、その職務遂行のために多額のお手当をいただいているのです。いただいたものはご用に立つように使いましたから、残りはありません」

「それでええ。残してくれなかったことが、わたしへの何よりのみやげだ」

米内が欧州へ出かけてまもない大正九年七月には、四女中子《あつこ》が生まれていた。

大正十二年（一九二三年）三月五日、米内大佐（大正九年十二月一日進級）は装甲巡洋艦「磐手」の艦長になった。「磐手」は「八雲」「浅間」とともに練習艦隊に編入され、七月、海軍兵学校、機関学校、経理学校を卒業した少尉候補生四百三十五人を三艦に分乗させて、練習航海に出た。

旅順、大連を見学したあと、米内艦長は候補生らに所感を書かせた。機関科候補生吉田純二の所感のなかに、

「Might is right（力は正義〔勝てば官軍〕）」

ということが書かれてあった。米内は、

「日本海軍は正義の後楯となるものであって、力すなわち正義ではなく、また、そうあってはならぬ」

という要旨の批評を半ページ書き、吉田を戒めた。

近海航海から帰り、東京大震災（九月一日）の救護任務を解かれた九月下旬、三艦の艦長は横須賀鎮守府に出頭し、司令長官野間口兼雄大将に挨拶をした。野間口は、

「練習艦の艦長は他の艦長にくらべて任務が重大である。純真白紙のごとき候補生に日本海軍の伝統的精神を植えつけ、士官としての素地を形成させるのだから、行住坐臥身を慎み、神のごとき心境を持して……」

と訓示し、ジロリと米内の頭を睨《にら》み、

「強いてとはいわぬが、頭髪のごときも短く刈ったほうがよい」

とつけ加えた。

長官室を出たところで、「八雲」艦長の宇川済大佐が、米内の肩をたたいた。

「おい、長官のご機嫌すこぶる斜だぞ。クルクル坊主に剃《そ》ってしまえ」

「ウフフ……」

米内は意に介さなかった。外国生活が長かったためもあろうが、海軍士官は外国で囚人とまちがえられる坊主頭より、長髪のほうがいいと判断していたらしい。

練習艦隊は十一月上旬、オーストラリア方面への遠洋航海の途につき、五ヵ月のちの大正十三年（一九二四年）三月末、無事横須賀に帰投した（実松譲著『米内光政』）。

七月十八日、米内大佐は戦艦「扶桑」艦長となり、十一月十日、戦艦「陸奥」艦長となっ

た。基準排水量三万五千トン、艦長二百二十一メートル、速力二十五・三ノット、四十センチ主砲八門の「陸奥」は、同型の「長門」とならび、日本海軍の最大最強の新鋭戦艦であった。「陸奥」「長門」の艦長は、将来、艦隊司令長官、鎮守府司令長官、ばあいによっては連合艦隊司令長官、海軍大臣になるかもしれないエリートである。海大甲種学生を卒業したというものの、「グズ政」などといわれている米内が「陸奥」艦長になったことは、奇現象として、海軍部内の注目を集めた。

有竹修二の随筆『米内光政』のなかに、

「加藤友三郎元帥の葬儀の時、海軍儀仗隊を指揮する一人の偉大夫を見た。それは余人ではなく米内であった。堂々たる体軀、端整な風貌、太い号令、厭味《いやみ》のない挙措、自分は何ということなしに、こういう人間が将来日本の海軍を背負うようになるのではないかと考えた。偶然自分はそれまで米内をあまり知らなかったが、それ以来米内を注目するようになった。偶然に刻まれた印象は、案外当るものだ」

という山梨勝之進大将の談話がある。

海相、首相であった加藤友三郎の海軍葬は、大震災の四日前の大正十二年八月二十八日で、その日米内は「磐手」艦長として旅順にいた。「加藤友三郎元帥の葬儀の時」は、山梨の記憶ちがいであろう。

米内が海軍儀仗隊指揮官になったのは、大正十二年二月十日、陸軍元帥伏見宮貞愛《さだなる》親王（博恭王の父）の葬儀のときと、大正十三年七月九日、公爵松方正義の葬儀のときの二回である。

山梨が見たのは、おそらく松方の葬儀のときであろうが、当時山梨少将は海軍省人事局長で、米内が「陸奥」艦長に発令された一ヵ月後の大正十三年十二月に、人事局を去っている。米内の「陸奥」艦長は、山梨によってすすめられたようである。山梨は兵学校では米内の四期先輩になる。

このころの海相は財部彪大将で、財部と親しい岡田啓介大将が、同年十二月一日付で、鈴木貫太郎大将（岡田の一期先輩）に代わり、第一艦隊司令長官兼連合艦隊司令長官に親補された。そして連合艦隊旗艦が「長門」から「陸奥」になった。

岡田連合艦隊司令長官、米内連合艦隊旗艦「陸奥」艦長の関係は、大正十四年十一月末までつづく。昭和二十五年十二月、毎日新聞出版局長の森正蔵氏が、岡田について、

「……翁の尊敬しているのが西園寺公望と加藤友三郎、特に信をおいているのが米内光政、そして今も昔も少しも変わりなく、一貫して翁の心に流れているのは天皇に対する敬愛である」

と書くが、岡田の米内にたいする信頼は、この間に生まれたものであった。

大正十四年（一九二五年）正月のことである。米内の親戚の堀江泰夫や鈴木虎雄が、米内家に年始の挨拶にいった。酒はふんだんにあった。二人は聞いた。

「あなたは日露戦争やシベリア出兵での金鵄勲章をお持ちで、その年金があるから酒代には不自由はないですね」

「それならいいんだが、その年金はいちども見たことがないんですよ」

と米内はこたえた。借金のカタに押さえられていたのである。日露戦争での金鵄勲章は功五級で年金が三百円、第一次世界大戦とシベリア出兵での金鵄勲章は功四級で年金が五百円であった。

米内大佐は大正十四年十二月一日、海軍少将に進級し、第二艦隊参謀長に任命された。第二艦隊は重巡洋艦部隊で、司令長官が米内より十期先輩の谷口尚真《なおみ》中将である。谷口は識見が高く、加藤友三郎を尊敬する合理主義者だが、英海軍の闘将ネルソンをも尊敬していた。そして、「百術ありといえども一清に如《し》かず」を家訓にしているほどの清廉潔白主義者である。謹厳実直そのもので、平たくいえば石部金吉であった。

米内はある日、

「河の水魚棲《す》むほどの清さかな」

という自筆の色紙を、谷口に進呈した。

「ありがとう」

と、谷口は怒らずにうけとった。

昭和二年ごろ、呉鎮守府司令長官の谷口のもとへ、米内と兵学校同期で、海軍省人事局長の藤田尚徳少将が、人事上のことで意見を聞きにいった。谷口がたずねた。

「君のクラスでは、だれがいちばん有望かね」

「米内ですよ。あれは長官もよくご存知と思いますが、いちばんです。大器晩成型でしょう」

「そうか。僕も同意見だ。ただ米内君は、めんどうくさがり屋で、度がすぎていやせんかね」

谷口は、藤田から、軍令部第三班（情報）長になっている米内に伝えさせたかったようである。

その米内は、谷口の人柄が好きだったらしく、昭和十六年十月三十一日に谷口が脳溢血で死ぬまで、ちょくちょく谷口を訪ねて、話し合っていた。

谷口の棺が下落合（現新宿区）の自宅を出る最後の別れのとき、米内は大きな体をかがめ、両手を合わせ、

「おさらばです」

と、涙ながらに声をかけた。この当時若い海軍大尉であった長男の谷口真《まこと》は、その姿が忘れられないという。

谷口の三女尚子の夫、垣見泰三は、谷口の妻直枝子《すえこ》から、谷口が折に触れて、

「日米開戦を主張する人が多いけれども、これはぜったいに回避しなければいけない。みなは、アメリカの物心両面にわたる真の底力というものを知らないのだ。現在の日本の力では、とうてい対抗できるものではない」

と、くり返しくり返し強調していた、と聞いている。

米内は、谷口の対米不戦の信念にも傾倒していたようである。

米内が軍令部第三班長になったのは、大正十五年（一九二六年）十二月一日で、約七年ぶりの東京勤務であった。青山の家には、受政《ながまさ》、とみ、こま、三女和子（次女は早世）、長男剛政《よしまさ》、四女中子《あつこ》（五女も早世）がいた。そのうち受政が昭和二年十一月に他界し、昭和三年一月に次男尚志《たかし》が生まれた。

米内には趣味、嗜好といったものがほとんどなかった。碁、将棋、麻雀はやらない。謡曲、園芸、狩猟、釣、刀剣鑑定、書画もやらない。長唄だけが好きで、レコードをたくさん買い、蓄音機でよく聞いていた。

食物は何でも食うが、「うまい」とか「まずい」とか、いったことがない。好きなのは豆腐とおからで、何より好きなのが酒であった。

子供らにも、ほとんどなにもいわない。それでいて窮屈な感じをあたえるわけでもなかった。

家でほかに何をやっているかといえば、読書と書道であった。

栄転につぐ栄転

関東軍高級参謀の河本大作大佐が、満州軍閥頭目の張作霖を謀殺したのは、昭和三年六月四日であった。抗日排日の巨頭張を抹殺し、全満州を関東軍が制圧しようと企図したのである。

半年後の十二月十日、米内少将は第一遣外艦隊司令官となり、砲艦部隊をひきいて、揚子江の警備に当たることになった。旗艦は八百五十トンの「安宅」である。

このころ中国は、蔣介石の国民革命軍の北伐が成功した直後で、中国各地には、排日運動がさかんに起こっていた。

昭和四年一月十日、漢口で中国人車夫が日本人に殴られて死亡する事件が起こり、激昂した中国民衆が、日本租界近辺に集合して、一触即発の情勢になった。

会議の末、米内は、

「現状では守備態勢の確立が急務である。積極的に実力を行使してはならない。もし暴徒が乱暴をするようなことがあったら、容赦なく撃攘《げきじよう》せよ。交渉は外務省当局に一任する」

と、決断を下した。

日本租界の周辺に鉄条網を張りめぐらし、警備を強化して、相手の出方に対応できる態勢がとられた。

米内は部下に、

「逸をもって労を待つのみ。いたずらに騒いで相手に乗ぜられる隙《すき》をあたえてはならない」

と厳命した。

時が過ぎ、事態は鎮まった。

このような姿勢で長江（揚子江）警備に当たった米内は、蔣介石とは友好的に二回会見し、二年間を無事に治めた。

砲艦「熱海」艦長の小島秀雄少佐は、

「米内司令官は艦隊の乗組員から非常に評判がよかった。米内さんは部下を全幅信頼し、つまらぬことで文句をいわず、部下にまかせるべきことは一任したからであった」

といっている。

海軍部内の対米英協調派と強硬派が激烈に対立し、主導権を争う生臭い「海軍お家騒動」が、昭和五年のロンドン海軍軍縮会議をきっかけに起こった。その結果、ロンドン軍縮条約は成立したものの、権威絶対の東郷平八郎元帥と伏見宮博恭王大将をかつぐ加藤寛治大将、末次信正中将と、それに追従する大角岑生大将ら対米英強硬派が海軍の主導権をにぎった。

昭和五年十二月一日、米内は海軍中将に昇進するとともに、鎮海要港部司令官に補せられた。海相は加藤寛治と兵学校同期（第十八期）で親しい安保清種《あぼきよかず》大将、次官が条約派（対米英協調派）の小林躋造《せいぞう》中将（第二十六期）、軍務局長がおなじく条約派の堀悌吉少将（第三十二期）で、軍令部長が条約派の谷口尚真大将、同次長が艦隊派の永野修身中将であった。

鎮海は朝鮮半島南端の鎮海湾に臨む小さな町で、日露戦争のとき、東郷平八郎大将がひきいる連合艦隊主力の根拠地であった。明治三十八年（一九〇五年）五月二十七日、ここを出撃した東郷艦隊は、対馬沖から日本海にかけて、バルチック艦隊と激闘し、これをほとんど撃滅した。第二駆逐隊の「電」に乗ってロシア艦隊と戦った米内にとっても、思い出の深いところである。

しかし要港部となってからの鎮海は、あまり重要でなくなり、司令官も現役を退くまえの休養の意味で任命される者が多かった。盛岡尋常中学校の一年先輩で前任の原敢二郎中将も、ここに一年いて、予備役となった。

米内もこれが最後と思った。

司令部に出勤し、仕事がなければ、よく本を読んだ。休日には、参謀らと湾内で釣りをした。禁漁区なので魚は豊富で、素人の米内の針にも、荒海育ちの見事な鯛がかかることがあった。

昭和六年春、三月事件のため陸相を辞めた宇垣一成大将が朝鮮総督になった。米内は宇垣の朝鮮統治について、

「大和民族は他を同化する先天的素質を持っているというが、事実は果たしてどうか。東西の文明を統一融合して世界の平和を指揮するのは、大和民族の使命であるといばる意気はけっこうだが、地上から足を浮かして雲をつかむようなウヌボレと空元気では、将来が思いやられる」

という要旨の手紙を、同期の荒城二郎に送っている。

昭和六年九月十八日、関東軍の高級参謀板垣征四郎大佐と作戦主任参謀石原莞爾中佐らの謀略による満州事変が起こり、戦火はたちまち満州各地にひろがった。十月八日には、関東軍の飛行機十一機が遼東湾北方の錦州まで爆撃した。

このころ荒城に送った手紙では、

「国際連盟の理事会か総会で、どうしても一騒動起こるだろう。いまのように八つ当たり的な鼻っ柱の強いことをいうより、もっと冷静、牢乎《ろうこ》とした決心覚悟が必要だ。あまりに他国を刺激して、感情的に白人を結束させるような言論は慎しむべきだと思う」

という要旨のことを書いている。

軍事参議官の加藤寛治大将は、東郷元帥の権威を利用し、前海相安保清種大将とはかり、海相大角岑生大将に圧力をかけ、昭和七年二月二日、谷口尚真大将に代えて伏見宮博恭王大将を海軍軍令部長に就任させた。加藤はこの日の日記に、

と、全身の喜びを表わすように書いた。しかし「全海軍」は、対米英強硬路線を主張する艦隊派というのがほんとうであろう。

ついで加藤は、伏見宮に、次長を穏健な百武源吾中将から、加藤の腹心の高橋三吉中将に代えるように進言し、承認を得ると、大角に次長交替を申し入れて、承諾させた。

二月八日、次長になって三ヵ月しかたたない百武が落度もなくクビになり、高橋が次長に就任した。これで軍令部は、伏見宮部長、高橋次長、第一班（のちに部）長及川古志郎少将、第一班第二課長南雲忠一大佐（第三十六期）という、加藤の思いどおりに動くであろう艦隊派の顔ぶれとなった。

加藤は、二月二十日に伏見宮を訪ねたときのことを、日記に、

「午後三、三〇、殿下へ拝謁〇〇御心配ノ事ヲ申上御奮起ヲ願ヒ奉ル　御決心実ニ可驚、〇〇戦争不可避ハヤルヘシト仰セラレ、未来ノコトヲクヨクヨセス現在ニ善処セヨト仰セラル」

と書いた。はじめの「〇〇」は「陛下」で、つぎの「〇〇」が「日米」であろう。

天皇は満州事変と、昭和七年一月に起こった第一次上海事変（関東軍の板垣大佐、上海駐在武官補佐官の田中隆吉少佐らの陰謀による）を憂慮していた。

太平洋戦争開戦まえ、伏見宮は嶋田に開戦をけしかけるが、このときすでに、対米戦やるべしと意気ごんでいたようである。

昭和七年五月十五日、海軍中尉の三上卓、山岸宏らが、犬養毅首相を射殺する五・一五事件を起こした。

大角海相が責任をとって辞任し、五月二十六日、斎藤実内閣成立とともに、中庸主義の岡田啓介大将が後任海相に就任した。

事件にたいして米内は、鎮海要港部の部下たちに、

「五・一五事件に関係した士官たちは、その取った行動は君国に忠ならんとする至情より発したと自負しているかもしれないが、その取った手段は断じて許さるべきではない」

と、明確に所信を述べて戒めた。

何ヵ月かのち、司令長官末次信正中将がひきいる第二艦隊が鎮海に入った。ある夜の酒席で、米内は二期先輩の末次と激論になり、その胸ぐらをつかみ、

「五・一五事件の陰の張本人は君だ。ロンドン会議以来、若い者を焚《た》きつけ、ああいうことをいわせたりやらせたりした。もってのほかだ」

とどなりつけた。米内が柔道の猛者《もさ》であることを知っている小柄な策謀家の末次は、危険を感じて沈黙した。

その年の秋、進級会議に出席するため、米内は上京して海軍省に出頭した。海軍次官になっている同期の藤田尚徳と話すうち、ポツンといった。

「おれももう遠からず離現役だろう。その覚悟はできている」

藤田は黙って微笑した。のちに藤田は、こう語った。

「私としては米内という人物を知っているだけ、あやうく口に出かかったとおり、『そんなことになるものか』と信じていた。しかし高級将官の人事は一次官の意思ではどうにもなるものではない。けれども帝国海軍多士済々とはいえ、大人格で多数を抱擁し、一朝多事の際に真に頼みとなる人は幾人あるか。頭脳だけではない。学問だけではない。無論権謀術数だけではない。そうして仔細《しさい》に検討してくれば、米内こそわれらの信頼にこたえる唯一とはいわなくても、きわめて少数者の一人ではないか。お世辞や生半可な慰めごとを好まない米内の性格を知っているから、私は黙って微笑したのみだった」

予備役確実と見られていた米内中将が、昭和七年十二月一日、上海を根拠地として中国方面の警備に任ずる第三艦隊司令長官に起用された。第一遣外艦隊司令官時代の実績もあったが、米内に期待をかける藤田海軍次官、おなじく岡田海相によって、この人事がおこなわれたのである。

障害がないではなかった。伏見宮が異議をとなえれば、ご破算になる恐れがあった。幸い米内は、ロンドン条約紛争の外にいて、伏見宮や加藤寛治に敵視されていなかった。また、思想はちがっても、同期の高橋軍令部次長が米内と気が合い、伏見宮や加藤に、米内をほめこそすれ、悪くいうことがなかった。

ただ、海相が、東郷、伏見宮、加藤でも一目おく大ダヌキの岡田でなく、権威に弱い大角であったら、米内は予備役に編入されていたかもしれない。

昭和八年になってまもない一月九日、岡田は依願免官となり、一月二十一日、後備役となった。一月二十一日に大将の定年満六十五歳になるからであった。岡田が米内を生かしたことが、海軍にも日本にも、何よりのみやげとなった。岡田のあとには、伏見宮と加藤の意に従う大角が、ふたたび海相に就任した。

そのころ、第三艦隊先任参謀の保科善四郎中佐は、ある夜、上海の料亭月の家で、米内から、鎮海要港部時代に末次信正をとっちめた話を聞かされた。

「僕は大まかで、短気ではないように思われているが、やるときはやるんだ」

という米内のことばに、保科は胸があつくなった。

関東軍が中心となり、日本が清国の廃帝溥儀を執政とする満州国を建国させたのは、昭和七年三月一日であったが、国際連盟はそれを承認しなかった。

昭和八年二月二十四日の国際連盟総会は、満州国の否認、日本軍の満州撤退勧告案を四十二対一（日本）で採択し、日本代表松岡洋右は、

「日本政府は日支紛争に関し国際連盟と協力せんとする努力の限界に達したことを感ぜざるをえない」

と述べて、退席した。

日本は三月二十七日、国際連盟にたいして脱退の文書を送ったが、ここから世界の孤児の

道を歩むことになった。

六月、米内司令長官は装甲巡洋艦の「出雲」から、旗艦を砲艦「保津」に移し、「二見」をひきいて揚子江を遡《さかのぼ》ったとき、「二見」が座礁事故を起こした。その始末は前に触れた。

第三艦隊司令長官時代の米内を、上海特別陸戦隊司令官杉坂悌二郎少将（兵学校第三十三期、のちに中将）は、こんなふうに語っている。

「……暑くても暑いといわず、寒くても寒いといわない。頑固なのか、我慢強いのか、それとも感覚が鈍いのか、とうてい常人ではできない芸当だった。

酒は注《つ》げばいくらでも飲んで辞退せず、終始形をくずさないのが不思議だった。食物はやかましくなかったが、とくに豆腐は大好物で、お代わりを黙っていくつも食べた。

前任の長官（左近司政三《さこんじせいぞう》中将）などは旅館でスキ焼するのも遠慮したほどだが、米内さんはおおっぴらで料亭にいった（芸者がいる）。それも少々度がすぎはせぬかと私たちが心配したほどだが、ご本人は平気でいっこう気にしない。

妙なもので、他の長官だったら、さっそくカゲ口の材料にされるところだが、米内さんにかぎって悪評が立たない。むしろ、みんなが好意をもってそれを見ている、というありさまだった」

七月二十四日、米内は「対支政策につき」と題する手記を書いた。要点をわかりやすく書く。

「……日本の実力からすれば、満州だけで日本は手一杯である。そう考えれば、強硬政策は実際に即しないカラ威張りの政策で、悪感情を買う以外にひとつも得るところはない。

……優者をもって自認する日本が、劣弱な支那にたいして握手の手を差しのべたところで、日本の威信を損し、プライドを傷つけるものではあるまい。

日本はよろしくつまらぬ静観主義をさらりと捨て、大国の襟度をもって支那をリードしてやることに努むべきである」

その後まもない八月十三日、米内は出張先の北平（北京）で、「流行性感冒兼胸膜炎」にかかった。周囲が心配し、九月十五日、「公務罹病、軍令部出仕」となり、佐世保の海軍病院で三週間の療養をすることになった。

藤田はその経緯についてこういっている。

「……海軍の医務当局としては、引入れ療養しかるべしという判定であったが、君は断然聴き入れない。軍令部次長の高橋三吉君は非常に心配して私に相談をもちかけた。両人の意見は完全に一致した。

『なるほど米内君の気持はよくわかる。しかし第三艦隊司令長官は米内君でなくとも勤まる。だが帝国海軍の将来を考えるとき、かならずかれに大任を託すときがくると思う。いま米内君を再起不能の状態に陥れてはならない。たとえいまはその気持を蹂躙《じゅうりん》しても、またあとで怒られてもよい。二人で無理に引入れさせよう』

こうして君は、一時静養の時期に入れられた」

早期治療だったため、経過はきわめてよく、十月七日には、すでに出勤できるようになった。

軍令部の権限を拡大した「軍令部令」と「海軍省軍令部業務互渉規程」が、昭和八年十月一日に施行され、「海軍軍令部」は単に「軍令部」、「海軍軍令部長」は「軍令部総長」と改称された。

昭和七年五月二十七日に元帥府に列せられた元帥海軍大将伏見宮博恭王は、ここから軍令部総長となった。

しかし、建軍以来海軍省主導であった日本海軍は、軍令部主導の色が濃い日本海軍に変わった。

この時点から、伏見宮が海軍の死命を制する特権をにぎった。従来、海軍大臣は前任者が天皇に推薦し、裁可を得て就任していたが、伏見宮の同意がなければ天皇に推薦できない不文律が確定された。さらに将官級の高級人事も、伏見宮の同意がなければ実行できなくなり、伏見宮に嫌われた将官は現役から追放されるまでになった。

その伏見宮の背後には加藤寛治大将がいて、影の軍師となっていた。

昭和八年八月二十八日のことであった。加藤は高橋次長から、条約派の前軍令部長谷口尚《なお》真《み》大将と、前海軍次官で現佐世保鎮守府司令長官左近司政三中将（兵学校第二十八期）の予備役編入が内定した、と報告をうけた。

谷口は九月、左近司は翌昭和九年三月に予備役となった。

ロンドン会議当時、海軍次官であった山梨勝之進大将（第二十五期）は、昭和八年三月、早々と予備役に編入されていた。

九月二十七日、海軍省に出かけた加藤は、大角から、条約派の連合艦隊司令長官小林躋造大将（第二十六期）と、前海軍省軍務局長で現練習艦隊司令官の寺島健少将を更迭させたいと告げられた。二人が伏見宮に意見を糺《ただ》すと、伏見宮は、

「大臣が決意するなら、強いてとめない」

と、責任を回避するようにいった。

寺島は一ヵ月後に練習艦隊司令官をおろされ、昭和九年三月に予備役に編入された。

小林は十一月十五日、連合艦隊司令長官から軍事参議官となり、加藤の意志どおり、第二艦隊司令長官の末次信正中将が連合艦隊司令長官、軍令部次長の高橋三吉中将が第二艦隊司令長官に任命された。新軍令部次長には、おなじく艦隊派の加藤隆義中将（第三十一期）が就任した。

加藤寛治大将が事実上の海軍の支配者になったわけである。

およそ一年後の昭和九年十月二十六日、ロンドン会議当時軍務局長で、同期の山本五十六が最も信頼する堀悌吉中将（第三十二期）と、元駐米大使館付海軍武官、海軍省軍事普及部委員長の坂野常善中将（第三十三期）の予備役編入が、最高進級会議で決定された。

加藤寛治はこの日の日記に、

「……堀、坂野問題決ス……」

と、目の上のコブがとれ、さばさばしたというように書いた。

加藤友三郎以来、対米英協調をはかってきた条約派は、これで壊滅状態となった。

末次が連合艦隊司令長官、高橋が第二艦隊司令長官になった昭和八年十一月十五日、米内光政中将は左近司政三中将の後任として、佐世保鎮守府司令長官に任命された。同日、条約派の野村吉三郎大将に代わり、艦隊派の永野修身中将も横須賀鎮守府司令長官になった。

日本海軍はまさに艦隊派時代であった。

米内の佐鎮長官就任は栄転だが、次官の藤田と次長の高橋が推薦し、伏見宮、大角、加藤らが、かれらの害にならないと認めたからのようである。

昭和九年三月十二日、平戸島南方で、水雷艇「友鶴」が荒天のために転覆し、艇長以下九十八人が死亡する大事故が発生した。

「友鶴」は、日本海軍が兵力の不足をおぎなうため、ロンドン条約に抵触しない五百二十七トンの小艇に、千トンの艦の武装をさせた一艦であったが、その無理がたたり、復元力が不足して、転覆したのであった。

米内は大角海相に、

「風浪によって転覆するような艦艇では、第一線の任務につく将兵の士気を沮喪させることおびただしく、ひいては国防上にも重大なる支障をあたえるであろう」

という趣旨の痛烈な意見書を送った。人命を軽視する無理押しの国防論に、我慢がならなかったらしい。

殉職者の遺族にたいする米内の弔慰は丁重をきわめ、遺族はずいぶん慰められたという。

佐世保に出張した堀悌吉中将（前年十一月十五日に進級）が、米内に「友鶴」事件の見舞いを述べると、

「たくさんの人から見舞状をもらったが、この事件の原因について、真に自分らにも責任があることを感ずるとか、自分らも責任を分かたねばならないとかいったようなことを書いてよこしたのは、山本君ひとりだったよ」

と、いった。堀と同期の山本五十六はまだ少将で、第一航空戦隊司令官であった。

佐世保鎮守府司令長官の官邸は、大正十三年（一九二四年）、伏見宮博恭王が長官のときに建てられた白塗りの宏壮な洋館で、そこに米内と、二十二歳の長女ふき、家政婦、未婚の女中嶋田富美、十六歳の森田少年の五人が住んでいた。森田少年は、昼間は鎮守府のボーイ（給仕）である。

鎮守府での米内の秘書は、先任副官、後任副官の二人だが、そのうち後任副官がのちにふきと結婚する鹿児島県出身の二反田三郎大尉（兵学校第五十二期）であった。

米内は佐世保でも、友人、知人、部下などと、よく料亭にゆき、芸者らをよび、飲み、遊んだ。インチ（Intimate）という海軍用語の美しい馴染《なじみ》芸者もできた。それでも、遊びのほどがよく、周囲とつき合いがいいせいか、評判は悪くなかった。ただ、人に振舞うことが多く、かかる金は少なくなかった。

日本海軍最高権威の東郷平八郎元帥が、この年昭和九年五月三十日、喉頭ガンで死去した。八十七歳で、従一位大勲位功一級、侯爵であった。

帝人の株の肩がわりにからむ贈収賄事件で、大蔵省から関係者が出たうえ、三土忠造鉄道相までがかかわり合いとなり、斎藤実内閣が七月三日に総辞職した。

軍事参議官の加藤寛治大将は、

「軍令部も海軍省も、軍縮にたいして非常に空気がよわい（米英にたいする）。艦隊派は結束して強硬な態度をとらなければいかん。このさいできる内閣は強力内閣でなければいかん。それには首相として私がいい」

と、末次信正大将（昭和九年三月一日に昇進）がひきいる連合艦隊の艦長らによびかけて賛成を求め、平沼騏一郎、陸軍の真崎甚三郎、荒木貞夫、林銑十郎ら三大将の支持を得て、派手に首相就任運動をはじめた。

しかし、元老西園寺公望と斎藤実は、中庸主義の岡田啓介を推し、重臣らもそれに賛成して、昭和九年七月八日、岡田内閣が成立した。

ある日、海軍省主席副官の岩村清一大佐は、米内からの一通の私信をうけとり、おどろいた。

「自分には約三千円の借金があるので、海軍義済会から金を借りるよう配慮してほしい」

という意味のことが書かれてあった。だいたい、中将にもなって、義済会に借金を申し込むなど、聞いたことがない。

しかしほうっておけず、次席副官の小島秀雄中佐に頼んだ。

「この手紙はほかの者に見せられないから、君自身で処理してくれ」

小島は米内が第一遣外艦隊司令官のとき、指揮下の砲艦「熱海」の艦長をしていて、米内をよく知っていた。

佐鎮長官ともなれば、部外の友人や知己から、三千円ぐらいの金は容易に借りられるはずである。それをわざわざ、海軍部内で評判を悪くするかもしれない海軍義済会に申し込んできた。やましければこのようなことはできないだろうし、やましくなくても評判を気にすれば、やはりできない。米内さんは、部外の人間に借りをつくりたくなかったのにちがいない。くわしい事情はわからないが、これは援助しなければならない。

小島はそう考え、さっそく借入れの手つづきを取り、三千円を米内に送った。

この三千円が、溜《たま》った遊興飲食費のツケ払いに当てられたのか、亡父受政が残した借金の返済に当てられたのか、あるいは両方であったのか、よくわからない。しかしどちらにしても、米内らしい借金法であった。

借金三千円は毎月俸給から一部ずつ天引されたが、これをひっくるめ、米内家の借金がなくなるのは、六年も後のころになる。

第二艦隊司令長官の高橋三吉中将が、昭和九年十一月十五日、連合艦隊司令長官兼第一艦隊司令長官に昇格となり、その後任に米内光政中将が抜擢《ばってき》された。

末次信正大将は、加藤寛治大将と結んでの目に余る政治策動を伏見宮に嫌われたためか、在任一年で連合艦隊司令長官から横須賀鎮守府司令長官に移された。同司令長官の永野修身大将（昭和九年三月一日に昇進）は軍事参議官となった。

海相はひきつづき大角大将、次官はこの年五月に藤田に代わった中庸の長谷川清中将（第三十一期）、軍務局長は前年九月に寺島に代わった吉田善吾中将（山本五十六とおなじ第三十二期）であった。

軍令部総長は伏見宮元帥、同次長は加藤隆義中将で、第一部長が伏見宮気に入りの嶋田繁太郎中将（第三十二期）であった。

吉田、嶋田、それに山本五十六は、この十一月十五日、中将に進級したのである。

米内の第二艦隊司令長官は、「友鶴」事件にたいする始末が立派であったのと、高橋三吉の推薦が利いたものであろう。

米内と高橋には、こんな逸話がある。

ロシア駐在から帰国した米内中佐は、大正六年五月、佐世保鎮守府参謀となった。そのころ、地中海に派遣されている第一特務艦隊参謀として出てゆく高橋中佐から、留守中KA《ケイエイ》（カカア、妻）を預ってくれと頼まれて、ひきうけた。

米内は佐世保にきた高橋夫人を、米内の官舎の一部屋に住まわせ、手伝いの婆《ばあ》やに世話させた。米内にしても妻子は東京に置いてきての単身だから、海軍官舎の住人たちは好奇の眼で見た。米内は平気であった。

高橋は米内とちがい艦隊派で、米海軍に勝つ強力な日本海軍をつくることに専念していた。ただ、加藤、末次のような政治策動はやらず、正直でさっぱりした男なので、米内と気が合っていたのである。

十一月十五日の午後、佐世保を汽車で立った米内は、横須賀にゆき、第二艦隊旗艦の重巡「鳥海」に着任した。

第二艦隊の先任参謀は、すでに対米英強硬派の最右翼として有名な石川信吾中佐であった。石川は加藤、末次ばかりでなく、軍令部、海軍省の強硬派とも通じていた。

それがある日、士官室で、

「うちの長官はすごい。『先任参謀、アメリカの〝ワールド・ベテランズ・アソシエーション〟から、日本の在郷軍人会に加入のよびかけがきているが、君はどう思うか』

と質問されたんだ。

『とくに考えたことがありません』

とこたえると、

『なぜ考えないか』

と突っこむんだ。どうもこちらの腹を見すかされているようだった」

と、まるで妖怪《ようかい》が大仏に出会ったような話をした。

米内は、幕僚室で石川が軍縮問題について熱弁をふるうのを、

「うん、うん」

といいながら、黙って聞いていて、自分の意見はほとんど口にしなかった。

石川を加藤、末次、あるいは伏見宮、大角のまわし者と見て、〝ワールド・ベテランズ・アソシエーション〟ぐらいのことをいって、試したのかもしれない。

兵学校第四十二期の石川は、米内の十三期後輩である。

伏見宮総長と大角海相は、陸軍の閑院宮参謀総長を抱きこみ、戦艦、空母の保有量の対米比率が五・五・三になっているワシントン条約廃棄運動を強化し、反対しつづける天皇と岡田首相をついに断念させた。

岡田内閣は、昭和九年十二月三日の閣議で、ワシントン条約の単独廃棄通告を確認し、二十二日、それを斎藤博駐米大使に打電し、斎藤は二十九日、ハル国務長官に通告した。

加藤寛治は、十二月二十二日、多磨墓地の東郷平八郎元帥の墓に詣《もう》で、怨《うら》み深いワシントン条約が、ついに念願かなって廃棄されることになったと報告した。大石内蔵助が吉良上野介の首を、亡君浅野内匠頭の墓前に供えるようであった。

ついで二十四日、軍令部に伏見宮を訪ね、統帥権問題と条約廃止の二大事業達成について、祝いのことばを述べた。

統帥権問題はロンドン会議のころ、軍令部と海軍省間で大もめしていたが、昭和五年六月二十三日、海軍軍事参議官会議で、

「海軍兵力ニ関スル事項ハ従来ノ慣行ニ依リ之ヲ処理スベク、此ノ場合ニ於《お》テハ海軍大臣、海軍軍令部長間ニ意見一致シアルヘキモノトス」

という「統帥権覚書允裁《いんさい》案」が可決され、七月二日、天皇の裁可を得て公布され、海軍兵力に関する統帥権の解釈が決定された。

従来は、不文律的に海軍大臣が責任をもって兵力量を決定してきたが、ここで省・部双方の責任でやることに変えられたのである。

東郷、伏見宮が加藤寛治側につき、財部海相、岡田啓介軍事参議官、谷口尚真軍令部長がそれに屈したものであった。

その「統帥権覚書」がワシントン条約廃棄に至る過程でものをいい、首相も天皇も止められなかったというわけである。

しかし、加藤のいう「二大事業達成」が、日本海軍の壊滅、日本の無条件降伏につながるとは、加藤はじめ、伏見宮、大角のだれもが、夢にも思わなかったであろう。

第二次ロンドン会議は、一年後の昭和十年十二月九日から英国外務省でひらかれ、永野修身大将が全権として出席した。だが日本側は、米英がうけいれるはずがない案を提示したため、昭和十一年一月十五日、条約は不成立に終わり、日本はこの会議からも脱退することになった。

伏見宮を頂点とする日本海軍は、はじめから交渉をまとめる意志がなく、閑院宮を頂点とする日本陸軍も、それに同調していたのである。

ワシントン・ロンドン両条約は、昭和十一年十二月三十一日で期限切れとなり、その後の世界は無条約時代となった。

昭和十年九月上旬、高橋中将がひきいる連合艦隊は、かつて艦隊が行動したことがないオホーツク海に、しかも霧が深く危険な国後《くなしり》水道を通り、入ってゆくことになった。

この計画には、第二艦隊司令長官の米内中将も、はっきり、

「それはよかろう、おれも大賛成だ」

といっていた。

北海道東部の厚岸《あつけし》湾を出港した連合艦隊は、第二艦隊、第一艦隊（高橋直率の戦艦部隊）の順序で国後水道に向かった。濃霧が襲来したが、手段を尽くして進んだ。

やがて米内から高橋に電報がきた。

「ワレ今オホーツクニ入ル青天白日」

全艦隊は意気揚々と快晴のオホーツク海に入り、予定訓練をおこないながら、樺太《からふと》（サハリン）南部の大泊《おおどまり》（現コルサコフ）港に入港した。

南樺太領有以来の連合艦隊訪問とあって、官民、ことに北海漁業関係者たちは、涙を流して歓呼の声をあげた。

高橋は昭和三十五年ごろ、

「この艦隊の大行動も、米内君の熱心な賛意によったものである。また終戦後樺太はソ連に

奪われ、北海漁業の圧迫されている現状を見て、感慨無量である」

と述べている（『米内光政追想録』）。

第二艦隊旗艦「鳥海」艦長の三川軍一大佐（のちに中将）は、この当時の米内を、こんなふうに語っている。

「長官はどんなばあいでも幕僚の意見開陳にさき立って、自分の考えを発表されることはほとんどなかった。部下の全能を発揮させることに最大の注意を払っておられたからだと思う。だから部下は心服し、渾身の努力を傾倒した。

長官はだれにたいしても、酒を前にして、たがいに腹の中を打ち明けて語り合うことを好まれた。そしていったん信頼すると、その主務事項については、極端と思われるくらい、任せきりにされた。

いちど横須賀軍港に入港のさい、風向がわるく、自力回頭を失敗して、二度もやり直して、やっと出船（艦首を沖に向ける）に繋留することができた。長官は終始無言で見ておられた。私は冷汗をかきながらその寛大で悠々たる態度に感激した」（緒方竹虎著『一軍人の生涯』）

ある日米内は、第二艦隊第四戦隊の三番艦「摩耶」艦長小沢治三郎大佐を旗艦「鳥海」（「摩耶」と同型）によび、

「加藤寛治大将を元帥にせよという署名運動があるようだが、君はどう思うかね」

と尋ねた。歯に衣を着せずズケズケいい、「鬼瓦《おにがわら》」とアダ名されている小沢は、

「軍人が署名運動などとんでもないですよ。それに加藤大将は美保ヶ関事件の責任者でしょ

う。あのときしかるべく責任をとらねばならないのに、今日までそのままではないですか」

と、ズバッとこたえた。

美保ヶ関事件は、昭和二年八月、島根県美保ヶ関沖で、加藤連合艦隊司令長官が指揮して夜間演習をおこなったとき、軽巡「神通」と駆逐艦「蕨」、軽巡「那珂」と駆逐艦「葦」が衝突し、百数十人が殉職した事件で、無理な計画を強行したものであった。

「君の意見はよくわかった」

米内は、わが意を得たというようにこたえた。

元帥になれば終身現役で、発言力もあるが、海軍では臣下で元帥にまで昇ったのは、東郷は当然として、島村速雄、加藤友三郎ほどの大将でも、死の前日くらいで、加藤寛治が元帥になるくらいなら、山本権兵衛、上村彦之丞、藤井較一、八代六郎、山下源太郎、黒井悌次郎、鈴木貫太郎などは、とっくに元帥になっていなくてはならない。

加藤の元帥は不相応というほかない。

さすがの伏見宮と大角も、加藤を元帥に推薦することを憚《はばか》り、加藤は満六十五歳の昭和十年十一月二日付で後備役となり、海軍における権限を失った。

昭和十年十二月二日、米内中将は末次信正大将の後任として、横須賀鎮守府司令長官に栄転となった。末次は在任中、相かわらず右翼的政治策動をやっていたが、それを危険視した伏見宮、大角が、末次を軍事参議官に移し、安全な米内を後任にもっていった、という一面もあったかもしれない。

同日、艦隊派の嶋田繁太郎中将が軍令部次長に、条約派に近い豊田副武少将が海軍省軍務局長に任命された。

井上成美大佐は、昭和十年八月一日、戦艦「比叡」艦長から横須賀鎮守府付となり、十一月十五日、海軍少将に進級するとともに横須賀鎮守府参謀長となった。

米内、井上の関係は、ここからはじまる。

東条内閣を倒した老人

山本五十六連合艦隊司令長官が、昭和十八年四月十八日、虚を衝《つ》かれて戦死した。ラバウルから幕僚らと一式陸上攻撃機に乗り、ブーゲンビル島方面前線巡視にゆく途中、暗号解読によって待ち伏せた米戦闘機P38十六機に襲撃されたのである。

日本海軍は、昭和十七年六月五日のミッドウェー海戦で、織田信長勢に奇襲された今川義元勢のように敗れた。八月から昭和十八年一月にかけては、地の利の悪いガダルカナル島争奪戦で、惨憺《さんたん》たる敗北を喫した。

ガ島戦で飛行機八百九十三機と、かけがえのない搭乗員二千三百六十二人を失ったために、以後、制空権を取れなくなったことが、とくに致命的な痛手であった。

端的にいえば、山本連合艦隊司令長官戦死のころは、すでに日米戦の勝敗は決定的になっていたのである。

四月下旬のある日、海軍省から米内に、

「山本司令長官の戦死は確認せざるを得ません」

という電話があった。

米内は、訪ねてきていた政友会の綾部健太郎《あやべけんたろう》に、

「山本のことだ。戦死するかもしれないという予感がないではなかった。彼の気持としては最善の死所を得たと思うだろう。しかし、海軍としては、……いや日本としても殺したくない人物だった」

といい、目を閉じ、涙を溢《あふ》れさせた。

六月五日、米内光政が葬儀委員長をつとめる山本五十六元帥の国葬が、東京日比谷公園内の斎場でとりおこなわれた。

それからまもないある日、岩波書店社長の岩波茂雄の招きで、明石照雄、安倍能成、小泉信三、和辻哲郎、田島道治、それに米内光政が、銀座うらの料亭はま作に集まった。

慶応義塾塾長の小泉は、

「米内さんはズボン吊りの上にチョッキの背広といふ姿で現はれた。顔はかねて知ってゐたが、体格は偉大、声は静かで太く、言語には少し許《ばか》り東北のアクセントがあり、全体の感じはゆったりとして相撲の年寄りといふところであった。

……座上の誰れであったか、米内さんの山本観を問ふものがあった。米内さんはちょっと考へて、

『茶目ですな』

といった。また、

『例の和歌なども、山本は勝負事でもやるやうなつもりで、負けない気になって作るのです』

ともいった。

山本元帥は政治に興味を持ってゐたらうかと聞いた者がある（或《あるい》は私自身であったかもしれない）。やはり米内さんはちょっと考へて、

『持ってゐたと思ひます』

といった。

当時まだ吾々《われわれ》は、戦局の収拾に山本其人を当らしめたらといふやうな事を考へてゐた。何《いず》れは国民を失望の底に沈ませるやうな、思ひ切った譲歩をしなければなるまい。それには国民崇敬の的であった山本司令長官自身がその局に当るより外はあるまい、というやうな事を、一部の者は漠然と考へてゐた。私自身も其一人であったのだ。若《も》し米内さんの観察が正しければ、或は山本元帥自身に於《おい》てもさういふ場合の事を考へてゐたのであらうか」

と、その夜のことを書いている（小泉信三『米内光政』）。

長女ふきの夫、二反田三郎中佐は第三水雷戦隊の先任参謀であったが、昭和十八年八月はじめ、駆逐艦「萩風」に乗って第一線視察にゆき、八月六日、ソロモン諸島中部のコロンバンガラ島沖で戦死した。

二反田の遺骨は、二反田と同郷で同期の吉田正一中佐が、鹿児島県川辺の生家にとどけた。ふきは三十一歳であった。ふきを眼の中に入れても痛くないほど可愛いがっていた米内も、辛さが身にこたえた。だが他人には、二反田の死を秘して話さなかった。

一ヵ月後の九月八日、イタリアが早くも連合軍に無条件降伏した。

東カロリン諸島の日本海軍大根拠地トラック島が、昭和十九年二月十七日、米空母機約五百七十機の大空襲をうけ、艦船、飛行機、陸上施設が壊滅的に破壊された。

つぎはマリアナ諸島のサイパン、テニアン、グアムになるが、マリアナ諸島が米軍の手に落ちれば、日本本土は大型爆撃機の空襲をうけ、日本の運命も風前の灯《ともしび》となる。

東条首相兼陸相は、危機打開のために作戦と政治の一本化が必要といい、二月二十一日、自分は杉山元をおろして参謀総長を兼務し、嶋田繁太郎海相には永野修身をおろさせて軍令部総長を兼務させた。

海軍部内では、東条のいいなりになり、海軍に必要な航空資材もロクに入手できない嶋田にたいして、「東条の副官」「東条の腰巾着《こしぎんちゃく》」「東条の男メカケ」などのカゲ口がたたかれていた。しかし、軍事参議官ながら今なお権威絶大の伏見宮が、

「君は最適任だ」

と賛成したため、嶋田の軍令部総長兼務が決まったのである。

五ヵ月半ほどのちの八月五日に海軍次官となる井上成美中将は、就任直後、海軍書記官の

榎本重治に語った。

「陸軍のいいなりになって国を亡ぼす、ああいうのを国賊というのですよ。国賊の典型だ。己の力も計らず、大臣、総長を兼ねるなんてのは能力のない証拠、自分の力は自分でわかるはず」


昭和十九年三月三十日深夜、連合艦隊司令長官古賀峯一大将、参謀長福留繁中将ら司令部全員が、二式大艇二機に分乗してパラオを発進し、フィリピンのミンダナオ島南岸ダバオに向かった。ところが、異常低気圧にぶつかり、古賀らの乗る一番機は行方不明、福留らが乗る二番機はフィリピン中部のセブ島沖の海上に不時着し、福留以下九人はフィリピン・ゲリラの捕虜となった。

この事件は、山本五十六一行の遭難事件が「甲事件」と称されたのにたいして、「乙事件」と称された。

福留らはのちに帰還するが、極秘の作戦計画書や暗号書が、フィリピン・ゲリラから米軍にわたり、重大問題化する。だがここでは、その経緯は省略する。

一ヵ月ちかい調査ののち、殉職と認定された古賀に代わり、横須賀鎮守府司令長官豊田副武大将が、五月三日、連合艦隊司令長官に任命され、木更津沖に碇泊中の旗艦軽巡「大淀」に着任した。

その間、山本五十六元帥一周忌の四月十八日、米内は有志数名と、山本の郷里長岡にゆき、山本の墓に詣《もう》でた。同地の互尊社では、地元の人びとを前に綿々と山本の追悼を述べた。ときどき感無量となり、ことばが切れ、聴衆の胸を打った。

艦砲射撃と空襲に支援された米軍が、六月十五日、日本の死命を制するサイパン島に上陸を開始し、十七日夕刻には、早くも最重要の飛行場を占領した。

東条参謀総長は、サイパン島に配備された陸軍部隊の装備が、日本陸軍中最精鋭の満州第一師団の二倍あるという理由で、

「一週間や十日は問題ではない。何ヵ月も大丈夫、決して占領されることはない」

と豪語していたが、その飛行場がたった三日で占領されてしまったのである。

このような人物が首相兼陸相兼参謀総長では、日本が救われることは、とうてい無理であろう。

小沢治三郎中将が指揮する空母九隻の第一機動艦隊は、六月十九、二十日、サイパン島西方海面で、レイモンド・A・スプルーアンス大将が指揮する空母十五隻の米第五艦隊と、国運を賭《と》して決戦した。

しかし、米軍艦船の損害がカスリ傷にすぎなかったのにたいして、日本側は正規空母二隻、軽空母一隻、補給船二隻を失い、米軍機の喪失が九百五十六機中約百機であったのに、日本側は四百七十三機中四百機以上を失い、完敗してしまった。

「米軍は日本海軍の機密図書（乙事件で米軍にわたった作戦計画書）によって日本側の手の

内を知り、必勝の戦法をとった（嶋田海相兼軍令部総長の責任大）。

米軍の兵力は日本軍の約二倍であった。

米軍のレーダー、戦闘機、対空無線電話機、VT信管（近接自動炸裂）付火砲、多数の機銃などによる防御力は、日本側の想像を絶して強大であった。

日本飛行機隊の大部分が練度不足のうえ、あまりにも遠距離（約七百キロ）から発進したため、米艦隊にたいする射点まで進出できた飛行機がわずかであった（アウト・レインジ戦法が不適であった）」

などが主な原因であった。

日本海軍の海上航空兵力は、この「マリアナ沖海戦」で壊滅した。

陸海軍とも、この時点で、もはや米軍の敵ではないことが明々白々となった。

米内光政は戦後の昭和二十年十一月十七日、東京で、米第五艦隊司令長官タワーズ大将、ヘッディング海軍大佐、ワイルズ予備海軍少佐列席のなかで、オフスティ海軍少将の質問にこたえて、多くの証言をした。そのなかで、「戦争の転機」については、こう述べている。

「きわめて率直に申し上げれば、戦争のターニング・ポイントは、そもそも開戦時にさかのぼるべきでした。私は当初から、この戦争は成算がないものと感じていました。むろんこれは、ご質問にたいする答弁にはなっていないかもしれません。

そこで、いったん、戦争がはじめられてからのことをいえば、ミッドウェーの敗戦か、またはガダルカナルの撤退を転機といいたいのです。それからというものは、もはや挽回《ばんかい》の余地はまったくないと見当をつけていました。もちろん、その後にもサイパンの失陥があり、レイテの敗北が起こりました。そこで私は、もうこれで万事終わりだと感じていました」

「終戦対策を取る時期」については、

「最初のチャンスは、ハワイ、シンガポールなどで勝利をおさめた直後、第二の機会はサイパン陥落のあとでした。その後は、ずるずると引きずられているようなものだったと思います。

……しかし、もし日本海軍が終戦を提議したとしても、終戦にもっていけたかどうかはわかりません」

とこたえた。

かつて海軍省官房調査課長であった同省教育局長の高木惣吉少将は、昭和十九年六月二十四日、重臣の岡田啓介を新宿角筈《つのはず》の自宅に訪ね、衝撃的な決意をうち明けた。

「大臣（嶋田）が依然としてオベッカ使いや茶坊主に取り巻かれながら、敗戦行進曲をつづけている現状は、とうてい座視することはできないと思います。すでに戦局を憂える課長級は動いていますし、第一線の空気はさらに険悪です。

海軍の伝統も国家の興廃には代えられぬし、また負け戦《いくさ》をしても、部内統制だけ保ってさえいればそれでよいということもないと思います。これからは、閣下方の非常に遺憾とお考えになる事態が続発すると想像しますが、それはお赦《ゆる》しを願いたいのであります」

「それはとんでもないことだ。……」

岡田は驚愕して、制止にかかった。

高木は、東条と嶋田が政権に執着をつづけるならば、七月中旬ごろ、同志とともに、東条を暗殺しようという計画をすすめていた。七百余年前、平家が安徳天皇を奉じて壇ノ浦に滅んだように、東条は皇室を背負って亡国の道行をすると判断したのである。

七十六歳の岡田は、眼を爛々《らんらん》と光らせ、二十八期後輩の高木（兵学校第四十三期）を睨《にら》みつけたが、額は汗ばみ、ひどく緊張していた。しかし、重ねて自重を説き、

「もし真にやむを得ずに何かやるときは、かならず私にいってからやってくれ」

と、頼むように念を押した。

東条暗殺事件が起これば、成功、不成功にかかわりなく、岡田が危地に陥った二・二六事件以上の大乱にひろがり、日本を壊滅させる事態になるかもしれなかった。

自分が命を投げ出してかからなければならない、と岡田は肚《はら》を決めた。

翌六月二十五日、岡田は紀尾井町の邸に伏見宮を訪ね、嶋田海相更迭の意見を上奏してくださるようにと請願した。伏見宮は、三月七日には、

「嶋田は肚も据《す》わっており、言葉少なで実行力が大きい。（中略）いまでも最も適任の海軍大臣と思っている」

と、岡田の嶋田海相更迭案をうけつけなかったが、マリアナ沖海戦に敗れ、マリアナ諸島の確保も絶望的となったいまは、嶋田更迭に傾いていた。ところが、

「陛下に拝謁を願いたいんだけれど、このごろ陛下は私がお目にかかっても、椅子《いす》も賜わらぬほどだから、拝謁を願ってもお許しがあるかしら」

と、危惧の念を示した。

岡田は木戸内大臣に会い、伏見宮拝謁の許可を要請した。

二十六日、伏見宮は、海相を米内にゆずるよう嶋田に勧告したいと天皇に進言し、天皇は許可をあたえた。

だが、伏見宮の勧告をうけた嶋田は、

「殿下の仰せではございますが、もし私が辞めますことになれば、東条も辞めることになりまして、内閣の更迭ということになりますから、仰せに従うことはできませぬ」

と、拒絶した。ついで翌二十七日早朝、伏見宮を邸に訪ね、逆に、

「ただいま海軍の一角から内閣を倒さんとする倒閣運動がございまして、殿下が東京にお出ましになりますことは、この倒閣の渦中に巻きこまれることになりますから、しばらく東京からお離れになりましたほうがよろしいかと存じます」

と、伏見宮が手を引くことを勧めた。

東条に策をあたえられたものだが、嶋田にすれば、海相就任以来、伏見宮の意に従って動いてきたのに、ここにきて辞任せよはないではないか、という思いもあったかもしれない。

伏見宮はそれ以上嶋田を責めず、難を避けるために、熱海の別邸にひっこむことにした。

この二十七日午後、東条の挑戦に応じた岡田は、首相官邸に乗りこんだ。権力を背景に、

東条は威圧的に詰問した。

「海軍の若い者どもが嶋田のことをかれこれいうのは、怪《け》しからぬことではありませんか。あなたはそれらの若い者を抑えて下さることこそ至当ではないか」

「嶋田ではいかんと考えたのは私だ。私がいまの海軍の状況を見たり聞いたりして、これは嶋田では収まらぬと考えたので、若い者には罪はない」

「嶋田海軍大臣を代えることは、内閣の更迭となるから、私は海軍大臣を代えることはできません」

陸軍は畑陸相を辞任させて米内内閣を倒したが、海軍が嶋田を代えようとするのは怪しからんというのであった。

「私は嶋田は代えたほうがよいと思う。このままでは海軍は収まらぬし、戦《いくさ》もうまくいかない。また世間も収まらない。けっきょく東条内閣のためにもならぬから、ぜひ考慮されたほうがよろしい」

「私は承知できない。戦争のことをいわれるが、サイパンの戦《いくさ》は五分五分と見ている」

「重ねてわたしは嶋田は代えたほうがよいと思っている。ぜひ考慮されてはどうか」

「考慮の余地はありません」

会談はもの別れに終わった。

夕刻、高木教育局長は沢本海軍次官によびつけられ、

「君が岡田さんのところにいっているようなら、李下《りか》の冠《かんむり》、瓜田《かでん》の履《くつ》ということもあるから、

なるべく往復せぬようにしたらいいと思う」

と警告された。話し合いの末、高木は最後に直言した。

「ご注意には善処します。そしてもし大臣、次官にご迷惑がかかっておれば、存分にご処分下さい。ただ私は東条には同調できないことをはっきり申し上げます」

東条が岡田を威圧しようとし、沢本が高木の岡田訪問を禁じようとしたのは、それによって海軍の反東条・嶋田の火元をいっきょに消し去ろうという、東条・嶋田の画策であった。嶋田はまた、自分で海軍部内に信を問おうとせず、東条の力を借りて、自分の保身をはかろうとしたのである。

海軍がサイパン奪回作戦計画に成算がないと断定し、断念上奏を終わったのは、二日まえの六月二十五日であった。二十六日か二十七日、高木惣吉と兵学校同期の軍令部第一部長中沢佑少将は、四期後輩の海軍省軍務局第一課長山本善雄大佐（第四十七期）から、

「戦争の見とおしも概《おおむ》ね判明したので、このさい和平につき考慮されてはいかが」

と提案をうけ、

「同感である。海軍省として実現方配慮ありたし。私は現情勢において二梃櫓を使う余力はないから」

とこたえた。その後、中沢は軍令部作戦部長として、

「統帥部（軍令部）は和平の機をつくることを作戦の基本方針とし、政府は和平の機をつかむことを根本として、つねに内外の情勢に対処せられたい」

と、軍令部と海軍省首脳に要望した。

そのころ、軍令部第一部長付であった高松宮宣仁親王大佐（兵学校第五十二期）が、宮中から帰ったとき、中沢の席にきて、

「陛下は今後、いかに上手に戦争に負けるかが思召《おぼしめし》です」

と告げた。中沢は胸を衝かれた。

高木は六月三十日午後、麴町区三年町の私邸に米内を訪ねた。夕刻、海相官邸で、嶋田海相が海軍の現役・予備役大将を招待する会を催すので、事前に意見を交換するためであった。

米内は率直に語った。

「細かなことは知らぬが戦争は負けだ。確実に負けだ。誰が出てもどうにもならぬ。年寄りは昼寝でもするよりほかはあるまい。ハハハハ」

「……統帥部（参謀本部と軍令部）も政府も、漫然とマーシャル、カロリン、ニューギニアを敵手に委《ゆだ》ね、いまはまたサイパンを喪失しながら戦《いくさ》は五分五分だなどと強弁するのは、実に上を欺き国民を愚弄《ぐろう》するのもはなはだしいといわねばなりません」

米内は沈痛に黙したままだった。

午後五時半からひらかれた海軍現役・予備役大将会で、末次信正大将の質問に、中沢第一部長は、

「サイパンは西太平洋における戦略中枢であり、海軍としては極力これを固守する決心でありますが、大本営としてはいまだ奪回の方針は成立しておりません」

とこたえた。ところが、嶋田海相兼軍令部総長は、それを打ち消すように、

「一部長の説明はいいすぎであります。できるだけ確保する方針であります」

と、臆面《おくめん》もなく不可能な方針を述べた。

会のあと、一同は防空壕《ぼうくうごう》の見学に出かけたが、米内は同期の高橋三吉に、

「あれ（嶋田）ではだめだな」

といった。

一方、嶋田は別室に中沢をよび、

「君の陳述はあまりに絶望的で前途が暗い。もっと積極的、有望的に述べる必要がある」

と苦情をいった。中沢は、

「おことばを返すようで恐縮ですが、本日お集まりの方々は海軍最高の地位におられた方々のみで、これらの方々にたいし、祖国の将来について、真剣に無私の心境で考えていただかなくてはならないと思いましたので、私は所信どおり申し述べました。これが実施部隊の指揮官、参謀長でありますれば、部下の士気振作を考慮し、もっと有望で、戦況打開策があるかのごとく説明いたします」

と、反駁《はんばく》するようにこたえた。

嶋田の美化粉飾癖については、こんな逸話がある。一ヵ月と少しのちの八月五日、海軍次官に就任した井上成美中将は、ある日、米内海相によばれた。

「陛下より燃料の現状についてご下問があったので、奉答に必要な資料を提出するように」

井上は軍需局長鍋島茂明中将（機関学校第十九期、兵学校第三十八期相当）に関係資料の作成を依頼した。ところが、鍋島が問い糺《ただ》した。

「ほんとうのことを書きますか」

「変なことを聞くね。陛下には嘘は申し上げられない。もちろんほんとうのことさ。なぜそんなことを聞くのかね」

「実は嶋田大臣のときは、いつでも、（油はこんなにございますと）『メイキング』した資料をつくっておりましたもので」

こういう男が海相兼軍令部総長であっては、海軍も日本も亡ぶほかないであろう。


サイパン島防衛の中部太平洋艦隊司令長官南雲忠一中将（沢本次官とおなじく兵学校第三十六期）と第四十三師団長斎藤義次中将が、昭和十九年七月五日、

「ワレラ玉砕、モッテ太平洋ノ防波堤タラントス」

と訣別《けつべつ》電を発し、翌六日に自決した。

残存兵力約三千人は、七日未明、最後の突撃を決行して全滅した。東条の、

「サイパンの戦は五分五分と見ている」

のことばもデタラメなことが、明白な事実となった。

東条、嶋田はもはや責任を逃れられないはずであった。ところがそれでも二人は、七月十二日夜、強気に、

「このさい政権を譲渡することは、〝バドリオ（前年九月、イタリアが連合国に無条件降伏したときの首相）政権〟を出現させることを助け、内外ともに不利益が大となる。あくまでも難局担当に邁進《まいしん》する」

と、申し合わせをした。しかし勝算はなく、戦争終結の策もなく、ただ強がりをいうだけのものでしかなかった。

二人は権勢欲、名誉欲が強く、面目をつぶして退陣することを潔しとせず、あくまで政権をにぎり、戦争を指導しつづけたかったのである。

東条は七月十三日午後一時、木戸内大臣を訪ね、内閣改造によって難局を突破したいと述べ、木戸の了解を求めた。ところが木戸は、東条の意見を挫《くじ》く、

「一、このさい統帥権を確立する（総長と大臣を分離する）こと。

二、嶋田海相を更迭すること。

三、挙国一致態勢をととのえる（重臣および国家指導層を包容する）こと」

という三条件を提示し、天皇の思召であるとほのめかして、やんわり善処を求めた。

東条は自分の意見が通らないことに不満を覚え、午後四時三十分、参謀総長として参内上奏したとき、三条件を直接天皇に確かめた。天皇は肯定し、東条が「部下の批判をとりあげるのは二・二六事件の二の舞の恐れがあります」と非難するように述べたことには、

「荏苒《じんぜん》するときはさらに重大な方面から問題が起こる恐れがある」

と警告をあたえた。延び延びにすれば、陸海軍の皇族たちからも問題が提起されるという

ことで、現に伏見宮が動き、高松宮や、陸軍の東久邇宮稔彦《なるひこ》王大将、朝香宮鳩彦《やすひこ》王大将も動いていたのである。

さすが強気の東条も、相手が天皇側近や重臣ではなく、皇族とあっては、返すことばもなく、手の打ちようもなく、三条件に副《そ》う内閣改造にかかることになった。

東条が重臣の入閣をはかっていると知った岡田啓介は、東条内閣打倒を決意し、女婿で内閣参事官の迫水久常に、国務相の岸信介を訪問させた。

「東条は重臣を入閣させるために、国務相の空席をつくらねばならない。おそらくあなたに辞めてくれといってくる。しかし、辞表を出せといわれても、断わっていただきたい」

東条に不満を抱く岸は、

「辞めさせられる理由はどこにもない。もし辞表を出すようにいってきても、断わる」

と明言した。

予想どおり、星野直樹内閣書記官長が、七月十四日の深夜、岸を訪れ、辞任を求めた。

「進退については相談したい人もあるから、返事は直接総理にする」

岸はそういって、星野を帰した。

翌日、岸から意見を問われた木戸内大臣はこたえた。

「犬死をしないように」

東条に会った岸はいった。

「総理のお考えどおりに改造ができ上がるなら、潔く辞めましょう。しかしできぬとすれば、私は内閣総辞職勧告の態度を改めません」
東条の指示をうけた東京憲兵隊長四方諒二大佐が、岸を訪ねて脅迫し、辞任を迫ったが、岸は応じなかった。

東条の内閣改造は前途多難となった。

七月十七日深夜の午前零時二十分ごろ、東条は赤坂新坂町の木戸内大臣邸を訪れ、
「東条の後任の参謀総長には関東軍司令官梅津美治郎大将を当てる。

嶋田は軍令部総長専任とする。

新海相には呉鎮守府司令長官野村直邦大将（兵学校第三十五期）を当てる。

岸信介国務相兼軍需次官（軍需相は東条が兼務）に退任を求め、藤原銀次郎国務相を軍需相専任とする（これで国務相の空席が二つできる）。

大本営・政府連絡会議を強化するため、総理級の国務大臣二名（阿部信行と米内光政の予定）に無任所相として入閣を求める」
などの内閣改造方針を説明し、いちおうの了解をとりつけた。

野村海相は、七月十四日夜、永野修身元帥（昭和十八年六月昇進）、加藤隆義大将、及川古志郎大将の三軍事参議官と嶋田海相によってえらばれ、十五日に伏見宮の同意を得、十六日午後、東条と野村が面談して、海相に任命させる手筈《てはず》になったものである。

深夜に木戸を訪問したのは、このためと、事をいそぐためであった。

東条は内閣安定のためには、海軍部内に信望がある米内光政の入閣がぜひとも必要として、

この七月十七日、米内の説得に八方手をつくした。

陸軍省軍務局長の佐藤賢了少将から米内説得を依頼された海軍省軍務局長の岡敬純中将は、三年町の私邸に米内を訪ねて、懇請した。

「海軍の総意ですから、ぜひ入閣していただきたい」

「現役に復帰して、軍事参議官か何なりになって働けというなら判るが、無任所の国務相では何の力にもならない。筋がちがうのではないか」

米内は岡の心得ちがいを戒めた。

元米内内閣書記官長で現蔵相の石渡荘太郎も佐藤から頼まれたのだが、知己の米内のこたえを聞くと、

「内閣の寿命も今日明日ですな」

と、むしろ満足そうにいった。

あと四、五人が入れかわり、立ちかわり米内を訪れたが、米内は動かなかった。

午後四時ごろ、野村直邦海相の親任式がおこなわれ、次官の沢本頼雄中将が野村と入れ代わりに呉鎮守府司令長官となった。沢本の後任の次官には岡敬純中将が翌十八日に昇格する。

東条内閣打倒を決意した岡田啓介は、十七日は朝から渾身の力をふりしぼり、工作に奔走した。はじめ高松宮を訪ねて意見を交換し、ついで米内の私邸にいって考えを聞き、そののち内大臣秘書官長の松平康昌を通じて木戸の決意を確かめた。

「東条内閣ではとうていだめだ」と聞かされ、重臣の平沼騏一郎を訪ねた。ところが平沼は、

木戸が迷っているという。岡田は荻窪の邸に近衛を訪問し、近衛が木戸に会い、木戸の決意を確認してほしいと頼んだ。

午後四時ごろから、平沼の邸に、元老の若槻礼次郎、岡田啓介、平沼騏一郎、広田弘毅、阿部信行、米内光政、近衛文麿の七人がひそかに参集し、東条内閣にたいする態度を決める会合をひらいた。座長の若槻が発言した。

「この内閣には人心がまったく離反しました。しかして時局は真に重大と考えます。ご意見を承りたい」

米内は、たびたび入閣交渉があったが、すべて断わり、入閣の意志は毛頭ないと話し、

「いまや内閣そのものの更迭が必要なのです」

といい切った。

陸軍大将で翼政会総裁の阿部は、

「いちおう東条の意見も聞き、忠告しよう」

と述べた。

けっきょく、午後九時ごろ会談を終わり、阿部をのぞく六人は、一致してつぎの決議を承認した。

「この難局を突破するには人心を新たにする必要がある。而してこれがためには国民相和し、相協力して一路邁進し得る強力なる政権を必要とする。即ち政府の一部改造の如きを以てしては断じて不可なり」

岡田はこの決議書を持って木戸の邸にゆき、木戸にわたし、経過を伝えた。

夜ふけて米内が家に帰ると、佐藤陸軍省軍務局長が、半袖半ズボン姿で待っていて、つよく入閣を要請した。

米内はこたえた。

「佐藤君、僕は総理大臣として落第したことは君の知っているとおりだ。政治家には向かない。だから無任所大臣として入閣しても役に立たぬ。この大戦争に僕を軍人として死なせてほしい。

海軍省へは、僕と末次（信正）を召集して軍事参議官とし、末次を軍令部総長の、僕を海軍大臣の相談役にしてくれと頼んだが、いまだに返事がない。あくまで軍人として戦いたい」

米内には入閣の意志がないと見きわめた佐藤は、首相官邸に帰り、ありのままを東条に報告した。

内閣改造に失敗し、三条件の最後の項目を実現できなくなった東条は、明くる七月十八日午前十時、閣僚全員の辞表を天皇に提出した。

木戸内大臣が積極的に推薦し、けっきょく日本を亡国の危機に陥れた東条内閣は、こうしてようやく退陣し、日本は曲がりなりにも終戦へ一歩近づくことになった。

異例の海軍大臣復帰

東条内閣が総辞職した昭和十九年七月十八日、午後四時から、宮中東一ノ間で、後継首班についての重臣会議がひらかれた。最終的に、陸軍士官学校で杉山元、畑俊六と同期（第十二期。兵学校第二十七期相当）の小磯《こいそ》国昭《くにあき》大将がえらばれ、列席していた木戸内大臣が天皇に報告した。

翌七月十九日午後八時すぎ、近衛は三年町の邸に米内を訪ねて、要請した。

「小磯一人にやらせるのは心もとない。ぜひ貴公が出て、連立で助けてやってほしい」

「それはできない。連立などはうまくゆくものではない。また、東条から入閣を勧誘されたとき、一切政治はやらないといった手前、海軍大臣以外の大臣はうけられない。海軍ならやる自信がある。海軍大臣としては、おこがましいが、自分が最適任だ」

「それならもういちど、木戸に、ご内意を伺うとき、小磯の首相、米内の海相ということばをいただくようにいっておこう」

米内の家から松平内大臣秘書官長邸にまわった近衛は、

「米内は海軍大臣でなければうけない」

と、木戸への伝達を依頼した。

米内の意向は木戸に伝えられ、木戸の指示をうけた松平は、七月二十日朝から各重臣を歴訪し、すべて同意を得た（『近衛日記』）。

昭和十九年七月二十日午後五時十分、小磯と米内に組閣の大命が下った。

「卿等《けいら》協力して内閣を組織せよ。憲法の条章を遵守し、大東亜戦争完遂のため、ソ連を刺激しないように」

御学問所を退出した二人が、木戸内大臣に挨拶したとき、米内は木戸に糺《ただ》した。

「ただいま二人に組閣の大命が下ったのですが、首班ははっきりしなければいかぬ。総理は小磯君か、それとも僕ですか」

「それは小磯君とご承知願いたい」

「首班が小磯君と決まれば、僕は閣僚名簿の奉呈までで、責任解除と考えてよろしいだろうか」

「いや、小磯内閣のつづくかぎり、閣内にとどまって連帯の責任に当たらしめられる思召です」

米内はすべて承知していたが、小磯の前でものごとを明確にして、小磯に確認させておこうとしたのである。

皇居を出た小磯と米内は、同道して海相官邸に野村海相を訪ねた。

「ただいま、小磯陸軍大将とともに、組閣の大命を拝受しました」

と、米内は後輩の野村に報告した。

小磯は重大事を語った。

「大臣に出られてすぐ辞表を出されたあなたにたいし、かく申し上げることはまことにお気の毒に存じますが、実はこのたび大命降下に際し、海軍大臣を誰《だれ》にするかに関し、『米内大将を現役に復して海軍大臣にせよ』というお上のご内意を承っておりますので、ついては海軍においてそのように取り計らっていただきたい。

東条陸軍大臣は、『海軍が米内を海相としてうけいれるならば、陸軍としては異存がない。ただし、おなじような現役復帰の方法によって、陸軍でも陸相を出すことには反対である』といっております」

野村は愕然として、

「後刻何分の返事をいたしましょう」

とこたえた。

七月十八日午後の軍事参議官会同と、翌十九日の伏見宮・野村会談で、内閣更迭にかかわりなく、野村海相、嶋田総長の陣容を継続することが申し合わされていたのである。

さっそく野村は緊急の海軍首脳会議をひらいた。出席者は永野元帥、加藤隆義大将、及川大将ら三軍事参議官、野村海相、岡次官、嶋田軍令部総長などで、七月二十日深夜から、翌日午前二時四十五分まで、激しい討論がつづいた。

永野と及川は、海軍部内の上下が喜んで仕事に励み、部外者が収まるのは米内を措《お》いてほかになく、ご内意の趣を実行すべきであると主張した。

嶋田、野村、岡は、東条が直接海軍省に伝えてきたのは、「陸軍は米内海相案に反対である」ということで、小磯が野村にいったこととちがうし、天皇のご内意というのも怪しいと反対した。

七月二十一日朝、野村は蓮沼蕃侍従武官長を通して拝謁を願い出て、午前九時三十分に参内し、天皇に尋ねた。

「小磯大将がかくかくのことはお上のご内意であると申してまいりましたが、さよう承知いたしてよろしゅうございますか」

「よろしい」

天皇はひと言こたえた。

落胆した野村から報告をうけた伏見宮は、厚い同情のことばをかけ、深く遺憾の意を表したが、米内の現役復帰問題については、

「お上のおことばであれば、もちろんそのとおり取り計らうべきだが、しかしこれは米内にかぎりさよう取り計らうべきであって、米内以外については戦時下影響するところが大きい

と思うゆえ、注意するように」

と、力なく語った（昭和二十五年九月三日号『サンデー毎日』、野村直邦氏「東条内閣崩壊の真相」）。

従来の日本海軍は、対米英強硬派の頂点に立っていた伏見宮元帥の意に副って運営されてきたが、この時点から、

「今後、いかに上手に戦争に負けるか」

という天皇の意に副って運営される海軍に変わることになった。

これは、天皇の終戦にたいする最初の裁断であった。

昭和十九年七月二十二日、小磯・米内連立内閣が発足した。陸相が杉山元元帥（昭和十八年六月昇進）、海相が米内、外相が重光葵、蔵相が石渡荘太郎で、米内と親しい緒方竹虎が国務相兼情報局総裁になった。

組閣まえに、米内は小磯にいった。

「頭が二人で、いちいち相談していたら、総理の腕は揮《ふる》えないし、やりにくくて仕方がないから、君の思うようにやりたまえ。ただ右か左か、君が迷うときだけよんでくれ。それでなければ、僕は総理官邸にゆかないから」

小磯は米内内閣のとき拓務大臣であったが、米内は首相の小磯を立てて、自分は口を出さないことにしたのである。

内閣成立のあと、内閣情報局からつぎのような発表があった。

「米内大将海軍大臣に任ぜらる。

米内海軍大将海軍大臣たる間現役に復せしめらる」

海相に返り咲いた米内が最初に手をつけたのは、軍令部と海軍省の首脳更迭であった。

七月二十二日朝、東京都長官から内務大臣になる予定の大達茂雄を訪ねた高木少将は、大達から、

「米内は即日嶋田の残党を除くといった」

と聞かされた。

米内に会い、

「岡次官を使いますか」

と尋ねると、言下にこたえた。

「一夜にして放逐する」

米内は岡田啓介との約束もあったが、末次信正大将を軍令部総長にして、残存する海軍兵力を活用させ、戦争終結の機会をつかむという考えに同意していた。

ところが、伏見宮は末次を忌避し、海軍現役首脳らも末次復帰に反対しているうえに、木戸内大臣の話で、天皇が末次には少なからぬ不安を抱いていることがわかった。

末次は断念しなければならなかった。

小磯首相らと七月二十九日に伊勢神宮に参拝した米内は、その夜京都の都ホテルで、江田

島からよびよせた海軍兵学校長井上成美中将と会った。

気が進まず、腕組みをして天井を睨んでいた井上は、海軍次官をやってくれよと切り出した米内を指さし、

「私の政治ぎらいは、せんからご存じでしょう」

といい、また腕を組んで天井を睨んだ。しかし、しばらくして、

「いいよ、政治のことになったら、君は腕を組んで天井を睨んでいろよ」

という米内に、ついに兜《かぶと》を脱いだ。

「わかりました。それではおひきうけいたします。部内に号令をかけることなら、安心してお委《まか》せ下さい」

井上はそうこたえた。

海軍の終戦体制の基本は、こうしてでき上がった。

米内はさらにたずねた。

「総長には誰がよいだろうか」

「現役大将の先任順に適任者を考慮していかれたらよいでしょう」

先任順は、永野修身元帥、加藤隆義大将、長谷川清大将、及川古志郎大将（三人とも兵学校第三十一期）だが、長谷川は総督として台湾にいる。

「そうすると及川大将ということになるが、自分と盛岡の同郷だからなあ」

「そんな小事にこだわることはないでしょう」

永野と加藤は米内の方針には適しない、及川ならば自分に協力するはずだ、ということであった。

帰京の汽車中で緒方竹虎に会った米内は、明るく語った。

「京都で井上に会ってやっと彼を説き伏せた。世間ではいろいろ注文もあるようだが、今日以後、まったく米内人事で押し通すことに決めた」

緒方はのちに、こう述べている。

「久しぶりに米内らしい顔をみせた。末次問題の憂鬱から解脱したことを意味する」

八月二日、及川大将が軍令部総長になり、嶋田大将が軍事参議官となった。

同日、前海相の野村大将は横須賀鎮守府司令長官兼海上護衛司令長官となり、横須賀鎮守府司令長官の吉田善吾大将が軍事参議官となった。

八月五日、井上成美中将（兵学校第三十七期）が海軍次官に就任し、岡敬純中将（第三十九期）は軍令部出仕となった。

海軍省軍務局長には、海軍航空本部総務部長の、多田武雄中将（第四十期）が、八月一日付で就任していた。米内が信頼できるとみこんだのである。

軍令部第一部長付の高松宮大佐は、八月七日、新内閣が出来そこないだという高木教育局長にいった。

「これでよいではないか。海軍省はいちおう陣容ができたし、あれでやってもらえばよい。……」

軍令部総長になれなかった末次は、五ヵ月後の十二月三十日に急逝する。

小磯首相は「統帥をはなれて政治なし」と、組閣第一声を発した。政務と用兵作戦の一致のもとに、事態に即応する態勢をとるべきだというのである。そこで現役に復帰し、統帥にも参与したいと、杉山陸相に申しいれた。しかし陸軍首脳は拒絶した。

陸海軍と交渉の結果、小磯は従来の大本営・政府連絡会議に代えて、最高戦争指導会議を設けることを決め、八月五日、天皇の裁可を得た。だがこれは、実質的には大本営・政府連絡会議と変わらなかった。

サイパン島南方のテニアン島が八月三日に陥落したのにつづき、その南方のグアム島も八月十一日に陥落し、マリアナ諸島の全域は米軍の支配下に入ってしまった。

ヨーロッパでは、あれほど強かったドイツ軍の戦勢が、すでに末期的症状を呈するに至っていた。米英連合軍が北仏ノルマンディに上陸したのは、六月六日であった。米軍のサイパン島上陸の九日まえである。その後ドイツ軍は敗北をつづけ、ヒトラー暗殺未遂事件も起こった。独ソ戦線においても、ドイツ軍はソ連国境外に追い立てられていた。

八月十九日、天皇も出席した最高戦争指導会議で、小磯首相は説明した。

「……作戦に呼応して、徹底せる外交施策を断行せんとするものであります。なかんずく、対ソ、対重慶施策に、今後あらゆる努力を傾倒する必要があると存じます」

そして、ソ連に特使を送ることが決定された。独ソ和平が成立すれば、ソ連と米英とが対《たい》峙《じ》するようになり、日本がソ連の攻撃をうけなくて済む、と期待したのであった。

省部（海軍省、軍令部）の首脳らは、毎朝、三階の軍令部作戦室で前日の戦況報告を聞いていた。やがて新次官の井上は、どれもこれもあまりにも悲惨な報告のために、いても立ってもいられなくなった。

「それ見たことか、こうなることは、戦争をはじめるまえから判っていた。それをいうことをきかずにやるからこうなるのだ」

という怒りを押さえ、八月二十九日、大臣室の米内のところにいって直言した。

「この戦争はだめですよ。もう誰が何といってもだめですよ。このままでは国が亡びてしまいますから、私は戦争をやめる研究を、ごく内密にはじめたいと思います」

「うん、やってくれ」

米内は待っていたとばかりに承諾した。

井上は、自分の下に、教育局長の高木惣吉少将をもらいたい、工作費として二千円の機密費を高木にわたしたいから出してほしい、と要求した。

「うん、いいよ。機密費が足りなかったら遠慮なくいってくれ。要るだけ出すよ」

米内は二つ返事でこたえた。

この極秘事項は、井上から及川軍令部総長にだけ知らされた。

戦争をやめるとはいうものの、それは日本史上かつてない屈辱的な降伏で、多くの日本人は一億玉砕が名誉ある日本民族の取るべき道と思いこんでいるだけに、米内、井上の決断は容易ならぬことであった。陸軍や国粋主義者が知れば、「国賊」として、まちがいなく殺される行為でもあった。

井上はさっそく、高木教育局長を次官室によんだ。

「戦局の後始末を研究しなけりゃならんが、こんな問題を、現に戦争に打ちこんで仕事をしている局長にいいつけるわけにはいかん。そこで大臣は、君にそれをやってもらいたいとの意向だが、さしつかえないかね」

「承りました。ご期待に副えるかわかりませんが、最善を尽くしてみます」

高木も待っていたようにこたえた。

九月十日、高木は「軍令部出仕兼海軍大学校研究部員」となり、職務内容が「次官承命服務」といううえたいの知れないものとなった。いわば海軍省のお庭番である。

井上と高木のあいだで決めた、

「すべての和平志向勢力を有機的に結びつけ、これを表は閣議や戦争指導会議（首相、外相、陸相、海相、参謀総長、軍令部総長）などに出席する米内海相、裏は米内復活（予備役から現役）の原動力たる重臣岡田啓介の力を借りて、両面から天皇を補佐し、聖断を仰いで終戦にみちびく」

という方針にもとづき、政、官、陸、海、財、学など各界の要人、有識者を訪ねまわり、意見、情報を交換し、井上と米内に報告することにした。最大の問題は、

「一、陸軍をどうやって終戦に同意させるか
二、天皇が決意を固めるために、海軍はじめ各方面にひそかに胎動している和平への運動を、いかに連絡統合して宮中に伝えるか」

の二点であった。

高木は、親交のある木戸内大臣秘書官長の松平康昌や、故元老西園寺公望秘書の原田熊雄らを通じて、天皇側近や重臣らに米内、井上と自分の考えを伝えることにした。また近衛文麿の女婿細川護貞《もりさだ》を介して近衛に働きかけ、近衛から高松宮に意を通じるようにした。岡田啓介とは直接会って連絡し、また指示をうけることにした。その他これに類する工作を、ひとりで少しずつだが、精力的にすすめることにしたのである（高木惣吉『自伝的日本海軍始末記　続編』『私観太平洋戦争』）。

九月十七日、高松宮軍令部第一部長付に会った高木は、種々意見を聞いたが、要点はこういうものであった。

「戦争終末をいかに収拾するかは、開戦時から考慮しておくべきことである。今回の開戦時のように、二年後から先は知らぬという態度はぜったいにとるべきではない。

戦争終結の条件は国体の護持これだけである。玉砕では国体は護れぬ（陸軍がかけがえのない大切なものと口でいうのが『天皇制』なので、その条件さえ通るならば、陸海軍とも『一億玉砕』などといわず、和平に同意すべきだ、ということであろう）。

連合艦隊司令長官が戦《いくさ》に専念するのは当然だが、総長は戦局収拾をあわせて考慮すべきで

ある。戦局収拾の時機は、海軍よりいい出すべきである。日露戦争のときは陸軍からいい出した（大山巌元帥と児玉源太郎大将）。こんどは海軍がいうべき立場である」

高木は高松宮が天皇の身代りになって話しているのではないかと感じた。とすれば、米内・井上・高木の終戦工作は天皇の意に副っていたことになる（『高木海軍少将覚え書』）。

九月四日の最高戦争指導会議で、元首相の広田弘毅をソ連に派遣し、独ソ和平をすすめさせることにした。ところが、九月十八日、佐藤尚武駐ソ大使から、ソ連が日本の特使派遣を拒否したという電報がとどいた。ソ連は米英とともにドイツを屈服させ、ついで、ソ連に特使を派遣するほど弱ってきた日本を攻撃する好機を待つことにしたのである。

ある晩、米内は多田軍務局長や秘書官らに尋ねた。

「君たちは、いま、米の配給が一人一日に何合何勺か知っているか」

誰もこたえられなかった。

「六十歳まで二合三勺、六十歳以上は二合一勺だ。僕は配給以上は食べていないよ」

と、六十四歳の米内はいった。

一同はおどろき、かつては大黒天のようにふっくらした顔が、げっそり痩《や》せているわけがわかったように思った。

数日後、秘書官の麻生孝雄中佐が、軍需物資の缶詰を一箱、運転手にいって、三年町の米内の私邸にとどけさせた。ところが、しばらくして麻生が訪ねると、未亡人になってもどっ

ていたふきが、

「父に叱《しか》られましたので」

といって、それを返してよこした。

それでも、毎晩のようにある会合で、酒だけは相変わらず、そうとう飲んでいた。


昭和十九年十月十九日午後六時、真珠湾攻撃もかすむ驚異の大戦果を、大本営が発表した。十月十二日から十六日にかけた「台湾沖航空戦」で、日本海・陸軍航空部隊が、米機動部隊の空母十一隻、戦艦二隻、巡洋艦もしくは駆逐艦一隻を撃沈し、空母八隻、戦艦二隻、巡洋艦四隻、その他多数を撃破したというのである。

米内も軍令部の説明を信用し、閣議において、

「もはや米国の制式空母は三、四隻しか残らぬらしい」

と話し、閣僚一同を驚喜させた。

小磯内閣は、ひさしぶりの夢のような大戦果に、日比谷公会堂と大阪中の島公会堂で祝勝大演説会をもよおし、国民全般に祝酒の特配までおこなった。

戦果がそのとおりならば、確かに米軍のその後の進攻は止まるであろう。

ところが、二、三日後に明確になったのだが、実際の戦果は、米艦隊で撃沈された艦は一隻もなく、重巡キャンベラと軽巡ヒューストンの二隻が大破されただけというものでしかなかったのである。

それにひきかえ、日本側は五百五十機から六百機もの飛行機を喪失した。米機動部隊にたいして日本航空部隊は、圧倒的に優勢な戦闘機隊によって制空権をにぎらないかぎり、歯が立たなくなっていたのであった。

連合艦隊の総力を結集し、起死回生をはかる乾坤一擲の「捷《しょう》一号作戦」が発令されたのは、十月二十日朝であった。

戦艦「大和」「武蔵」「長門」以下三十九隻の日本艦隊は、米軍が上陸を開始したフィリピン中部のレイテ島に突入して、米海上兵力を撃滅し、米攻略部隊を殲滅《せんめつ》する目的で、十月二十二日朝、ボルネオ北西岸のブルネイを出撃した。

だが、護衛戦闘機が一機もつかない艦隊は、十月二十三日から二十五日にかけ、来襲する無数の米空母機に袋だたきにされ、レイテ湾に突入することもできず、戦艦三、正規空母一、軽空母三、重巡六、軽巡四、駆逐艦十一、計二十八隻を失い、むなしくブルネイにひきあげたのである。

米側は、軽空母一、護衛空母二、駆逐艦三、魚雷艇一、潜水艦一、計八隻を失ったにすぎなかった。

これが「フィリピン沖海戦」であった。

この非合理、無謀な作戦で、連合艦隊は壊滅状態となった。

台湾沖航空戦とフィリピン沖海戦で、あれほど大敗し、もはや米海軍に太刀打ちができなくなったはずであったが、軍令部と連合艦隊では、なお戦争をつづける意見が支配的であった。

フィリピン沖海戦中の十月二十五日、爆装、直掩合計二十四機の零戦で編成された第一神風特別攻撃隊が出撃し、爆装（二百五十キロ爆弾搭載）零戦十四機中の七機が米護衛空母六隻に命中し、一隻撃沈、一隻大破、二隻中破、二隻小破という大戦果をあげた。

そのため、航空、水上（爆装モーター・ボート）、水中（人間魚雷）の特攻をやれば、米艦隊と戦えるというのであった。

陸軍は、第十四方面軍司令官山下奉文《ともゆき》大将がひきいるフィリピン陸軍部隊の勝利を信じ、戦争終結など口にする者は誰ひとりいなかった。

小磯首相は、十一月八日朝、ラジオを通じて語った。

「比島（フィリピン）周辺における戦闘の勝敗は天王山とも目すべき、いわば彼我戦局の将来を左右すべき重大なる作戦といわねばならない」

十一月二十四日、マリアナ基地を発進した米重爆撃機B29七十機が、東京を初爆撃し、中島飛行機武蔵工場に損害をあたえた。その後、数日おきに、各都市の軍需工場が爆撃によって破壊されるようになった。

米内は、台湾沖航空戦とフィリピン沖海戦が大敗であったことを知ったとき、戦後オフスティ米海軍少将に、「私は、もうこれで万事終わりだと感じていました」と語った心境になっていた。しかし、戦争終結をいい出して、それが成功するみこみは、まだとうていなかった。

体力と能力の限界を感じた米内は、海相官邸で会食がひらかれた十二月のある日、来客が去って井上次官と二人になったとき、だしぬけにいった。

「おい、ゆずるぞ」

「何をですか」

「大臣をさ」

「誰にですか」

「お前にゆずるぞ」

「とんでもない。なぜ、そんなことをいうんですか」

「おれはくたびれた」

「陛下のご信任で小磯さんとともに内閣を組織した人が、くたびれたとのことで辞めるなんてことがありますか。いまは国民みな命がけで戦をしているんではないですか。少なくとも私は絶対ひきうけませんよ」（井上成美「思い出の記」）

おなじようなことが、昭和二十年一月に入ってからもあった。一月十日、高木に会った井上は、こぼすようにいった。

「米内さんは冗談のように、後は貴様やれといわれるが、井上が鰻上《うなぎのぼ》りに上るのはぜったいにいかん。これは理屈ではなく貫禄《かんろく》の問題だ。……大臣がどうしても残られぬ場合は、長谷川さん（清大将）にでもやってもらうほかはあるまい」

このころ米内は、栄養失調気味のうえ、血圧が二百五十もあり、体力もすっかり衰えていた。しかし、八方ふさがりの憂鬱《ゆううつ》な海相をつづけるほかなかった。

天皇は二月九日、重臣広田弘毅の意見を聴取した。広田は、対ソ外交を強化し、大戦果をあげ、それをきっかけにソ連を仲介にして米英と和平すべきことを進言し、つぎのように、外交手段を説明した。

「佐藤尚武駐ソ大使は英仏に知己が多いので、スイスに派遣して自由に行動させ、必要な方面に接触させることが有利と思います。ソ連と戦争を起こすことはいけません。腹背に敵をつくり、今日のドイツのようになっては、心配に堪えません」

「ご苦労であった」

天皇は意にかなったというように、何度も小さくうなずいた。

二月十四日に参内した近衛は、木戸内大臣が侍立する前で、天皇に意見を具申した。

「最悪なる事態は、遺憾ながら、もはや必至であると思います」

が前置きで、要点はつぎのようなものである。

「満州事変から大東亜戦争に日本をひきずってきたのは共産主義者である。その歩みを主導したのは、いわゆる軍部の〝革新分子〟であるが、かれらはすなわち共産主義者でなければ共産主義者に踊らされた者である。また、いわゆる右翼は国体の衣を着けた共産主義者にほかならない。

たとえば、しきりに唱えられる『一億玉砕』にしても、結局は国家を抹殺し、あるいは混乱のなかに共産革命を成就しようとする底意が推察される。

敗戦を必至とみなし、その後の国体護持を願うのであれば、これら一味、とくに軍部内の彼の一味を一掃しておく必要がある」

しかし、「軍部内の彼の一味」が誰々かということは、述べようとしなかった。けっきょく、裏づけがとぼしい推定というべきもののようである。

天皇は質問した。

「梅津参謀総長は、米国は国体の変革をめざしているから、徹底的に戦わなければならぬといっていたが、どう思うか」

「元駐日米大使のジョセフ・グルーや米国首脳部の考え方はそこまでいっていないと思います」

陸軍は、一億玉砕を唱えて徹底抗戦すれば、皇室も国体も国民も滅ぶということを考えていなかったらしい。かれらの「国体護持」は、「陸軍護持」のための「国体護持」の気配が濃厚であった。

「事態の転換をはかるのは、結局はもういちど戦果をあげてからになるのではないか」

天皇は、陸海軍がしばしば強調していたことを質問した。

「そういう時期がございましょうか。半年、一年先では役に立つまいと思います」

「まだみこみがあるのだ」

陸海軍の主張を頭から否定することは、天皇の立場からできなかった。敢《あ》えて否定して終戦をいそがせれば、天皇に従う閣僚、陸海軍高官、天皇側近、重臣らが、二・二六事件のように殺され、逆に終戦が不可能になる恐れが大であった。

「陸軍をどうやって終戦に同意させるか」が、キー・ポイントであった。

天皇は、「半年、一年先まで待てない」ということには共感した。

米軍が二月十九日、東京とサイパン島のほぼ中間の硫黄島に上陸を開始した。マリアナ諸島から日本本土を爆撃するB29にたいして、護衛戦闘機と不時着機用の飛行場をつくるのが、当面の目的であった。そして、遠からず米軍が手中にする形勢であった。

陸軍が海軍に、陸軍記念日（日露戦争の奉天会戦勝利の日）の三月十日、「陸海軍統合」を申し入れた。海上戦をアテにせず、本土決戦で連合軍にひと泡ふかせ、それを講和に結びつけようと考え、そのために残存海軍兵力を陸軍に吸収し、陸軍の指揮で連合軍と戦うというのであった。

米内には軍事参議官朝香宮鳩彦《やすひこ》王大将が、井上次官には陸軍次官柴山兼四郎中将が、小沢治三郎軍令部次長には参謀次長秦《はた》彦三郎中将が、それぞれ申し入れをした。

しかし、本土決戦まえに終戦しようと、ひとすじに工作をすすめている井上が、それに同意するわけがなく、すぐさま反対文書を作成し、米内以下海軍省、軍令部首脳に説明した。

すでに三月三日、天皇に、

「本土のみに立てこもるとなれば、さらに海軍の立場は考えねばならぬと存じますが、それはそのとき研究すべきことであります。今日戦局が不利であるから、陸海軍を統合するということは適当でないと存じます。

これを要するに大本営が同一場所において勤務するということ以外、今日これをなすべき時機でないと存じます」

とこたえていた米内は、井上の反対論に全面的に賛成した。

けっきょくこの「陸海軍統合」は、米内・井上が、その後の陸軍の再三にわたるよびかけにもガンとして反対しつづけたために、実現されなくなった。

天皇も米内・井上と同意見だったようである。岡田啓介は、三月上旬のある日、開戦前駐米大使であった野村吉三郎に、

「AB総長（参謀総長と軍令部総長）を一人にして、その下に陸軍部、海軍部を置く案は、自分（岡田）がかつて奏上したことがあるが、陛下は非常なご不満の気色であった。

現制で協調してゆくほかはあるまい」

と語っていた（『高木海軍少将覚え書』）。

井上は、四月十日付の書類に、

「総理（四月七日小磯に代わって鈴木貫太郎内閣成立）奏上の際陛下より、陸海軍の統合などという問題を、朕の発意だと思っている向《むき》もあるが、そんなことは全然ないからとの御言葉あり。

（中略）

朝香宮奏上の際、陸海軍の統合問題に付、申上げたる処《ところ》、陛下は御返事なく、『逓信省と鉄道省とを一緒にして運輸通信省を作ったがうまく行ってないね』と仰せられたり」

と書いている。

この問題は、四月二十七日、鈴木首相が陸海軍首脳を首相官邸に集めて会談したとき、現状維持で決着した。

天皇が鈴木内閣成立（四月七日）直後、鈴木に伝えた「陸海軍統合」にたいする言明は、終戦をめざす米内を中心とする海軍を支持するもので、これも終戦への間接的な裁断であった。

この当時、戦争終結にたいする所信に不動の米内・井上でなく、ほかの者が海相・次官であったならば、本土決戦まえに終戦ができたかどうか、きわめて疑問である。

東京がB29の大編隊に大空襲され、市民が惨憺たる被害をうけたのも、陸軍記念日の三月十日のことであった。

死闘をつづけ、米軍に甚大な損害をあたえた硫黄島の日本軍が、三月十七日、ついに全滅した。

米軍はたちまち飛行基地を整備し、新鋭戦闘機P51を多数進出させた。その後、P51に護衛されたB29の大編隊が、連日のように日本本土各都市への無差別爆撃をはじめ、一般国民に無残な危害を加えるようになった。

井上は、毎日のように、

「大臣、手ぬるい、手ぬるい。一日も早く戦をやめましょう。一日遅れれば、何千何万の日本人が無駄死するのですよ」

と米内を責め、ときには具体的な計数を示して説得にかかっていた。

しかし、そのころ、小磯・米内連立内閣は難局打開にゆきづまり、総辞職がまぢかに迫っていた。

米第十軍十八万二千八百余人が、四月一日、沖縄に来攻し、その日の夕方までに約五万の兵力が上陸して、読谷《よみたん》と嘉手納《かでな》の両飛行場をなんなく占領してしまった。

重慶の蔣介石政権との和平工作をすすめていた小磯首相は、杉山陸相、米内海相、重光外相から、汪兆銘南京政府を無視する謀略工作は不当であるなどの理由で反対され、また現役復帰と陸相兼任の希望を陸軍から拒絶され、四月五日午前十時半、天皇に辞表を提出した。

小磯内閣総辞職に追い打ちをかけるように、ソ連が日ソ中立条約の廃棄を通告してきた。この条約は翌昭和二十一年四月二十五日まで有効のものである。

四月五日午後五時から、宮中の表拝謁の間で、次期首班を推薦するための重臣会議がひらかれた。出席したのは、木戸内大臣、平沼、若槻、岡田、広田のほか、東条英機、鈴木貫太郎枢密院議長（退役海軍大将）であった。

それぞれ意見を述べたあと、平沼が、

「この際国民の信頼をつなぐ意味から、鈴木大将におひきうけ願いたい」

と提案した。

近衛、若槻、岡田、平沼は、すでに三月二十六日、小磯のあとは鈴木と申し合わせ、木戸もそれを承知していた。

東条ひとりが反対した。

「国内が戦場とならんとする現在、よほどご注意にならないと、陸軍がソッポを向く恐れがある。陸軍がソッポを向けば、内閣は崩壊する。この意味から、自分は畑元帥を適当と信ずる」

肚を決めたらしい木戸が、反発するようにいった。

「今日は反軍的の空気もそうとうつよい。国民がソッポを向くということもありえますよ」

岡田は怒気をふくんで難詰した。

「この重大時局に当たり、大命を拝した者にたいして、ソッポを向くとはなにごとか。国土防衛は誰の責任か、陸海軍ではないか」

若槻が岡田に賛成しながら、とりなすようにいった。

「今日そのような懸念があってはたいへんで、いやしくも日本国民たる以上、そんな心配は毛頭ないと信ずる」

当の七十七歳の鈴木は固辞した。

「かねて岡田閣下にも申したことであるが、軍人が政治に出るのは国を亡ぼすもとであると考えている。ローマの滅亡がそうであり、カイザーの末路、ロマノフ王朝の滅亡もまたそうである。だから自分は、政治に出ることは自分の主義から困難な事情がある。耳も遠いからお断わりしたい」

午後八時に重臣会議が終わり、木戸は天皇にその内容を報告し、鈴木を後継首班に奏請した。

天皇は午後十時、御学問所で、鈴木に大命を下した。

「卿に内閣の組織を命ずる」

いつもつけ加えられた「憲法を遵守すること」が、今回はなぜかなかった。

鈴木は、自分は一介の武弁であり、政界に交渉もなく政見も持ちあわせないと述べ、

「この一事は拝辞のお許しをお願い奉ります」

と、深く頭を下げた。

「鈴木の心境はよくわかる」

天皇は微笑していい、

「この重大時において他に人はいない。頼むからまげて承知してもらいたい」

と、前代未聞のことばをかけた。

天皇の横に侍立していた藤田尚徳侍従長（海軍大将、米内と同期）は、頭を垂れた。

鈴木は、

ている。

「篤《とく》と考えます」

とこたえ、深くうなだれて退出した。

のちに鈴木は、『終戦の表情』と題する小冊子に、このときの心境を、つぎのように述べている。

「……余の決意の中心となったものは、長年の侍従長奉仕、枢密院議長奉仕の間に、陛下の思召が奈辺にあるかを身をもって感得したところを、政治上の原理として発露させて行こうと決心した点である。

……それは一言にしていえば、すみやかに大局を決した戦争を終結して、国民大衆に無用の苦しみを与えることなく、また彼我共にこれ以上の犠牲を出すことなきよう、和の機会を摑《つか》むべし、との思召に拝された。

……将来の見通しというものをはっきり摑めば、その針路に向かって断固直進すべしという信念を得ていたので、平和への機会を摑むべく、ただ一人大針路を心に期し、戦時最終内閣の覚悟をもって内閣を乗り出したのである」

鈴木首相の韜晦

昭和二十年一月はじめと三月半ば、井上次官は米内海相から大将進級の内示をうけたが、その器ではないとガンコに辞退して、四月一日付大将進級が見送られた。

米内は井上を大将にして、次期内閣の海軍大臣にしようとしたのであった。

前年十二月と今年一月はじめ、井上に、「大臣をゆずるぞ」といったが、断わられて四月はじめには、人事局長の三戸寿少将に井上を説得させた。だが井上は、やはり断わった。「だめだ、次官がやれるから大臣もやれるというもんではない。私は大臣不適なことは自分でよく知っている。米内さんに、そのままやってもらうんだ」（井上成美「思い出の記」）

このころ井上は、米内から、「沖縄をとられたらどうする」と聞かれ、「日本の執るべき方策」と題した意見書を米内に提出した。

「独立が保たれれば、他はどんな条件でもよいから戦をやめるべきである。米軍の本土上陸前に講和をしなければ、日本人の国民性から考えると、米軍に徹底的に抗戦し、ついには講和する母体まで消滅させてしまうであろう。

それを防ぐために、中立国、ソ連（スウェーデン、スイスでも可）を介して、すみやかに交渉を開始すべきだ」

という要旨のものであった。

四月五日夜、鈴木貫太郎退役海軍大将に組閣の大命が下ると、井上はすかさず高木惣吉少将を小石川丸山町の鈴木邸に走らせて、

「ぜひ米内海軍大臣留任を堅持し、誰がなんといおうと、これだけはかならず守りとおしてください。海軍の総意です」

といわせ、鈴木を承知させた。「海軍の総意」はウソで、井上一人の考えであった。

翌六日午前八時すぎ、次期海相候補として米内によばれて海軍省にきた長谷川清大将が、まず井上に会い、

「（海相は）米内さんではいけないのか」

と井上にたずねた。井上は、

「今日国家大事のさい、米内さんの政治家としての不評は起きても（小磯が辞職して米内が留任ということで）、国を救うほうが第一だと考えます。鈴木さんに総理をやってもらうには、どうしても、いちど総理の経験のある米内さんについてもらうことがぜったい必要だと私は考えています。米内さんはあなたを推す心持でしょうが、国のためから見て、米内第一で押すべきだと思います」

と、思うとおりを述べた。

長谷川はうなずいた。

四月七日、鈴木内閣が成立し、陸相は新任の阿南惟幾《これちか》大将、海相は米内となった。外相は二日後の九日、東郷茂徳《しげのり》に決定した。

米内は戦後の昭和二十一年一月十二日、高木にこう語った。

「僕は政治道徳上鈴木内閣に残るべきではなかったが、鈴木さんはあらかじめ小磯の諒解を求められて、二度目にお目にかかったときは、小磯の諒解を得たからぜひ海軍大臣をやってくれとのお話だった。しかし大命降下のまえから、鈴木さんのところに、僕の留任を進言した向きはあったようだね」

米内留任は、「陸海軍統合」阻止とともに、井上の殊勲であったといえそうである。

鈴木内閣成立の日、護衛戦闘機をつけずに、沖縄突入をめざしていた戦艦「大和」、軽巡「矢矧」、駆逐艦四隻が、九州南西方海上で米空母機三百数十機にめった撃ちにされ、沈没してしまった。

フィリピン沖海戦とおなじ非合理、無謀のこの作戦を命令したのは、連合艦隊司令長官豊田副武大将であった。

鈴木首相は、明くる四月八日夜、ラジオ放送で、国民にたいして、

「わたしが国家のために死ねば、諸君はわたしの屍《しかばね》を越えて前進せよ」

と、つよく抗戦を訴えた。「自分はたとえ凶漢の手に倒れても、最近の機会に戦争をやめる決意であった」という本心をかくし、成りゆきを見ることにしたのだが、一般国民ばかりか、米内まで、鈴木の方針は陸軍とおなじものではないかと疑った。

米大統領フランクリン・ルーズベルトが、四月十二日、脳出血で急死し、副大統領ハリー・トルーマンがあとを継いだ。

四月十四日夜は三百二十七機、四月十五日夜は百九機のB29が東京を空襲し、六万八千四百四十三戸の民家が無残に焼かれてしまった。

イタリアのファシスト党首ムッソリーニが四月二十八日に処刑され、三十日にナチス・ドイツ総統ヒトラーが自殺し、五月七日にはついにドイツが連合国に無条件降伏をした。

「バスに乗り遅れるな」といって、日独伊三国同盟を結び、対米英蘭戦に踏み切った日本も、このまま戦争を続行すれば、独伊とおなじ運命を辿《たど》るほかなくなった。

米内は、昭和二十年十一月、オフスティ米海軍少将に、こう語っている。

「私はそもそものはじめから、ドイツが結局勝つなんぞというみこみはないと思っていました。私はとうの昔からドイツに勝算はないと確信していたので、ドイツとの提携には真向うから反対した一人でした。そしてこの私の所信が、ある方面から洩《も》れたものですから、私は首相の地位からひきずり落とされる形になったのです」

トルーマン米大統領は、五月八日、

「われわれの攻撃は、日本陸海軍が無条件降伏するまで決して中断されることはない。

日本軍の無条件降伏が日本国民にとって何を意味するかといえば、それは戦争を終結することにほかならない。

無条件降伏は決して日本国民の絶滅や奴隷化を意味するものではない」

と声明した。

五月十一、十二、十四の三日間、最高戦争指導会議が宮中でひらかれた。鈴木首相、東郷外相、阿南陸相、米内海相、梅津参謀総長、及川軍令部総長が出席し、対ソ交渉によって、

「一、ソ連の対日参戦防止

二、ソ連の好意的態度の誘致

三、戦争終結の仲介依頼」

の目的を達成する方針が決定された。

ソ連への代償は、日ソ関係を日露戦争以前の状態にかえすというものであった。

高木少将は、五月十三日朝、近衛から、米内に伝えてもらいたいと、つぎのような重要事を聞かされた。

「五月五日、木戸に、いったい陛下の思召はどうかと聞いたところ、

『従来は、全面的武装解除と責任者の処罰はぜったいにゆずれない。それをやるようなら最後まで戦うとのおことばで、武装解除をやればソ連が出てくるとのご意見であった。

そこで陛下のお気持を緩和することに長くかかった次第だが、さいきん（五月二、三日ごろ）お気持が変わった。二つの問題もやむを得ぬとのお気持になられた。のみならず、こん

どは、逆に早いほうがよいではないかとのお考えにさえなられた。

早くといっても時機があるが、ご決断を願う時機が近いうちにあると思う』

という話であった。

重臣会議はやらないほうがよいと思う。内容は東条、小磯から洩れるだろうし、また平沼は強いこと、陸軍に迎合することばかりいうでしょうし、期待できない」

明くる日、海軍大臣室で高木が近衛の話を米内に伝えると、米内はいった。

「陸軍はこのごろ戦局にたいして自信を失ってきていると見ている。……しかも口に出してはいわぬ。とくに梅津は判然としていない。僕の発言に乗ってくる様子は見えない。

陸軍の出方としては、海軍が弱音を吐くからやむをえぬというように、責任を海軍にかぶせ、汚名を転嫁することがありうると思うが、それは大局上、場合によっては、海軍がよい子になるとか、陸軍がよい子になるとかいうことは、超越して考えねばならぬと思う」


スイス駐在公使館付海軍武官の藤村義朗中佐から、五月八日から二十日までに、米内海相、及川軍令部総長あてに、七通の電報が送られてきた。スイスにある米国のアレン・ダレス機関と接触ができ、米国と和平交渉の道がひらけそうだというのであった。ダレスはＯＳＳ（戦略情報部）の欧州部長だが、当時は日本では知る者がいなかった。

省部の首脳の意見を聞いた米内は、五月二十一日、軍務局長名で、

「貴武官のダレス氏との交渉要旨はよくわかるが、陸海軍を離間しようとする敵側の謀略の

ように思える節があるから、十分注意されたし」

という趣旨の返電を打たせた。

藤村は失望したが、日米和平をめざし、さらに交渉をつづけた。

五月七日か八日、米内は、井上の大将昇進が天皇に裁可されたと、井上に告げた。

「陛下のご裁断が下ったのではいたし方ありません。あたりまえなら大臣のお取り計らいにたいしお礼を申すべきでしょうが、私は申しません。なお、次官は辞めさせていただけるでしょうね」

井上はそうこたえ、五月十五日、大将に昇進し、次官の椅子を去った。後任次官には軍務局長多田武雄中将が昇格し、新軍務局長には、米内が第三艦隊司令長官であった当時の先任参謀で現兵備局長の保科善四郎中将が就任した。

米内が井上を大将にして、次官を辞めさせたのは、自分に万一のことがあったばあいの海相候補として残しておくことと、終戦への具体的な方法について、井上と考えがちがっていたことにあるようである。

井上は終戦をしきりにいそいでいたが、米内は井上のやり方では陸軍に反撃され、逆に終戦が不可能になると考えていたらしい。

米内のところに新任の挨拶にいった保科新軍務局長は、

「陛下は早期終戦の思召であり、これを本土決戦となる以前におやりになりたいお気持と拝察される。そこでいま沖縄へ一個師団増派できるかどうか、それで沖縄の奪回ができるかどうか、研究してほしい。もし不可能ならば、なるべく早く終戦にもちこみたい」

といわれた。しかし、いくら研究しても、一個師団を運ぶ船は集まらなかった。

五月二十四日夜には五百六十二機、二十五日夜には五百二十五機のB29が東京を大空襲し、これで東京は全市街地の約五十一パーセントを焼失してしまった。

二十五日夜の空襲では宮城も、旧議事堂、首相官邸、霞ヶ関の海軍省、三宅坂の陸軍省も燃えた。

麹町区三年町の米内邸も全焼し、蔵書、家財道具すべてを消滅した。霞ヶ関の海軍省にいた米内は、そこから避難する途中、疎開せずに残っていた長女のふき、次男の尚志が三年町から逃げてくるのに出会い、いっしょに宮城前広場の濠端《ほりばた》へゆき、草の上に腰をおろした。米内は燃える宮城に向かって正座し、瞑目《めいもく》していた。

五月二十九日、及川古志郎大将に代わり、連合艦隊司令長官豊田副武大将が軍令部総長となり、連合艦隊司令長官には軍令部次長小沢治三郎中将が就任した。小沢の正式職名は、海軍総司令長官兼連合艦隊司令長官兼海上護衛司令長官で、要するに海上、陸上の全海軍部隊の指揮官であった。軍令部次長には、神風特別攻撃隊を発足させた第一航空艦隊司令長官大西瀧治郎中将が就任した。

この人事について、のちに井上は、高木にこう語っている。

「及川さんはりっぱな人だが、イニシャティブをとらぬ人であった。そうとう腕のある人を持ってこなければならなかった。本土にくるまえに小戦果でも挙げたい。早ければ早いほどよい。小戦果でも挙げるには、大西は適任と考えた」

小沢には触れていないが、兵学校同期生のなかでも親交があり、米内、井上と「早期終戦」で意見が合い、統率力も海軍随一なので、終戦に当たって全海軍部隊の統制に心配がないということであろう。

ただ、豊田、大西は、米内の期待に反し、やがて強硬に戦争継続を主張し、米内を手こずらせることになる。

鈴木首相は、五月三十一日、左近司政三国務相（海軍中将、兵学校第二十八期）ほかの国務大臣をまじえ、阿南、米内と懇談した。米内は、

「戦局の前途はまったく絶望である。一日もすみやかに講和するようにせねばならぬ」

と力説した。しかし阿南は、

「いまにわかに講和問題をとりあげることになっては、今日まで戦争完遂の決意をうながしてきた国民の気分を百八十度転回させなければならない。そんなことはとうていできない。ことに陸軍中堅層を制御することは至難である。だからこのさいは徹底的抗戦の一路あるのみだ」

と主張し、陸海軍の意見は完全に対立した。ここまできて、陸軍中堅層を制御することは至難だから、勝算がなくても戦争を継続するというのが、日本陸軍であった。

鈴木は意思表明を避けた。

翌六月一日、左近司が糺すと、

「自分は今日まで、いくばくかでも戦果が挙がったら、それを契機に和平工作に進みたいと考え、戦争一本を強調して進んできた。しかし陸海軍大臣の考え方は、歩調が一致していない。自分は依然、戦争完遂の軌道を進むとともに、他面あらゆる手段を尽くして和平工作を進めたいと考えている」

とこたえた。阿南に近い考えのようであった。

米内は鈴木に失望して、辞任の考えに傾いた。

昭和二十六年五月十日、高木は横須賀長井の井上邸で、井上から、

「五月下旬、天皇制承認があったら、米内、井上が斃《たお》れるほどのことはあったろうが、終戦はできたろう。ポツダム宣言に食いついて、終戦は可能であったろう」

と聞かされた。

しかし、陸軍が矛《ほこ》を収めなければ、終戦にならない。五月下旬では、阿南がいうとおり、陸軍は「やむをえない」と判断する状態にはほど遠く、米内、井上が突出すれば、殺されるだけで、終戦はできなかったにちがいない。天皇の意思より陸軍の意思を第一としてきたのが陸軍だからである。

重臣の広田は、六月三日、四日、箱根強羅ホテルにジャコブ・マリク駐日ソ連大使を訪ね、

「日本政府は日ソ関係の根本的改善に乗り出す方針を決めた」

といい、ソ連側のすみやかな反応を要請した。

マリクは翌週返事をするとこたえた。しかし、期限が切れても回答をしなかった。

ソ連首相スターリンは、五月二十八日、米大統領特使ホプキンスに、

「ソ連軍は八月八日までに満州各地に展開する。八月中に日本を攻撃する。ソ連は日本の無条件降伏と日本の軍事力の徹底的破壊を望む。ソ連は日本の占領に参加することを期待している」

と言明していたからである。

六月八日、最高戦争指導会議構成員による御前会議がひらかれたが、

「……あくまで戦争を完遂し、もって国体を護持し、皇土を保衛し、征戦目的の達成を期す」

と、少しも変わりばえのしない方針が決められただけにすぎなかった。

そのあと重臣会議がひらかれ、秋永月三内閣総合計画局長官（陸軍中将）が、秋には石油をはじめ軍需品が不足して戦争遂行能力がなくなり、国民のなかに餓死者が出はじめるかもしれない、という暗澹《あんたん》たる国力の現状を報告した。

若槻礼次郎が質問した。

「国力の現状は、徹底的戦争完遂の決定と合致しないと思うが、どうか」

鈴木首相は、テーブルをたたき、いいきった。

「理外の理ということがある。徹底抗戦利なければ死あるのみ」

誰も反論せず、東条英機ひとりが、「わが意を得た」というように、さかんにうなずいた。

重臣会議が信用できなくても、鈴木がこうまでいう必要はなかったかもしれない。しかし、重臣らや陸軍の考えはわかった。

六月十一日の臨時議会では、鈴木首相の答弁がまずくて議場が混乱し、倒閣の空気がつよまった。院内閣議の席で、左近司国務相が、

「こんな議会は停会したらどうか」

と発言したところ、米内が憤然として、

「停会どころか、解散すべきだと思う。もし解散に不同意なら、私は善処する。こんなことになるから、私はあんなに議会召集はいかんといったのだ。しかし内閣にはご迷惑はかけないように善処する」

といった。

米内の海相辞任によって内閣がゆきづまることを恐れた阿南は、左近司に米内をなだめるように依頼した。

米内は、政府、陸軍、議会の無策無責任にウンザリしたのであった。血圧も二百五十ちかく、心身ともに疲れていた。

六月十三日、米内は木戸を訪ね、時局収拾を話し合い、明くる十四日、高木をよんでいった。

「きのう内府と話し合ったが、このさい陸海軍から切り出させることは無理だろう、政治家

が悪者になるべきだということばがあった。政治家は内府自身らしい。僕は辞めるという考えを変えたから心配しなくていい。ウワサが耳に入ったら、うち消してくれ」

その直後、海軍省先任副官今村了之介大佐に、

「君が保管している僕の手記を見ておけ。それを封筒に入れて、明朝かえしてくれ」

と命じた。その手記には、

「戦争は早くやめるべきだ」

という趣旨のことも書かれてあった。

米内の決意を察した今村は、副官、秘書官らに、催涙弾かピストルを携行して、米内の身辺を警戒するように指示した。

ダレス機関と接触をつづけていたスイスの藤村中佐は、ダレスが私見として、

「国体と天皇制の現状維持。現有商船隊の保有」は可能性があると示唆したことを、海軍省に報告していた。しかし返電がないため、六月十五日、米内海相に親展電報を打って訴えた。

米内からの返電は、

「一件書類は外務大臣のほうに回したから、貴官は所在公使その他と提携し、善処せよ」

というものであった。海軍はこの件から手を引くという意味である。これで米国との糸はプッツリ切れた。

アレン・ダレスは、戦後、日本によく知られた米国務長官ジョン・フォスター・ダレスの

実弟で、一九五三年にはＣＩＡ（中央情報局）の三代目長官となる人物であった。

糸は切るべきではなかったであろう。


天皇が終戦の希望を述べる御前会議（最高戦争指導会議）が、六月二十二日午後三時にひらかれた。

「……戦争の終結につきても、このさい従来の観念に囚《とら》わるることなく、すみやかに具体的研究を遂げ、これが実現に努力せんことを望む」

鈴木首相が最初に発言した。

「あくまで決戦をやらねばなりませんが、外交は別個に進めねばならぬと存じます」

米内は、要旨つぎのように述べた。

「総合計画局長官より国力の現状について説明を聞き、憂慮を深くいたしました。総合国力の点から戦争継続に困難があれば、前途は知るべきものと考えます。

『ソ連をして大東亜戦争の終結を斡旋《あっせん》させること』を発動すべき時機が、まさに到来したと思われます」

東郷外相は米内の発言を補足説明した。

天皇は梅津参謀総長に尋ねた。

「軍部の所見はどうか」

「異存はございませんが、実施には慎重を要すると思います」

「慎重を要することはもちろんであるが、そのために時機を失することはないか」

「実施はすみやかなことが必要と存じます」

阿南陸相は、

「とくに申し上げることはありません」

と、意思を明示しなかった。

天皇のことばとそれぞれの態度から、米内は前途への希望を持った。


沖縄が、明くる六月二十三日に陥落した。

日本側の戦死者は、将兵が約六万五千人、沖縄県民が約十万人という悲惨なものであった。

米海軍の損害は、艦船沈没三十六隻、損傷三百六十八隻、戦死約四千九百人、負傷約六千二百人、陸軍は戦死約七千六百人、負傷約五万八千人、ほかに飛行機喪失約七百六十機で、これも深刻なものであった。

広田は六月二十四日、やっとマリクと会談することができた。しかし相手はいちじるしく冷やかになっていた。

六月二十七日、近衛は高木に語った。

「東条は首相を辞めるまえの訓示で、

『国体論には狭義と広義とがある。狭義の国体論では、陛下のご命令なれば何事でも絶対服従しなければならぬが、広義の解釈では国家のためにならぬばあいは、上命に背いてもよい』

というようなことを述べた。若い無思慮の者にはそうとう共鳴者があると思うから、問題が起こると、これらがまたむし返されてくる」

天皇は七月十二日午後三時、近衛から、まず戦争終結の意見を聞いた。

「お上におすがりして何とかならぬものかと気持横溢《おういつ》しおり、また、お上をお怨《うら》み申すというごとき言説すら散見する状態にあり」

と述べ、至急戦争終結の必要があると述べた。陸軍が天皇の意思に従わない常習犯で、東条がそれを公言していることは、近衛も十分知っているはずだが、例によって、試しに天皇に憲法を逸脱する行為をとらせてみよう、ということであった。

天皇は近衛に指示した。

「ソ連に使いしてもらうことになるかもしれないから、そのつもりで頼む」

近衛はかねてから米国または英国によびかけるのが和平の本筋と思い、ソ連仲介に反対であったが、

「第二次近衛内閣（このとき三国同盟を締結した）のさい、お上より苦楽を共にせよとのおことばをいただきました。ご命令とあらば身命を賭していたします」

とこたえた。ソ連を仲介にすることは、それでなければ陸軍が納得しないからであった。

佐藤駐ソ大使は、七月十三日、モロトフ外相に会見を求めた。しかし、ベルリン西方のポツダムにおける米英ソ首脳会談へ明日出発するモロトフは、会おうとしなかった。佐藤はや

むなくロゾフスキー次官に会い、訓令の趣旨を文書で伝え、近衛特使派遣についてソ連政府の同意を求めた。

佐藤はすでに、ソ連を味方にして有利な講和をはかろうとするのは幻想にすぎない、と外務省に報告していた。

しかし、ソ連との交渉に失敗した事実がなければ、陸軍が納得しないので、進めてみるほかなかったのである。

米英中の三国によるポツダム宣言が発表されたのは、七月二十六日であった。

「無責任な軍国主義を駆逐する。

日本の戦争遂行力がなくなるまで連合軍は日本を占領する。

戦争犯罪人は処断する。

戦争のための再軍備は許さない。

日本の武装兵力は無条件降伏すること」

などが掲げられていた。

鈴木首相は、七月二十八日の記者会見で、反発するように語った。

「ポツダム宣言はカイロ宣言の焼き直しと思う。政府としては、なんら重大な価値があるとは考えない。ただ黙殺するだけである。われわれは断固、戦争完遂に邁進するだけである」

七月三十日の『ニューヨーク・タイムズ』は、「日本は連合国の降伏要求の最終通告を正式に拒否す」と第一面で報道した。

日本陸海軍の継戦派は力を得たように強硬になった。

鈴木談話は、のちに、原爆の使用とソ連の対日参戦の口実にされるようになった。

しかし、米内は意外に平然として、七月二十八日、鈴木の発言に憤慨する高木にいった。

「政府は黙殺でゆく。あせる必要はない」

米英、あるいはソ連が、日本陸軍もあきらめざるをえない攻撃をしかけてくるのを、受身の姿勢で待つかのようであった。

この日ポツダムでは、スターリンが米英首脳に、日本の和平仲介要請と近衛訪ソの再度の申し入れについて、

「この要請ははねつけるつもりだ」

と語っていた。

佐藤尚武駐ソ大使は、七月三十日午後五時、ロゾフスキー外務次官を訪ね、かさねて特使うけ入れを要請したが、ロゾフスキーはモロトフ外相に伝達するとしかこたえなかった。

ドイツといい、ソ連といい、日本は、ことに日本陸軍は、アテにすべきではない国家をアテにしてしまったようである。

五月十五日に大将の軍事参議官になった井上は、六月中旬から芝の水交社に寝泊まりし、高木少将や、海軍省軍務局二課の中山定義中佐から種々の情報を得、意見を述べていた。

のちに高木は、

「報告先が次官室から水交社に代わっただけ」

と語るが、和平工作は、ラインは米内—高木—井上となったが、前とおなじようにつづけられていた。

ある日、水交社でたまたま会った米内が、井上にいった。

「なにもかも、おれ一人でやっているよ」

井上は、昭和三十七年三月十四日、防衛庁戦史室の小田切政徳元大佐、野村実元大尉に、鈴木の首相就任以来の態度について、こう語っている。

「鈴木さんが強気だったのはゼスチャーだったという見方をする人もあるが、自分は陸軍のクーデターがこわかったのだと見る。かりに、終戦へもってゆくためのカムフラージュであったとしても、ほどほどで、クーデターがあっても、やるべきことはやるべきだと思う。日本の運命を決める場合においては、自分の生命を捨てて、ちゃんと自分の本心をそこへ出してやるべきだと思う。カムフラージュが、あまりにも切迫した時期まで延びすぎた」

いかにも残念そうである。

だが、鈴木が生命を捨てて、終戦一本に進み、終戦が実現されたかというと、むしろ実現されなくなる可能性のほうが大であった。鈴木、米内が消されれば、代わる者がいなかったのである。

ただポツダム宣言にたいする七月二十八日の談話について、鈴木自身は、戦後つぎのように述べている。

「この一言は後々に至るまで、余のまことに遺憾と思う点であり、この一言を余に無理じいに答弁させたところに、当時の軍部の極端なところの抗戦意識が、いかに冷静なる判断を欠いていたかが判るのである。

ところで余の談話はたちまち外国に報道され、わがほうの宣言拒絶を外字紙は大々的に取り扱ったのである。そしてこのことはまた、後日ソ連をして参戦せしめる絶好の理由をつくったのであった」（鈴木貫太郎『終戦の表情』）

ポツダム宣言に反発し、強硬に抗戦を主張したのは、海軍では豊田副武軍令部総長、大西瀧治郎軍令部次長で、陸軍では梅津美治郎参謀総長、阿南惟幾陸相であった。

陸海軍死生の対決

原爆第一号が広島に投下されたのは、昭和二十年八月六日午前八時十五分ごろで、約二十万人が死亡し、約三万一千人が重軽傷を負う大惨禍となった。

八月八日朝、東郷外相は天皇に原爆に関する情報を報告して、進言した。

「いよいよこれを転機として戦争終結に決することとしかるべしと存じます」

「そのとおりである。……条件を相談してもまとまらないと思うから、なるべく早く戦争の終結をみるようにとり運ぶことを希望する。総理にも伝えよ」

天皇は即座にこうこたえた。

モスクワ時間八月八日午後五時、日本時間午後十一時、佐藤尚武駐ソ大使はクレムリン宮殿で、モロトフ外相から、和平仲介の回答のかわりに、グサリと宣戦布告をつきつけられた。

「日本はポツダム宣言を拒否した。日本の和平仲介の依頼は基礎を失った。ソ連は日本と他国民のこれ以上の苦難と犠牲を救うために、連合国の要請により、ポツダム宣言に参加した。

日本とは八月九日から戦争状態に入る」

という趣旨であった。

朝鮮、中国などにたいして、日本ははなはだ侵略的であったが、他国の弱みにつけこんで侵略にかかるソ連も、同様か、それ以上に悪どい国家というほかないであろう。その侵略を勧告した米英も、紳士国の仮面のウラを見せたようであった。

ソ連軍は、八月九日午前零時から、満州、樺太（現サハリン）などの日本軍にたいして攻撃を開始した。

ところが、女婿の細川護貞からソ連参戦を聞いた近衛は、つぶやいた。

「天佑《てんゆう》であるかもしれない」

陸海軍の継戦派、とくに陸軍からソ連への期待を失わせ、勝算の口実を奪い、終戦やむなしと観念させる好機があたえられたようだ、と思ったのである。

ソ連参戦を内閣書記官長迫水久常から知らされた鈴木首相は、

「いよいよくるものがきましたね」

といい、天皇の内意を実行に移すのはいまと判断した。

八月九日午前十時半、鈴木が招集した最高戦争指導会議が宮中でひらかれた。東郷外相、阿南陸相、米内海相、梅津参謀総長、豊田軍令部総長が出席した。開会劈頭、

「四囲の情勢から判断し、わが国はポツダム宣言を受諾せざるをえないと思う」

鈴木は断定的に述べ、列席者の意見をうながした。

長い沈黙のあと、米内が口をひらいた。

「ポツダム宣言受諾ということになれば、これを無条件にウのみするか、なにか希望条件を提示するか、いずれかであろう。希望条件をつけるとすれば、国体（天皇制）の護持、戦争責任者の処罰、武装解除、保障占領などについてだが、これをどうするかである」

東郷はきっぱりいった。

「国体護持以外の条件をつけることは、円滑な終戦を不可能にする」

阿南、梅津、豊田は、東郷のいうとおりにするくらいなら、本土決戦を試みるべきである、と強硬に反対した。

討議中の午前十一時半、長崎に原爆第二号が投下され、約二万五千人が死亡し、約六万人が負傷して、市街の五十パーセントが壊滅してしまった。

会議は午後一時すぎに中止され、午後二時半からは閣議となった。

東郷外相はもはやすみやかな終戦が必要であると強調し、「国体の護持」だけを条件にポツダム宣言を受諾すべきことを訴えた。

だが阿南陸相はなお、自主的武装解除、戦争犯罪人の自主処理、保障占領の中止も提示すべきであると主張してやまなかった。

ゆきづまった会議に道をひらくように、米内が発言した。

「戦争を継続しても勝目はない。勝ちうる機会は一度は考えられるが、二度、三度となると大きな疑問がある。わたしは物心両面から見て勝目はないと思う。このさいは降伏して日本を救うか、一か八かつづけるのがよいか、冷静かつ合理的に判断すべきである。負け惜しみや希望的観測をやめて、実状に即し、談判しなければならぬと考える」

　豊田貞次郎軍需相、石黒忠篤農相、小日山直登運輸相が、それぞれ主管事項について、絶望的としかいいようのない悲惨な状況を報告した。

　それでも阿南は、

「ソロバンずくでは勝利のメドはない。だが、戦いつづけているうちには、なんらかのチャンスがある。死中活を求める戦法に出れば、完敗を喫することなく、むしろ戦局を転換させる公算もありうる。

……このまま終戦とならば、大和民族は精神的に死したるも同様なり」

と、強弁をつづけた。

ガダルカナル、ニューギニア、サイパン、レイテ、ルソン、ビルマ、硫黄島、沖縄と敗れつづけ、さらに原爆投下、ソ連参戦となっても、「死中活を求める戦法に出れば……戦局を転換させる公算もありうる」というのは、

「彼を知らず己れを知らざれば戦うごとに必ず殆《あや》うし」

「敗兵は先《ま》ず戦いて、しかる後に勝を求む」

にあてはまる。

　阿南は、降伏して日本民族を救うより、戦って一億全滅することをえらびたかったようである。

米内と阿南の、「負けている」「負けていない」の論争がくり返された。

ついに意見はまとまらず、午後十時二十分、閣議は中止された。

しかし、事態は一刻の猶予もなかった。東郷・米内の進言をいれた鈴木は、最高戦争指導会議を御前会議としてひらく手つづきをとることにした。

左近司国務相が米内に告げた。

「多数決では終戦主張派が勝てるみこみはない。そればかりか、直接終戦の衝に当たる両総長と陸相が反対とあっては、終戦そのものを円滑に遂行することは不可能になる。二派に国内が分裂し、紛乱をきたす恐れさえある。やはり一にご聖断を待つことにしては」

「ぜんぜん同感」

と米内はこたえた。

御前会議がはじまる直前、米内は鈴木首相に進言した。

「きわどい差の多数決で終戦と決めると、かならず陸軍が騒ぎ出します。死物狂いですから、どんな大事にならぬともかぎりません。それぞれに意見を述べさせ、決を取らずに聖断を仰ぎ、それをもって会議の結論とすべきだと思います」

「そうしよう」

鈴木は即座に同意したが、鈴木もかねてそう思っていたのであった。

木戸内大臣に連絡したのち、午後十一時、鈴木は天皇に御前会議開催を申請した。会議で天皇の裁断を求め、ポツダム宣言受諾を決定するためである。

高松宮宣仁親王海軍大佐、元外相重光葵から「聖断」を勧告され、躊躇していた木戸も、

「内閣に陸軍を抑える力がないのでは、やむをえない」

と、すでに同意していた。

御前会議は午後十一時五十分から、宮城内防空壕の一室でひらかれた。出席者は天皇、鈴木、東郷、阿南、米内、梅津、豊田、平沼騏一郎枢密院議長と、迫水内閣書記官長、吉積正雄陸軍省軍務局長（中将）、保科善四郎海軍省軍務局長（中将）、池田純久内閣総合計画局長官（七月二十八日から陸軍中将）であった。

「客月二十六日付三国共同宣言ニアゲラレタル条件中ニハ日本天皇ノ国法上ノ地位ヲ変更スル要求ヲ包含シオラザルコトノ了解ノモトニ日本政府ハコレヲ受諾ス」

と、鈴木は議題の原案を読みあげ、閣議で議決できなかった経過を説明した。

東郷外相が、閣議においての論述をくり返し、外相案の採択を求めた。

「ぜんぜん同意す」

米内はひと言、明言した。

阿南は「まったく反対」として、つぎのように述べた。

「……受諾するにしても、少なくとも四条件（皇室の地位の保持安全、在外軍隊の自主的撤兵復員、戦争犯罪人の日本政府による処理、保障占領の保留）を具現する必要がある。もし拒否されたら、一億の国民は枕を並べて斃《たお》れ大義に生きるべきである。あくまで戦争を継続せざるべからず、十分戦いうる自信がある。……」

梅津は、「陸相の所見にぜんぜん同意である」といい、

「……ソ連参戦は、日本にとって不利であるが、無条件降伏をしなければならぬ情況ではない。いま無条件降伏をしたら、戦死者に相すまぬ。少なくとも四条件は最小限の譲歩である」

と主張した。

平沼は長々と質問したが、結論は、

「自信があれば強く突っ張れ、自信がなければ陸海軍の兵力がいかに強くとも戦争継続はできぬ。……事はきわめて重大である。聖断によって決せられるべきものと思う」

と、曖昧《あいまい》なものであった。

最後に指名された豊田はこう述べた。

「海軍統帥部としては、陸相と参謀総長の意見に概《おおむ》ね同意である。ぜったいに成算があるとはいえないが、敵にそうとうな打撃をあたえうる自信がある」

最高戦争指導会議、閣議と同様に、意見は割れていた。

「意見の対立がある以上、聖断を仰ぐほかない」

そういって鈴木は、天皇の前に進んだ。

「ご聖断を仰ぎ、聖慮をもって会議の決定といたしたいと思います」

天皇は鈴木が席にもどるのを待ち、身をのり出すようにして、

「それでは自分の意見をいうが、自分の意見は外務大臣の意見に同意である」

大音で裁断を下した。

「皇室と人民と国土が残っておれば、国家生存の根基は残る。これ以上望みなき戦争を継続することは元も子もなくなる恐れが多い。彼我の物力、内外諸般の情勢を勘案するに、われに勝算はない。

従来勝利獲得の自信ありと聞いていたが、これまでの計画と実行が一致しない。また陸相のいうところによれば、九十九里浜の築城が八月中旬にはでき上がるとのことであったが、まだでき上がっていない。また新設師団ができてもこれにわたすべき兵器がととのっていないとのことだ。これでは機械力を誇る米英軍にたいし勝利のみこみはない。

忠勇なる軍人より武器をとり上げ、また戦争犯罪人として連合軍にひきわたすことは、まことに忍びないが、明治天皇の三国干渉時のご決断にならい、大局上忍び難きを忍び、人民を破局より救い、世界人類の幸福のため、かく決意する」

と述べ、白手袋で涙を拭《ぬぐ》った。

鈴木首相が、

「聖断をもって、この会議の結論といたします」

と宣し、日本の運命を決する会議が終わった。八月十日午前二時三十分であった。

直後、天皇は蓮沼侍従武官長を通じ、吉積陸軍省軍務局長に、

「もし陸軍大臣でも海軍大臣でも、部内を納得させるのに困るなら、自分がみずから大本営でもどこへでもいって、終戦決定は自分の意思であることをはっきりいうから、よく陸海軍

に聞いてみよ」

　と伝えた。

　吉積から連絡をうけた保科海軍省軍務局長は、逆にたずねた。

「海軍は大丈夫と思うが、陸軍はどうですか」

「阿南陸軍大臣は陛下の行幸をお願いしたい意向です」

　保科の報告をうけた米内はいった。

「海軍大臣や陸軍大臣は陛下にたいし輔弼《ほひつ》の責任を持っている。大臣の裁量でできないなら、陛下に輔弼の責任を果たしえませんと申し上げて辞任すべきだ。陛下にきていただかなければならないようなら、わたしは海軍大臣を辞任する」

　保科がそれを吉積に伝えると、阿南もそうせざるをえなくなり、蓮沼に、天皇の大本営ご臨幸は仰がないと返事をした（「保科メモ」）。

　しかし、こんな国家存亡の折りは、天皇が大本営陸海軍部にゆき、参謀らに話して聞かせてもよかったのではないか。そうすれば、陸軍のクーデター未遂事件、阿南ほか将校らの自決、録音盤奪取未遂事件、海軍の厚木航空隊抗命事件などが起こらずに済んだかもしれないのである。

　外務省からの「ポツダム宣言受諾」の電報は、八月十日午前六時四十五分から、スイス、スウェーデンを通じ、五回にわたり、米英中ソ四ヵ国に伝えられた。

同日午前十一時、米内海相は元帥、軍事参議官の大将らを大臣室に集め、ポツダム宣言受諾を説明した。

「い並ぶ大将連が、いずれも残念そうな顔つきをしていたのに、井上大将だけはすがすがしい顔をしていた」

と、米内は秘書官に語った。

井上成美の降伏説は、

「国の独立さえ失われないものであるならば、敵が天皇制を認めないといっても、終戦すべきだ。天皇もそのご心境だろうと思う」

と、徹底していた。

本土決戦をやれば、皇室も国民も国土も粉砕されて、天皇制どころか、何もかも残らなくなる。「天皇制」は残したいが、不可能のばあいは、「大和民族の保存」「日本の独立」のために終戦すべきで、天皇もそのお考えにちがいないというのであった。

米内は井上とちがい、「敵が天皇制を認めなければ、あくまで戦争を継続する」と考えていた。二十一歳若い天皇にたいする信頼と敬愛が、きわめてつよかったためでもある。

おなじころ、阿南陸相は陸軍省の高級課員以上を集めて訓示した。

「……諸君には申し訳ないが、聖断だからいたしかたない。大切なことは軍が整然と一致した行動をすることだ。勝手な行動に出ようとする者は、私を斬《き》ってからやれ。……」

この訓示は、陸軍省、参謀本部、その他の将校らに強烈な衝撃をあたえ、たちまちポツダ

ム宣言受諾反対、徹底抗戦の声が高まった。陸軍省軍務課では、

「全軍将兵に告ぐ。ソ連遂《つい》に皇国に寇《こう》す。……断乎神州護持の聖戦を戦い抜かんのみ。……全軍将兵宜《よろ》しく一人も余さず楠公《なんこう》精神を具現すべし、而して又時宗《ときむね》の闘魂を再現して驕敵《きょうてき》撃滅に驀直《ばくちょく》前進すべし」

という阿南陸相布告を用意した。楠公は建武時代の武将楠正成、時宗は元寇のときの執権北条時宗で、ここでは要するに精神主義をもって、全滅しても戦えというものであった。

軍務課の課員らは、阿南、若松只一《ただかず》次官（中将）、吉積軍務局長の承認を得ずに、これを放送局と各新聞社に持ちこんだ。

午後七時、ラジオは「抜刀隊」の行進曲を前奏し、一億国民の蹶起《けっき》を求める阿南陸相布告を放送した。

まさに天皇の裁断にたいする反発で、例のとおり陸軍部内の下剋上を明示するものであった。しかし阿南は、軍紀違反を咎《とが》めず、

「あの訓示は、自分の意図に副《そ》うものである」

と、放置した。

このころ、陸軍省軍務課内政班長竹下正彦中佐（阿南夫人の実弟）が主となり、クーデター計画がすすめられていた。

戦後、大井篤元海軍大佐は、ＧＨＱ（連合軍総司令部）歴史課で働いていたが、塚本誠元憲兵大佐から、こう聞いている。

「台湾から東京憲兵隊に着任し、陸軍省軍務局にいったところ、軍事課の井田正孝中佐から、『われわれは鈴木内閣を打倒して阿南大将を首班とする内閣をつくる計画を立てているが、いまこそ好機だ。いままでは海軍が邪魔になったが、海軍が二つに分かれ、軍令部は市ヶ谷に移ってきた。クーデターは成功する』

と聞いた」

「軍令部は……」は、条件付ポツダム宣言受諾説の豊田総長と、徹底抗戦をさけぶ大西次長が指揮する軍令部が、焼けた霞ヶ関の海軍省ビルから、市ヶ谷台の参謀本部のちかくに移ったことである。

クーデターの目的は、

「東京周辺の全陸軍をもってする空前のクーデターをおこない、天皇に終戦の聖断を撤回してもらう」

ことであった。

陸軍側は、本心をみせない保科海軍省軍務局長を継戦派と見て、米内の終戦発言を封じることを依頼してきた。聞いてみると、鈴木首相、米内海相が、陸軍側の継戦主義者が作成した暗殺リストに載っていて、いつ血祭りにあげられるか判《わか》らない情況であった。米内にもしものことがあれば終戦が不可能になると考え、保科は副官、秘書官らに、米内の警護をなお厳重にするように指示した。

八月十日午後一時、若槻、岡田、近衛、平沼、広田、東条、小磯ら重臣は、首相官邸で、東郷外相から経過の説明を聞いた。

小磯はいった。

「軍備の充実は神勅にもとづくものにして、これなければ国体に合致せず」

これらの重臣は、午後三時三十五分から、一人一人天皇の前に出た。ほとんどは、国体さえ護持されれば、ポツダム宣言受諾に異議はないと述べた。

東条だけが、

「自分には意見があるが、聖断があった以上やむをえない。

……殻を失ったサザエは、ついにその中味も死に至り、武装解除が結局、わが国体を不可能にする」

と、陸軍をサザエの殻にたとえ、ポツダム宣言受諾反対の意を暗示したという（細川護貞『情報天皇に達せず』）。

陸軍があるから皇室は生存する、陸軍がなければ滅亡するというわけである。ウラを返せば、天皇は陸軍とともに戦い、陸軍とともに亡ぶべきだということであろう。

安徳天皇を奉じて壇ノ浦に亡んだ驕《おご》る平家とおなじであったし、「日本民族の保存」や「日本の独立」は頭になかったといえる。

八月十二日早朝、外務省、同盟通信、陸海軍の受信所は、連合国側回答の米国放送を傍受した。

「降伏時ヨリ、天皇、オヨビ日本国政府ノ国家統治ノ権限ハ、降伏条項ノ実施ノタメ、ソノ必要ト認ムル措置ヲトル連合軍最高司令官ニ従属スベキモノトス（subject to）。……最終的ノ日本国ノ政府ノ形態ハ、ポツダム宣言ニ従イ、日本国国民ノ自由ニ表明スル意思ニヨリ決定スベキモノトス」

という要旨のものである。

午前八時二十分、梅津参謀総長、豊田軍令部総長が参内し、天皇に意見具申をした。

「統帥部といたしましては、本覚書のごとき和平条件は断乎として峻拒《しゅんきょ》すべきものと存じます。

……敵国の意図が名実ともに無条件降伏を要求し、とくに国体の根基たる天皇の尊厳を冒瀆《ぼうとく》しあるは明らかなるところでございまして、……ついにわが国体の破滅、皇国の滅亡を招来すること、申すも過言ならず……」

天皇は、両総長が部下の圧力でオザナリの意見具申をしていると感じたようで、

「先方の真意はよくこれを確かめねば、一方的情報にて独断するごときはどうか」

と、冷静にたしなめた。

陸軍は阿南陸相と梅津総長の連名で、

「連合国の回答は国体護持の真意に反しているので、断固一蹴《いっしゅう》し一意継戦あるのみ」

の電報を、大本営直轄の軍司令官あてに送った。

米内は午前十時半ごろ、杉田主馬書記官を大臣室によんだ。杉田は東大法学部を出て海軍

に入り、英国で三年間、英語、国際法、軍事情勢を研究した高等行政官である。

英文の紙片を杉田にわたして、米内はたずねた。

「これで陛下の地位がご安泰であるかどうか。どう思うか」

「the Emperor.....shall be subject to the Supreme Commander of the Allied power.....」

杉田は、「判じものみたいだ」と思った。

「研究しておこたえします」

「即答してもらいたい。会議を中座してきたので、すぐもどらねばならない」

背筋が冷たくなったが、

「天皇の上にもう一つ何か、連合軍最高司令官がくるが、天皇の地位はご安泰と思います。敵も天皇の存在をいちおう認めていると考えられます。これまで入手した情報からしましても、前駐日米大使グルーなどは、日本を治めるにはぜひとも天皇が必要であるといっていますので、天皇の地位を危くすることはありえない、と思われます」

とこたえた。

「おれもそう思う」

米内はそういって、すぐ大臣室を出ていった（実松譲著『米内光政』）。

午前十一時、東郷外相が連合国側回答について天皇に報告し、意見を述べると、

「先方回答のままでよいと思考するから、これを応諾するようとり運んでくれ。総理にはそう伝えてもらいたい」

天皇は即座にこうこたえた。

天皇の存在が人民の自由意思にゆだねられるという規定を危惧《きぐ》する木戸に、午後二時三十五分ごろ、天皇は、

「それで少しもさしつかえないではないか。たとえ連合国が天皇統治を認めても、人民が離反したのではしょうがない。人民の自由意思によって決めてもらって、少しもさしつかえないと思う」

と、当然のように話した。

木戸は眼が覚めたように思った。天皇の存在は「現人神」ではなく、支配階級や陸海軍によって決められるべきものでもない、ということであった。

豊田軍令部総長が梅津参謀総長とともに、連合国側回答を峻拒するように上奏したと知った米内は、激怒した。保科軍務局長に命じ、豊田と大西を海軍大臣室によびつけた。

米内にいわれ、保科はそこに立ち合った。

豊田と大西を見据えた米内は、威厳と憤怒《ふんぬ》を全身にみなぎらせてどなりつけた。

「軍令部の行動はなっておらない。意見があるなら大臣に直接申し出てきたらよいではないか。最高戦争指導会議に、招かれもせぬのに不謹慎な態度で入ってくるなんていうことは、実にみっともない。そんなことはやめろ」

ある日の最高戦争指導会議のとき、大西が軍刀を帯びて、不意に議場に入りこみ、列席者らに示威運動をおこなったことである。さすがの猛将大西も、ぼろぼろ涙を流し、首をうな

だれた。豊田も硬直したように不動の姿勢であった。

「それからまた、大臣には何の相談もなく、あんな重大な問題を、陸軍と一緒になって上奏するとはなにごとか。僕は軍令部のやることにとやかく干渉するのではない。しかしこんどのことは、明らかにいちおうは海軍大臣と意見をまじえた上でなければ、軍令部といえども勝手に行動すべからざることである。

　昨日、海軍部内一般に出した訓示は、ひっきょうこのことを戒めたものである。それにもかかわらず、かかる振舞いに出たことは不都合千万である。

　何を基礎にして上奏したのか」

「…………」

「御下問に奉答できないような基礎で行動することは、はなはだ軽率至極である」

「敵側の条件では統率上困ると思っていたとき放送を聞いたので、つい誤ってしまいました。善処します。進退はいつでも覚悟しています」

「それは君が考えなくてもいい。わたしが考えることだ」

　保科はのちに、こう述べている。

「私は米内大将に三度仕えたが、あのときほど激怒されたことは見たことがない」

　秘書官の麻生孝雄中佐は、

「大西次長は血相を変えて大臣室にとびこんでいった。大臣が次長を叱《しか》りつける声が、隣の秘書官室まで手に取るように聞こえてくる。大臣があんな大きな声を出したのは、はじめてのことだった。私は古川秘書官（古川勇少佐、のちに山本啓四郎と改名）と語らい、もし次長が大臣に乱暴するようなら、すぐ大臣室にかけつけようと身がまえていた」

と回想する。

豊田は戦後になって、海軍が二つに分かれたことについて、ＧＨＱ歴史課の大井篤に、つぎのように語った。

「あのとき自分が米内海相に同調していたら、陸海軍の対立になっていたろう。対立となると陸軍の若い者がおさまらない。そうなると、国内がたいへんなことになるので、自分は陸軍側についたのだ。こんなことをいうと弁解がましく卑怯といわれるかもしれないが……」

著書の『最後の帝国海軍』にも、そう書いている。

しかし陸軍側は、軍令部が陸軍に同調したからクーデターも成功するだろうと思い、元気づいたのであった。豊田がそういうなら、少なくとも米内と意を通じて行動すべきであったであろう。

この八月十二日午後、米内は高木少将に、こんな話をした。

「べつに疲れもしない。心配もしていない。海軍部内が分裂することは、わたしの責任としてまことに重大であるが、しかし悲観もしていない。たいしたことにはならない、と僕は見ている。また分裂が起こったとしても、それは大局上やむをえないことと覚悟している。国内の実態を知らない者を使嗾《しそう》する（けしかける）輩があったならば四分五裂も起こりうる。だが大観するとき、そうした事態にならなくて済む、と思っている。

軍令部が先方の放送傍受によって、参謀本部とともに上奏したことは軽率である。……総長は次長（大西）にひきずられたのだよ。

とにかく自分は弱いことになっているそうだよ。しかし、この大事のためにわたしの命がお役に立つならば、むしろ光栄なこととして喜んで投げ出すよ。

言葉は不適当と思うが、原子爆弾の投下とソ連参戦は、ある意味では天佑であると思う。国内情勢によって戦争をやめるということを、出さなくてすむからである。自分がかねてから時局の収拾を主張してきた理由は、敵の攻撃が恐ろしいのではないし、原子爆弾とかソ連の参戦でもない。ただ国内情勢の憂慮すべき事態が、その主にほかならない。したがって今日、その国内事情を表面に出さないで収拾できるということは、むしろ幸いである」

八月十三日午後四時からの閣議で、また阿南陸相の継戦論と、東郷外相の受諾論が対立した。阿南に賛成したのは松阪広政法相と安倍源基《げんき》内相だけであったが、閣議はついに意見の一致を見なかった。

鈴木が結論を述べた。

「陛下がご聖断をお下しになったのは、戦い抜くということより、もっと高いところから、日本という国を保存し、日本国民をいたわるという広大な思召《おぼしめし》によるものと拝察する。わたしはこのご聖断のとおり戦争を終結せしむべきものと考えるが、今日の閣議のもようをありのまま申し上げて、かさねて聖断を仰ぐ所存である」

クーデター計画の中心人物で、軍務課内政班長の竹下正彦中佐は、軍務課員椎崎二郎中佐、畑中健二少佐、軍事課長荒尾興功大佐、軍事課員稲葉正夫中佐、井田正孝中佐とともに、八月十三日午後八時、陸相官邸に阿南陸相を訪れ、

「翌八月十四日の御前会議のさい、兵力を宮城に入れ、

『オ上ヲ侍従武官ヲシテ御居間ニ案内セシメ、他ヲ監禁』

して、クーデターを成就させる」

と説明した。

近衛師団と第十二方面軍（東部軍管区）の兵力を使い、宮城、各宮家、重臣、閣僚、放送局、陸海軍省、参謀本部、軍令部を押さえ、戒厳令を施行し、無条件降伏しようとする政府方針を変え、阿南内閣によって本土決戦を決行しようというのである。

血気の畑中はさけんだ。

「たとえ逆臣となりても永遠の国体護持のために、……断乎これを決行せん」

阿南は意思を明らかにせず、

「西郷南洲《なんしゅう》の心境がよくわかる」

「自分の命は大君にさし上げる」

などといっていた。

午後十時半すぎ、竹下らは、十四日午前零時に返事してほしいと阿南に告げ、陸軍省にひ

きあげた。

　そこでかれらは、クーデターは阿南陸相、梅津参謀総長、第十二方面軍司令官田中静壹《しずいち》大将、近衛師団長森赳《たけし》中将の四人の合意で実施する、一人でも反対すれば中止すると申し合わせた。

　竹下から報告を聞いた阿南は、

「人が多き故あの場でいうを憚《はばか》りたり」

と、賛否不明のこたえをした。

　しかし、次第に成りゆきにまかせる気持に傾いていった。

　このクーデターが成功すれば、天皇は幽閉され、鈴木、米内、東郷、木戸、岡田らは殺されたであろう。その結果、凄惨《せいさん》な本土決戦がおこなわれ、皇室も天皇制もふっとび、さらに数百万の国民が死に、国土は荒廃し、米英中ソによって分割され、伝統ある日本が消滅するような事態に陥ったであろう。


　同八月十三日深夜、首相官邸で、東郷外相、梅津参謀総長、豊田軍令部総長が懇談していた。そこへ大西軍令部次長が不意に現われ、両眼に涙を浮かべ、土気色の顔で訴えた。

「高松宮様はなんと申し上げても考え直してくださいません。かえって海軍が陛下のご信用を失っているから反省せよとのお叱りでございました。

　米国の回答が満足であるか不満足であるかは事の末であって、根本は、大元帥陛下が軍を信用しておられないことである。そこで陛下にたいして、かくかくの方法で勝利を得るという案を上奏した上で、ご再考を仰ぐ必要がある。今後さらに二千万の日本人を殺す覚悟で、これを特攻として使用すれば、決して負けない」

さすがの梅津、豊田も沈黙した。

「外務大臣はどう考えますか」

「勝つことさえ確かなら、誰《だれ》一人としてポツダム宣言のようなものを受諾しようとは思わぬはずだ。問題は勝ち得るかどうかである」

帰りの車中で東郷は、

「あんな頭ではもうおしまいだ」

と思い、のちの回想記には、

「近代戦が判っていないから特攻をやれば勝てるものだと考える。情ない話だ」

と書いている。

大西は自分の命令で、数多くの若者たちを特攻で死なせた責任を痛感し、二千万特攻説を主張したのだが、二千万の男子を殺せば日本がどうなるかを、冷静に考えられなくなっていたようである。

しかし、豊田と大西は継戦を主張していたが、テロやクーデターは計画しなかった。

全海軍部隊の最高指揮官である小沢治三郎中将は、米内と同意見で、仮りに豊田や大西が天皇の意思に合わない指示を出しても、それに従って海軍部隊を動かすようなことはしない人物であった。

海軍は、太平洋戦争開戦前と異なり、天皇、鈴木首相、東郷外相など和平派を、がっちり護る立場に立っていた。

阿南陸相は、八月十四日午前七時、陸軍省に登庁し、荒尾軍事課長とともに梅津参謀総長にクーデター計画を伝えた。

梅津は「不同意」を明言した。同意したら、日本は地獄と化したであろうが、よく制止してくれた。危いところであった。

午前十時五十分、鈴木首相の、

「かさねてなにぶんのご聖断を仰ぐ」

という趣旨の開会の辞で、御前会議がはじめられた。

梅津、豊田、阿南はこのままの「ポツダム宣言受諾」には反対すると主張した。

鈴木の一礼をうけ、天皇は、

「ほかに意見がなければ、私の意見を述べる。みなの者は私の意見に賛成してほしい」

と前置きして、

「国体問題について、いろいろ危惧があるということだが、私には先方の回答文は悪意をもって書かれたものとは思えない。……要は国民全体の信念と覚悟の問題であると思うから、このさい先方の回答をそのまま受諾してよろしいと考える。どうかみなもそう考えてもらいたい。

陸海軍の将兵にとって、武装解除や保障占領ということは堪えがたいことであることもよくわかる。……しかし、私自身はいかになろうとも、私は国民の生命を助けたいと思う。

戦争を継続すれば国体も国家も将来もなくなる。すなわち元も子もなくなる。いま停戦せば将来の根基は残る。武装解除は堪ええないが、国家と国民の幸福のためには、明治大帝が三国干渉に対すると同様の気持でやらねばならぬ。どうか賛成してくれ。陸海軍の統制も困難があろう。自分みずからラジオ放送してもよろしい。

すみやかに詔書を出して、この心持を伝えよ」

という要旨のことを述べた。途中、何度も白手袋で頬を拭い、眼鏡のうらの眼を押さえ、ことばをとぎらせていた。

会議室は、年輩の国家指導者らの、種々の泣き声に満ちた。

鈴木首相が立ち上がり、かさねて天皇の裁断をわずらわした罪を謝し、

「すみやかに聖旨を実現いたします」

と述べて、会議を終わらせた。

午後一時からの閣議で、詔書案が審議された。文案のなかに、「戦勢日ニ非ニシテ」という文句があった。阿南は、

「これでは従来の大本営発表が偽りであったことを表明することになるし、戦争に負けてし

まったわけではない」

といい、「戦局必スシモ好転セス」と訂正するよう要求した。

米内はそれにつよく反対した。

けっきょく、阿南は譲らず、鈴木首相のとりなしもあって、米内が譲った。

「堪ヘ難キヲ堪ヘ忍ヒ難キヲ忍ヒ以テ万世ノ為ニ太平ヲ開カムト欲ス……」

の「終戦詔書」が発布されたのは、八月十四日午後十一時であった。

外務省から、米英中ソにたいし、スイス、スウェーデンを通じて、ポツダム宣言受諾の電報が発せられた。

天皇の終戦詔書朗読の録音が、宮内省執務室で、八月十四日夜の十一時三十分から、二回にわたっておこなわれた。八月十五日正午にラジオ放送されるもので、録音盤は侍従職事務官室の軽金庫におさめられた。

クーデターの意思を捨てない軍務課員の畑中少佐、椎崎中佐、軍事課員の井田中佐らは、近衛師団参謀古賀秀正少佐（東条英機の女婿）、同石原貞吉少佐、通信学校教官窪田兼三少佐、航空士官学校教官上原重太郎大尉らと、十五日午前零時まえ、宮城北側の近衛師団司令部で、森師団長に蹶起を要求した。森は、

「近衛師団は天皇の親兵である。事の理非にかかわらず大御心のままに動く」

と、真向うから拒絶した。

血気の畑中が拳銃で森を撃ち、窪田少佐が軍刀で斬りつけた。居合わせた第二総軍参謀白石通敬中佐をも、窪田が斬殺した。

古賀少佐の命をうけた近衛師団歩兵第二連隊第二大隊長北村信一大尉は、天皇の録音盤を奪取するために、部下らに捜索をつづけさせた。

阿南陸相は三宅坂の陸軍大臣官邸で、義弟の竹下中佐と別れの盃を酌みかわし、自決の用意をととのえた。

電話で森師団長が殺害されたと聞いた阿南は、

「森が斃れたお詫《わ》びもいっしょにする」

といい、八月十五日の夜明け、割腹自決した。遺書は、血に染まった、

「一死以テ大罪ヲ謝シ奉ル」

で、ほかに、割腹まえに、

「米内を斬れ」

ということばを遺していた。

米内と阿南は、ことごとく対立していて、阿南からすれば、米内は不倶戴天《ふぐたいてん》の仇敵《きゅうてき》であった。

阿南の側近者の一人は、戦後、つぎのように語っている。

「天皇は、民族を絶滅させないためにも、もはや終戦せねばならぬ、国体護持が必ずしも絶対の条件ではない、という意味のことを申されたようであるが、それは米内などの入れ知恵

によるものと、阿南は解釈していたらしい。

われわれは、山岳地帯にたてこもれば、国体を護持できると思っていた。こうした堅確な意思こそが、民族の頭数よりも貴重な国家的生命であると考えていた。

また、たとえ敵が上陸してきて、日本人を殺したとしても、かならず大部分の国民は残るから、民族の滅亡などは心配ないと信じていた。われわれには、米内が、気のよわい天皇に悪い感化をあたえているように感じられた。阿南もおなじであったと思う」（実松譲著『米内光政』）

「米内を斬れ」はまた、最後を思いどおりにやれなかった陸軍の、陸軍に同調しなかった海軍にたいする怨《うら》みのようでもある。

米内が阿南に同調して、ポツダム宣言受諾に反対すれば、閣議も受諾反対・戦争継続となり、天皇もそれを承認せざるをえないはずであった。

戦後、藤田尚徳侍従長から、

「もしあのとき鈴木内閣が戦争継続と決めて、ご裁可を願ったら陛下はどうなさいましたか」

と聞かれた天皇は、

「それは自分の気持とちがっていても、そのまま裁可したろう」

とこたえている。

戦前、陸海軍の不和がしきりに話題にされ、木戸内大臣は、太平洋戦争開始直前も、陸海軍の一致をつよく勧告していた。しかし、陸海軍が政策的に一致したときは、ほとんど日本が悪化した。

昭和二十一年一月十七日、及川古志郎、吉田善吾、豊田貞次郎、近藤信竹、井上成美、住山徳太郎、岡敬純など旧海軍首脳が集まり、日独伊三国同盟について、特別座談会をひらいた。席上井上は、

「過去を顧るに、海軍が陸軍に追随せしときの政策はことごとく失敗なり。二・二六事件を起こす陸軍と仲よくするは、強盗と手を握るがごとし」

と発言して、一同をギクッとさせた。

井上のことばは極端としても、海軍は陸軍の政策に同調すべきではなかった。

米内が最後まで阿南に同調しなかったことは、正解であった。

阿南の自決を知った米内は、即刻、単身、寸鉄も帯びず、陸相官邸に弔問に赴いた。

田中第十二方面軍司令官は、副官、参謀を一人ずつ連れ、八月十五日の日出の午前五時ごろ、車で宮城に乗りこみ、ニセ命令で録音盤捜索に動いている近衛兵らに真相を告げて鎮定した。

阿南の自決を知った反乱将校らは、敗れたと覚り、古賀秀正少佐、椎崎二郎中佐、畑中健二少佐は、やがて自決した。

坂下門が通行可能になった直後、米内は参内して、天皇の無事を慶賀した。

昭和二十年八月十五日は、太陽がじりじり照りつけ、ひどく暑い日であった。焼け残った建物にかこまれた海軍省の中庭に、米内、豊田はじめ、海軍省、軍令部の職員らが、ラジオの拡声器に向かい、並んでいた。天皇が朗読する終戦詔書の放送が終わると、米内は左隣の豊田の手をにぎり、

「よかった、よかった」

といった。

豊田は黙ったまま、にぎり返した。

戦争は終わった。三百万余の犠牲者を出し、国土は荒廃したが、残る一億ちかい日本民族は、危機一髪のところで保存されることになった。

昔から対米英協調派であった天皇、鈴木首相、東郷外相、米内海相、岡田重臣などに負うところが大であろう。

戦争終結が遅れたことについて、戦後ＧＨＱ歴史課にいた大井篤は、『太平洋戦争秘史』という本のなかで、

「私は、木戸（幸一）さんや東郷さんなどに、

『貴方がたは敗戦必至と判断しながら、何故終戦努力が遅れたのですか？』

と質問してみましたが、異口同音に、

『二・二六事件のようなことをやられたら元も子もないから……』

とのことでした。当時、重要な人達には憲兵の尾行がつけられていますし、吉田茂さんな

どは取調べでヒドイ目にあっています。終戦の具体的な動きは、時機を待つより仕方なかったのです」

と述べている。

沖縄、広島、長崎、在満州などの人びと、あるいは空襲被災の人びとは、あまりにも悲惨で気の毒であったが、原爆とソ連参戦があったから、ようやく終戦ができ、残る国民が救われたようである。

太平洋戦争末期に海軍省軍務局第一課長の山本善雄少将によると、米内日記の昭和二十年四、五月ごろで、鈴木首相に関することを書いた部分が、ほとんど削除されているという。鈴木にたいする不満、不信が書かれていたのかもしれない。

しかし米内は、鈴木が「ポツダム宣言を黙殺する」と語ったことについて、七月二十八日、高木少将に、

「政府は黙殺でゆく。あせる必要はない」

といい、八月十二日には、

「言葉は不適当と思うが、原子爆弾やソ連の参戦はある意味で天佑だ。……」

と語っている。

鈴木のやり方、ペースでわるくなかったと思い、削除したのではなかろうか。

いずれにしても、「天皇神権」「国体護持」をとなえ、二・二六事件体質を持つ陸軍のために、終戦が困難をきわめたことは、否定できない事実であった。

それにしても、日本の敗れた相手が、主として米国、英国、中国であったことは、生き残った日本人にとって、不幸中の幸いであった。

梅津は、「いま無条件降伏をしたら、戦死者に相すまぬ」といったが、戦死、戦没者たちは、なぜ死なねばならなかったかを明らかにしてくれることを、何より望んでいるにちがいない。

終戦詔書の放送があっても、厚木海軍航空基地の三〇二空司令小園安名大佐は徹底抗戦をさけび、統制に服しようとしなかった。

八月十五日午後四時、第五航空艦隊宇垣纏中将は、部下の艦爆十一機をひきいて、大分基地から沖縄へ向け自殺行に飛び立った。

軍令部次長大西瀧治郎中将は、八月十六日未明、軍令部次長官舎で割腹した。

「特攻隊の英霊に曰《もう》す　善く戦ひたり深謝す……」

という遺書が残された。大西はほかの指揮官や参謀らの特攻隊にたいする責任も背負いこみ、日本海軍の名誉を孤独に守ったといえそうである。

小園は八月二十一日、精神に異常をきたしたということで鎮静剤を打たれ、横須賀野比の海軍病院に収容された。これで厚木の反乱も鎮まった。

生涯最良の日

鈴木貫太郎首相は、昭和二十年八月十五日午後、

「陛下の聖断を二度までも仰いだ不臣の罪をお詫びする」

と述べて、内閣総辞職をした。

木戸内大臣の奏請によって、東久邇宮稔彦《なるひこ》王陸軍大将に大命が降下した。

軍事参議官の井上成美大将は、八月十六日、永野元帥ほかの軍事参議官の間をまわり、意見をとりまとめ、

「参議官総員、米内留任を希望する」

と、高木少将を通じて木戸に伝えた。

東久邇宮、木戸、高木らの説得で、米内もようやく留任を認めた。

高木が井上に報告すると、井上は心からうれしそうにいった。

「俺はこれで肩が軽くなり、三浦（半島の長井）に帰れる」

八月十七日に東久邇宮内閣が成立し、米内は、占領軍を迎え、全海軍を解体する敗戦処理海相もつとめることになった。

連合軍最高司令官ダグラス・マッカーサー米陸軍元帥が、八月三十日、日本占領の任務で、厚木飛行場に到着した。三日後の九月二日、東京湾に碇泊した米戦艦ミズーリの甲板で、日本の降伏調印がおこなわれた。

ＧＨＱ（連合軍総司令部）は、九月十一日、東条英機大将をふくむ三十九人の戦争犯罪人の逮捕指令を発表した。

高木惣吉少将は、国務大臣・内閣書記官長緒方竹虎の要請と、米内の勧告をうけて、九月十五日に予備役となり、十九日、内閣副書記官長（現官房副長官）に就任した。

入閣まえ、米内と多田次官に挨拶にゆくと、多田が気の毒そうに告げた。

「機密費は向こうにいけば沢山あるから、海軍からは一文も持たせない、と大臣に命ぜられた」

米内が臨事軍事費など予算の残りをぜんぶ大蔵省に返却したことを知っていたので、高木は驚かなかったが、それにしてもポンコツ自動車一台も譲ってもらえないのには恐れ入った。

五月二十五日夜の空襲で麴町区三年町の家を焼け出されたあと、米内は華族会館、麻布二ノ橋の堤康次郎邸、ついで芝白金三光町の竹中籐右衛門邸を借りて住んでいた。食糧事情はますますひっぱくし、顔、体は骨と皮ばかりで、血圧は二百五十を超えていた。しかし相かわらず海軍からの差入れは一切うけつけなかった。

マッカーサー元帥は、九月二十日、吉田茂外相（のちに首相）をよびつけ、天皇のマッカーサー表敬訪問を要求した。日本国民に敗北を実感させるためであった。

モーニング姿の天皇が、米国大使館に、ノーネクタイ、開襟略装のラフな姿のマッカーサーを初訪問したのは、九月二十七日午前十時ごろであった。

マッカーサー元帥と天皇が並んだ写真が九月二十九日の各新聞に掲載されたとき、日本国民の多くは、威信を傷つけられた天皇の姿に、深い敗北感を味わった。

しかし天皇は、この屈辱を忍ぶ訪問によって、マッカーサーを感動させ、日本国民にたいする米国からの食糧、医薬品などの供給を促進してもらうことに成功したようである。

米国にたいする日本陸海軍の強硬派は、童話に出てくる北風で、天皇は太陽のようであったといえるかもしれない。相手が日本紳士を理解する米国のマッカーサー将軍であったことも、幸いだったであろう。

連合軍の「降伏条項の実施」に協力的ではないとされた東久邇宮内閣は、ＧＨＱから内務大臣罷免を命ぜられ、十月五日、総辞職をした。代わって、昭和五年のロンドン軍縮会議ごろ外相であった対米英協調派の幣原喜重郎に、組閣の大命が降下した。

幣原は米内に留任を要請したが、米内は秘書官の麻生孝雄中佐を介して、

「自分は健康状態がすぐれず、血圧も高いので、お断わりしたい。次期海相は豊田副武大将がよいと思う」

と断わった。組閣本部も了承した。

ところがマッカーサー司令部が、

「豊田はだめだ。健康がすぐれなければ、実務は次官にやらせればいい。米内にひきうけさせろ」

と、承認しなかった。

「仕方がない」

米内はまたひきうけさせられた。

まもないころ、吉田茂外相の甥で、銀座に診療所をひらく武見太郎医師に、米内は健康診断をしてもらった。尿に蛋白が出ていて、慢性腎炎の症状があり、それで血圧が二百六十にもなっていると判った。

食欲がぜんぜんないので、武見は、

「お酒を少しはお飲みなさい」

とすすめた。

帰る途中、米内は麻生にいった。

「あの医者はいい。薬の代わりに酒を飲めといった」

武見は米内から謝礼を取らなかった。吉田から、「ぜったいに取るな」といわれていたの

だが、義父の牧野伸顕が、米内を、

「軍人であれだけ公正な考え方のできる人はめずらしい」

といっていたので、応じたのであった。

吉田の紹介で無料診察をしたのは、岡田啓介についで二人目であった。二人とも金がないからと、吉田にいわれたのである。

十一月に入り、寒さが身にしみるようになってきたころ、後任秘書官の古川勇少佐は、麻生中佐と相談して、木炭を一俵、白金三光町の米内私邸にとどけさせた。

米内は、使いの運転手にいった。

「せっかくとどけてくれて有難いが、これは大臣官邸のほうへまわしておいてくれ」

報告をうけた古川は、余計なことをしたと恥じて、炭俵を元の官房倉庫に返した。

天皇は、十一月中旬、終戦の報告をするために、伊勢神宮、畝傍《うねび》山陵（神武天皇陵）、伏見桃山御陵（明治天皇陵）に参拝し、十三日、京都大宮御所に宿泊した。供奉の宮内大臣石渡荘太郎は、柊家《ひいらぎや》旅館に泊まった。米内内閣のころ、書記官長の石渡とともに苦労した「一六会」の高橋貢は、このとき京都府警察部長をしていた。高橋が柊家に石渡を訪ねると、石渡が、

「陛下は時おり、

『もしも米内内閣がつづいたならば、戦争にならなかったろうに』

と、ご述懐になるんだ」

と、しんみりいった。

十一月二十九日午後七時、マッカーサー元帥の招待をうけて、米内はＧＨＱにゆき、総司令官室でマッカーサーと懇談した。通訳の溝田主一と、ウィロビー少将が同席した。

話が終わり、別れぎわ、米内は思い切って尋ねた。

「天皇は退位しなければならないことになっていますか」

「それは日本国民が決める問題でしょう」

米内は、垂れこめていた暗雲がいっきょに晴れたような気持になった。

マッカーサーの口から、この件について語らせたのは、日本ではじめてであった。

翌十一月三十日、七十三年九ヵ月つづいた海軍省が廃止された。

「……帝国海軍を今日において保全すること能《あた》わざりしは吾人《ごじん》千載の恨事にして、深く慚愧《ざんき》に堪えざる所なり」

という海軍大臣談話であった。

陸軍省も同時に廃止となり、陸海軍軍人はすべて、この日をもって予備役に編入され、軍籍を去った。

陸海軍を滅ぼしたのは陸海軍軍人、とくに野心的かつ独善的対米英中武断派で、それは自業自得というほかなかった。

天皇は内閣の決定を拒否できず、意に反する詔書も出さねばならなかった。だが、それにしても、開戦と敗戦にぜんぜん責任がなかったとはいえないであろう。

ただ、実質的には、天皇も武断派の被害者であったし、最後には鈴木首相、東郷外相、米内海相らの支持を得て、強硬な継戦派を制し、大部分の日本人と、多くの連合各国人の生命を救ったことも事実であった。

国民は、満州事変以来の戦争で、多大の損害を被った。しかし、その犠牲によって、日本の最大のガンであった軍国主義・ファシズムの陸海軍がごっそり除去され、生き残った国民は、平和と自由を享受できるようになったともいえる。

犠牲になった人びとへの感謝を忘れてはならないであろう。

十二月一日、天皇は米内を招き、ねんごろに別れのことばをかけた。

「米内にはずいぶんと苦労をかけたね。これからは会う機会も少なくなるだろう。健康にくれぐれも注意するように。これは私がいまさきまで使っていた品だが、今日の記念に持ち帰ってもらいたい」

筆も硯《すずり》も濡れたままの硯箱に蓋をして、天皇は米内にわたした。蓋には、二羽の丹頂鶴に、菊花の小枝をあしらった金の蒔絵《まきえ》が描かれていた。

米内は硯箱を持って廊下に出ると、声をこらえて泣いた。そこへ皇后宮大夫が近づき、

「皇后陛下もお待ちです」

と告げた。

皇后もしみじみ米内の苦労をねぎらい、金蒔絵の重箱をわたした。

三光町の邸で米内の帰りを待っていた政務次官の綾部健太郎に、米内は宮中でのことをくわしく話し、

「今日は米内の生涯で、最も光栄ある日である」

と、涙を流しながら述懐した。

恩賜の硯箱は、現在、盛岡市西部にある「盛岡市先人記念館」の「米内記念室」に展示されている。

昭和二十年十二月五日から約十日間にわたり、米内は伊勢神宮、橿原《かしはら》神宮（祭神神武天皇）、熱田神宮（神体草薙剣《くさなぎのつるぎ》）、伏見桃山御陵などに参拝して、終戦処理を報告し、日本の再興を祈願した。

東条英機陸相の腹心の一人で、陸軍省軍務局長であった佐藤賢了中将は、戦後の著書『大東亜戦争回顧録』のなかで、

「……敗戦の責任者として、国家に、国民に大なる犠牲をかけたわれわれとしては、国民の憎しみも、悪罵《あくば》もつつしんで受ける。しかし重臣たちがどうして、日本の国家の行為を責め攻撃の側に立つ資格がありと考えるのか。

……私らがどうしてもハラにすえかねるのは、彼らが、キーナン首席検事にご馳走《ちそう》になったことを、あたかも天子様のご陪食でもいただいたかのごとく、またその返礼にキーナン氏

を熱海へ招いたことを聞かされた。一体、検事側の証人に立った者が検事から饗応を受けたり、返礼したりしてよいものであろうか。それでは買収された証人といわれてもいいわけはできまい。しかも一国の重臣といわれた者が……。

こんな料簡だから、法廷で米内海軍大将が『総理大臣としてかくのごとき愚かな者は云云《うんぬん》』と、ウェッブ裁判長から侮辱されたのも無理からぬことである。

『裁判長は証人を侮辱するかっ』

とどなりかえして、憤然として証人台を去るべきであった。いかに敗戦したからといって、海軍大将までが腑抜《ふぬ》けてしまったありさまに、私はあまりにも情けない感じがした」

と書いている。

ところで、事実はこうであった。

昭和二十二年九月十九日、米内は極東国際軍事裁判法廷で弁護人側の証人台に立ち、

「私が首相であった昭和十五年一月十六日から同年七月二十一日まで畑大将は陸軍大臣でありました。我内閣は枢軸国との三国協定締結などは全く排除しておりましたから、三国協定のことにつき閣議に上ったことは一度もありませんでした。……畑陸軍大臣もよく此《こ》の内閣の方針を理解して全幅の協力をしてくれ……」

という自分の供述書は、そのとおりだと証言した。畑俊六大将は日独伊三国同盟に反対した、米内内閣を倒したのは他の陰謀家らで、いまでも自分はそれを確信しているとウソの証言をして、畑をかばったのである。

九月二十二日、米内はふたたび市ヶ谷法廷の証人台に立った。サトン検察官が昭和十五年七月十日付の東京朝日新聞を米内に見せつけ、米内を追及した。新聞には、陸軍三長官会議、軍長老会議のあと、畑が米内に「強硬決意」を伝える文書をわたし、「陸軍はあなたの意見にまったく反対だ」といったことが書いてあった。

米内の証言と正反対で、畑が三国同盟賛成論者であったというわけである。

しかし米内は、

「新聞に書いてあることをはっきり見ませんが、新聞がどう書こうと、私の考えておることは一つもまちがいない」

「その文書を私がうけとった記憶がありませんから、それにたいして返事するだけの何ものもありません」

「よく見えません、はっきりとは……」

などと、トボケにトボケた。

業を煮やしたウェッブ裁判長が、癇癪《かんしやく》声でさけんだ。

「You are the most stupid minister I have ever seen」（こんなバカな総理大臣は見たことがない）

それでも米内はシラを切り通し、畑に不利なことは一切口にしなかった。

ウェッブは「バカな総理」と罵《ののし》り、佐藤は「こんな料簡だから……」と非難した。当の畑俊六さえ、終身刑から昭和二十九年春に仮出所したのち、かつて第二復員局（旧海軍省）調

査部長であった豊田隈雄元海軍大佐に、

「なんだ米内は、法廷であんなバカな態度をみせて」

と不満を述べ、「この人は米内さんの苦心が少しもわかっていない」と、豊田を唖然とさせた。

ウェッブ、佐藤、畑とちがい、東京裁判首席検事ジョセフ・キーナンは、

「米内は畑をかばったのだ。日本側の証人は何百人もいたが、ああいう男はいない」

と感服した。

三ヵ月後の昭和二十二年十二月、一時帰国のまえ、キーナンは手書きの招待状を米内に送り、一夜、宿舎の三井ハウスで、米内と二人だけで長時間にわたって懇談し、深夜みずから米内を目黒区富士見台（現目黒区南三丁目）の家まで送りとどけた。

米内は友人、知人の戦争犯罪容疑者のために、有利な資料を集め、モルガン、ウィリアムその他の検事を訪問して、証言して歩いた。

畑はやがて米内の真意を知って感動し、高橋三吉元海軍大将を代表とする米内光政銅像建設会発行の、『米内光政追想録』に、つぎのような一文を寄せた。

「……米内内閣は陸相たる私の辞職により総辞職の止《や》むなきに至った。米内内閣が幾多の経綸があったにもせよ、これを実現する前に瓦解《がかい》しなければならなかったことは、誠に申訳ないことであったと自責の念に駆られている。まして米内首相としては、折角大命を拝し、困難な支那事変を処理しようとする大望も、私の辞職によって遂に画餅《がべい》に帰したことは、定め

し残念であられたであろう。しかしその後大将は、こんなことを根にもたれないで、私に対する友情も少しも変らなかったことは、私が常々敬服措《お》かないところである。……私はその後A級戦犯として、極東軍事裁判にかけられた。平和を念願する米内内閣の陸相として、同内閣を倒した。即ち平和に対する罪を追訴されたのである。当時後難をおそれて弁護人側の証人に立つことを回避するのが一般の空気であったのに、故大将は敢然として私の弁護のために法廷に立たれ、裁判長の追及批判を物ともせず、徹頭徹尾、私が米内内閣倒閣の張本人でなかったことを弁護されたことは、私の感銘措く能わないところであって、その高邁《こうまい》にして同僚を掩護《えんご》する武将の襟度は真に軍人の鑑《かがみ》とすべく、この一事は故大将の高潔なる人格を表徴して余りあるものと信ずる。……」

これが書かれたのは、昭和三十五年のことである。

佐藤賢了の米内非難は、浅はかな誤解というほかないようである。

畑俊六元元帥（昭和十九年六月に昇進）のために法廷の証人台に立ってから七ヵ月後の昭和二十三年四月二十日、米内光政は目黒区富士見台の自邸で、六十八歳一ヵ月の生涯を閉じた。軽い脳溢血に肺炎を併発したのが直接の死因だが、慢性の腎炎、劇痛をともなう帯状疱疹、神経痛、中耳炎などがあって、体中ぼろぼろになっていたのである。

臨終を見ていた緒方竹虎は、『一軍人の生涯』のなかで、つぎのように述べている。

「著者は偶然に米内邸に居あわせて巨木の倒るるのを目の当たりにした。それこそ肝脳を国にささげ尽したという印象を深うさせるものであった。苦悩の跡はなく、いわゆる大往生であるが、あの初めて海軍大臣に就任した頃《ころ》の豊頬《ほうきよう》の見る影もなきはもちろん、眼窩《がんか》はくぼみ皮膚は枯れ、人並み外れて逞《たくま》しい骨組のみが徒《いたず》らに目立って見えた。そして枕頭《ちんとう》に黙禱《もくとう》しながら何時までも頭を上げようとしない母堂の姿の如何《いか》に悼ましくも尊く見えたことか。筆者は一緒に遺骸に訣別《けつべつ》して病室を出た山梨海軍大将と相顧みながら無量の感慨を分ち合ったことを、今なお昨日のごとく想い起すのである」

戒名が「天徳院殿仁海光政大居士」とつけられ、遺骨は郷里盛岡市円光寺境内の米内家の墓に納められた。

昭和三十五年十月十二日、盛岡八幡宮境内の一角に建てられた米内光政の銅像の除幕式がおこなわれた。蝶ネクタイ、背広の立身像で、海軍兵学校同期の高橋三吉元海軍大将、八角《やすみ》三郎元海軍中将ほかの有志たちによって建立されたものであった。

台石に埋めこんだ銅板に、

「……昭和二十年八月太平洋戦争の終局に際し　米内海軍大臣が一貫不動平和の聖断を奉じて克くわが国土と生民をその壊滅寸前に護ったことは　永く日本国民の忘れてはならぬところである……

昭和三十五年十月

後進　小泉信三」

という文字が刻まれている。

　軍人が神様にされたり、銅像になったりするのを嫌っていた米内からすれば、「迷惑至極」にちがいないだろうが、米内の功績を知る人びとが、こうせずにはいられなかったのである。

あとがき

昭和四十三年九月二十九日の日曜日、私は七十四期の同期生四人と、三浦半島長井町荒崎の家に、校長であった井上成美元海軍大将（海軍兵学校第三十七期）を訪ねた。

話のあと、われわれの、

「校長の海軍生活約四十年間を通して、いちばんすぐれた海軍大将はどなたでしたか」

という質問にたいして、井上は、

「海軍を預る者としては、米内さんが抜群でした」

と、言下に明確にこたえた（海軍兵学校第七十四期会報『江鷹《こうよう》』昭和四十三年十二月号）。

「海軍を預る者」というのは海軍大臣（海相）のことで、井上が少佐の海軍省軍務局員であった大正末期から太平洋戦争終了までの海相は、財部彪、岡田啓介（兵学校第十五期）、財部彪（再）、安保清種、大角岑生、岡田啓介（再）、大角岑生（再）、永野修身、米内光政（兵学校第二十九期）、吉田善吾、及川古志郎、嶋田繁太郎、野村直邦、米内光政（再）の各大将であった。

昭和十二年二月、林銑十郎内閣のときはじめて海相になった米内は以後二年半、テロの危険のなかで、英仏米ソと敵対関係に入る日独伊三国同盟締結に反対しとおし、昭和十四年九月三日に開始されたドイツ対イギリス・フランスなどの第二次欧州大戦に、日本が巻きこまれることを防止した。

天皇は喜び、米内に、

「海軍がよくやってくれたおかげで、日本の国は救われた」

と、かつてない感謝のことばを述べたという（岡田貞寛編『岡田啓介回顧録』）。

太平洋戦争末期、昭和二十年四月七日、鈴木内閣の海相に留任した米内は、強硬きわまりなく戦争継続を主張する陸軍と一身を賭《と》して対決し、鈴木貫太郎首相（海軍退役大将、兵学校第十四期）と東郷茂徳外相を支える大黒柱となり、天皇の終戦裁断をみちびいた。

終戦三ヵ月半後の昭和二十年十一月三十日、七十三年九ヵ月つづいた陸海軍省が廃止された。明くる十二月一日、天皇は最後の海相をつとめた米内に、

「米内にはずいぶんと苦労をかけたね。これからは会う機会も少なくなるだろう。健康にくれぐれも注意するように。これは私がいまさきまで使っていた品だが、今日の記念に持ち帰ってもらいたい」

と、異例な慰労のことばをかけ、金蒔絵がほどこされた黒の硯箱を手わたした。

海軍をひきいる米内が、陸軍同様に戦争継続を主張していれば、広島、長崎への原爆投下、

ソ連の参戦があったあの時点でも、天皇の終戦裁断は不可能であった。

米内は「海軍を預る者」として、海軍を運営して国を誤らず、海軍を犠牲にして国家と国民を破滅から救うという、抜群の功績を残したのである。

井上は、米内が最初の海相のときに海軍少将の海軍省軍務局長、鈴木内閣で米内が海相のときには中将の海軍次官であった。

海相としてだけでなく、米内は「国を預る者」の内閣総理大臣としても、目先の利に眩《くら》んだ世論に惑わず、国を誤らなかった。天皇の内意をうけ、昭和十五年一月十六日に成立した米内光政内閣は、再燃してきた日独伊三国同盟締結運動と、国内のファッショ的新体制政治運動の強圧をうけ、テロ集団にも狙われたが、対英米協調・立憲政治の方針を崩さず、平和的政策を継続した。

米内の中国問題にたいする意見は、つぎのようなものであった。

「日本が中国にたいして望むところは〝和平〟にして、排他独善の意思は持っていない。……よろしく英国を利用して中国問題の解決をはかるべきである。

また米国が、現在のところ中国問題に介入しない態度をとっているのは、中国における列国の機会均等・門戸開放を前提としてのことである。もし某々国（日独伊）にしてこの原則をやぶるような行動をあえてしたならば、米国は黙視しないであろう。この場合、米国は英国と結ぶ公算が大きい。

中国問題について、日本はたとえ独伊との了解があったとしても、英米を束にして向こうにまわすこととなり、なんら成功の算を見出しえないだけでなく、この上もなく危険である。かりに英米は武力をもってわれわれに臨まないとしても、その経済圧迫を考えるとき、まことに憂慮に堪えない」

日独伊三国同盟については、

「あくまで自由の立場に立ち、わけのわからぬ強がりをいわず、他人の褌《ふんどし》で相撲を取るような依頼心を抑え、欧州戦争の渦中に巻きこまれることなく、静観の態度をとって妄動しないことは、世界平和のためにもよい。

時と実力を考慮することなく、強気一点ばりで、いわゆる欧州の新秩序とやらをヒトラー一代で完成しようとしているドイツと提携することは危険である。また、イギリスにたいしてドイツの勝算はない」

と確信していた。「欧州の新秩序」というのは、ドイツが軍事力によってヨーロッパを征服し、その支配者になることで、米内はヒトラーの『マイン・カンプ（わが闘争）』を読み、その誇大妄想的な思い上がりが、かならず破滅を招くというのであった。

日独伊対米英の海軍戦争については、昭和十四年八月八日、五相会議の席で、

「勝てるみこみはありません。だいたい日本の海軍は、米英を向こうにまわして戦争するようには建造されておりません。独伊の海軍にいたっては、問題になりません」

と、平沼首相、有田外相、板垣陸相、石渡蔵相を前にして、米内海相は率直そのものにズバリと断言し、一同に衝撃をあたえていた。

しかし、ドイツが軍事力によってヨーロッパの支配者になることを信じ、自分らも軍事力によって独占的に中国を支配しようとする陸軍は、米内内閣は「バスに乗り遅れる」不明、腰抜け内閣と非難し、畑俊六陸相を辞任させ、昭和十五年七月十六日、同内閣を総辞職に追いこんだ。

代わって、陸軍にかつがれ、木戸幸一内大臣に推薦された第二次近衛文麿内閣が成立したが、同内閣は英仏米と敵対関係に入る日独伊三国同盟を締結し、ファッショ的政治体制の大政翼賛会をつくり、太平洋戦争への道をひらいたのである。

終戦後の昭和二十年十一月十三日、かつて米内内閣書記官長であった石渡荘太郎《いしわたりそうたろう》宮内大臣は、同内閣首相秘書官であった高橋貢京都府警察部長に、死んだ子の年を数えるように語った。

「陛下は時おり、

『もしも米内内閣がつづいたならば、戦争にならなかったろうに』

と、ご述懐になるんだ」

内閣総辞職からまもない昭和十五年八月、日光見物にいった米内は、海軍兵学校同期の荒城二郎に、つぎのようなことを書いた手紙を送った。

「魔性の歴史といふものは人々の脳裡に幾千となく蜃気楼を現はし、（中略）所謂《いわゆる》時代政治屋を操り、この人形政治屋に狂態の踊ををどらせる。踊らされる者は、こんな踊こそ自分等の目的を達することの出来る見事にして且《か》つ荘重なものであると思込んでしまふ。（中略）

然《しか》し荒れ狂ふ海が平穏にをさまるときのやうに、狂踊の場面から静かに醒《さ》めて来ると、どんな者共でも、彼等の狂踊の場面で幻想したことと、現実の場面で展開されたこととは、まるっきり似もしない別物であることに気がつき、ハテ、コンナ積りではなかったと、驚異の目を見張るやうになって来るだらうと思ふ」

狂態の踊りを踊ったのは、陸海軍の反米英・親独伊の将校らと、近衛首相、松岡外相、木戸内大臣、親軍的政治家、マスコミなどで、その後の日本は、米内が指摘するとおりになった。

近衛、木戸が狂態の踊りを踊ったのは、主として二・二六事件によって、二人とも過度にテロを恐怖するようになり、陸軍に同調して保身をはかったためであった。しかも二・二六事件そのものが、国を誤る狂踊そのものであった。

二・二六事件の陸軍青年将校らのテロ部隊を、即刻、「暴徒」と宣告した天皇、「叛乱軍」と断定した米内光政横須賀鎮守府司令長官、テロ部隊の襲撃をうけて九死に一生を得た岡田啓介首相と鈴木貫太郎侍従長などが、最後に国家と国民を救ったのである。

昭和四十五年五月九日の土曜日、私は兵学校同期の高田静男と、おなじく長井荒崎の家に井上元校長を訪ねた。その折り、

「校長は天皇をどうお考えですか」

と私が質問すると、

「なかなかの名君ですよ」

ということばがはね返ってきて、「こういういい方があるのか」とおどろかされた。

「歴代天皇でも、明治天皇がいちばん偉い方だったのではないでしょうか」

高田がそうたずねると、

「いまの天皇が偉い方ですよ。私は、もし天皇がお亡くなりになるようなことがあったら、お墓参りにゆきます」

と、井上はだめ押しするようにいった。

私はまたおどろいたが、高田はびっくりして呆然《ぼうぜん》の態となった。

井上は昭和二十年五月十四日まで米内海相の海軍次官をしていて、当時、

「敵が天皇制は認めないといっても、大和民族が保存され、独立が保たれれば、終戦すべきである。天皇もそのご心境であろう」

と思い詰めていた（『高木惣吉海軍少将覚え書』と野村実元海軍大尉談話）。

それだけに、昭和二十年八月十日と十四日の御前会議における天皇の終戦裁断のあり方に、感銘ひとしおのものがあったようである。

米内光政伝は、小泉信三の『米内光政』、緒方竹虎の『一軍人の生涯』、実松譲の『新版米内光政』、阿川弘之の『米内光政』などの名著がある。米内光政関係の本では、高木惣吉写・実松譲編『海軍大将米内光政覚書』や高木惣吉の『山本五十六と米内光政』などの貴重書がある。

本書は、大波瀾《だいはらん》の果てに滅んだ昭和海軍の、不朽の「不戦海相」、言いかえれば、「昭和最高の海軍大将」を主題とする米内光政伝とした。

なお、つぎの七点を見ていただければと願っている。

(1) 二・二六事件にたいする米内横須賀鎮守府司令長官の判断と処置。
(2) 天皇が太平洋戦争開戦を制止できなかった経緯。
(3) 古武道の「諸賞流和《やわら》」から得た「受身、捨身」の哲学。
(4) 海軍兵学校の成績中以下で、非主流派の立場から、海軍大将、海軍大臣、総理大臣となった異例の立身出世。
(5) 太平洋戦争の終戦が遅れた真相。
(6) 「広島、長崎への原爆投下、ソ連参戦」と終戦の関係。
(7) 日本国民の真の敵は米英ではなく、日本陸海軍の野心的かつ独善的武断派。

取材に当たり、貴重な談話、資料を提供していただいたみなさま方に、厚く御礼を申し上げたい。

平成元年五月

生出　寿

〈参考・引用文献〉＊『海軍大将米内光政覚書』（高木惣吉写・実松譲編　光人社）＊『山本五十六と米内光政』（高木惣吉　文藝春秋）＊『高木海軍少将覚え書』（高木惣吉　毎日新聞社）＊『高木惣吉日記』（高木惣吉　毎日新聞社）＊『自伝的日本海軍始末記』（高木惣吉　光人社）＊『私観太平洋戦争』（高木惣吉　文藝春秋）＊『岡田啓介回顧録』（岡田貞寛編　毎日新聞社）＊『鈴木貫太郎自伝』（鈴木一編　時事通信社）＊『一軍人の生涯　提督米内光政』（緒方竹虎　光和堂）＊『新版米内光政』（実松譲　光人社）＊『米内光政』（阿川弘之　新潮社）＊『米内光政追想録』（非売品　米内光政銅像建設会）＊『米内光政』（米内光政氏三十七回忌追悼会　盛岡一高図書委員会）＊『山本五十六』（阿川弘之　新潮社）＊『井上成美』（井上成美伝記刊行会）＊『井上成美』（阿川弘之　新潮社）＊『英傑加藤寛治』（坂井景南　ノーベル書房）＊『軍令部総長の失敗』（生出寿　徳間書店）＊『天皇・伏見宮と日本海軍』（野村実　文藝春秋）＊『歴史のなかの日本海軍』（野村実　原書房）＊『最後の帝国海軍』（非売品　豊田副武）＊『回想の提督小沢治三郎』（原書房）＊『一海軍士官の半生記』（草鹿龍之介　光和堂）＊『海軍中将中沢佑』（中沢佑刊行会篇　原書房）＊『太平洋戦争秘史』（保科善四郎、大井篤、末国正雄　財団法人日本国防協会）＊『天皇』（児島襄　文春文庫）＊『西園寺公と政局』（原田熊雄述　岩波書店）＊『西園寺公望』（豊田穣　新潮文庫）＊『木戸幸一日記』（木戸幸一　東京大学出版会）＊『海軍戦争検討会議記録』（新名丈夫編　毎日新聞社）＊『思い出ずることども』（非売品　八角三郎）＊『海へ帰る』（横山一郎　原書房）＊『統帥乱れて』（大井篤　毎日新聞社）＊『回想の海軍ひとすじ物語』（福地誠夫　光人社）＊『連合艦隊始末記』（千早正隆　出版協同社）＊『日本海軍の戦略発想』（千早正隆　プレジデント社）＊『五人の海軍大臣』（吉田俊雄　文藝春秋）＊『四人の軍令部総長』（吉田俊雄　文藝春秋）＊『連合艦隊　サイパン・レイテ海戦記』（福田幸弘　時事通信社）＊『海軍の昭和史』（杉本健　文藝春秋）＊『昭和史の軍人たち』（秦郁彦　文藝春秋）＊『日本軍閥の興亡』（松下芳男　芙蓉書房）＊『評伝真崎甚三郎』（田崎末松　芙蓉書房）＊『事件百年史』（楳本捨三　図書出版社）＊『二・二六事件』（大谷敬二郎　図書出版社）＊『雪はよごれていた』（澤地久枝　日本放送出版協会）＊『北一輝論』（松本清張　講談社）＊『ある作戦参謀の悲劇』（芦澤紀之　芙蓉書房）＊『大東亜戦争回顧録』（佐藤賢了　徳間書店）＊『天皇と戦争責任』（児島襄　文藝春秋）＊『孫子・呉子』（中国の思想⑩　徳間書店）＊『老子・列子』（中国の思想⑥　徳間書店）＊『戦史叢書　大本営海軍部・連合艦隊』(1)(6)(7)（防衛庁防衛研修所戦史室著　朝雲新聞社）＊『戦史叢書　大本営海軍部　大東亜戦争開戦経緯』(1)(2)（同上）＊『戦史叢書　大本営陸軍部』(1)(2)⑽（同上）＊『戦史叢書　大本営陸軍部　大東亜戦争開戦経緯』(1)(2)(5)（同上）＊『戦史叢書　支那事変陸軍作戦』（1）（同上）

文庫本　平成五年四月「昭和最高の海軍大将 米内光政」改題　徳間書店刊

NF文庫

不戦海相 米内光政

二〇一七年十一月十五日 印刷
二〇一七年十一月十九日 発行

著 者 生出 寿
発行者 高城直一
発行所 株式会社 潮書房光人社
〒102-0073 東京都千代田区九段北一-九-十一
振替/〇〇一七〇-六-五四六九三
電話/〇三-三二六五-一八六四(代)
印刷所 モリモト印刷株式会社
製本所 東京美術紙工

定価はカバーに表示してあります
乱丁・落丁のものはお取りかえ
致します。本文は中性紙を使用

ISBN978-4-7698-3037-5 C0195
http://www.kojinsha.co.jp

NF文庫

刊行のことば

第二次世界大戦の戦火が熄《や》んで五〇年——その間、小社は夥しい数の戦争の記録を渉猟し、発掘し、常に公正なる立場を貫いて書誌とし、大方の絶讃を博して今日に及ぶが、その源は、散華された世代への熱き思い入れであり、同時に、その記録を誌して平和の礎とし、後世に伝えんとするにある。

小社の出版物は、戦記、伝記、文学、エッセイ、写真集、その他、すでに一、〇〇〇点を越え、加えて戦後五〇年になんなんとするを契機として、「光人社NF（ノンフィクション）文庫」を創刊して、読者諸賢の熱烈要望におこたえする次第である。人生のバイブルとして、心弱きときの活性の糧《かて》として、散華の世代からの感動の肉声に、あなたもぜひ、耳を傾けて下さい。

＊潮書房光人社が贈る勇気と感動を伝える人生のバイブル＊

NF文庫

蒼天の悲曲 学徒出陣
須崎勝彌
日本敗戦の日から七日後、鹿島灘に突入した九七艦攻とその仲間たちの死生を描く人間ドラマ——著者の体験に基づいた感動作。

私記「くちなしの花」 ある女性の戦中・戦後史
赤沢八重子
『くちなしの花』姉妹篇——一戦没学生の心のささえとなった最愛の人が、みずからの真情を赤裸々に吐露するノンフィクション。

空想軍艦物語 冒険小説に登場した最強を夢見た未来兵器
瀬名堯彦
ジュール・ヴェルヌ、海野十三……少年たちが憧れた未来小説の主役として活躍する、奇想天外な兵器をイラストとともに紹介。

「敵空母見ユ！」 空母瑞鶴戦史［南方攻略篇］
森　史朗
史上初の日米空母対決！　航空撃滅戦の全容を日米双方の視点から立体的にとらえた迫真のノンフィクション。大航空戦の実相。

特攻基地の少年兵 海軍通信兵15歳の戦争
千坂精一
母と弟を守らんと海軍に志願した少年——小さな身体で苛烈な訓練と制裁に耐え、あこがれの航空隊で知った軍隊と戦争の真実。

写真　太平洋戦争 全10巻〈全巻完結〉
「丸」編集部編
日米の戦闘を綴る激動の写真昭和史——雑誌「丸」が四十数年にわたって収集した極秘フィルムで構築した太平洋戦争の全記録。